Peter de Rosa absolvierte die Gregoriana in Rom, die wichtigste päpstliche Universität, war Professor für Ethik an der Universität Westminster und anschließend sechs Jahre Dekan für Theologie am Corpus Christi College. Sein Priesteramt gab er 1970 auf. Er lebt mit seiner Frau und zwei Söhnen in Irland.

Von Peter de Rosa sind außerdem erschienen:

Gottes erste Diener (Band 4807)
Der Jesus-Mythos (Band 77076)
Rebellen des Glaubens (Band 77081)

Dieses Buch wurde auf chlor- und säurefreiem Papier gedruckt.

Deutsche Erstausgabe Dezember 1993

Titel der Originalausgabe »The Hidden Years«

Originalverlag Hodder and Stoughton, London
Umschlaggestaltung: Manfred Waller, Reinbek
Umschlagabbildung: Archiv für Kunst und Geschichte, Berlin
Satz: Ventura Publisher im Verlag
Druck und Bindung: Elsnerdruck, Berlin
Printed in Germany
ISBN 3-426-63019-5

2 4 5 3 1

Peter de Rosa

Meine Stunde ist noch nicht gekommen

Ein Roman
über die frühen Jahre Jesu

Aus dem Englischen
von Holger Wolandt

Knaur

Wie Jesus den größeren Teil seines Lebens verbrachte, ist ein Geheimnis. Kein Wort ist darüber aufgezeichnet worden. Einige Gelehrte betrachten das als das Problem der Weltgeschichte, das sie am meisten herausfordert, andere glauben, daß dieses Geheimnis beabsichtigt war.

H. V. Morton,
Auf den Spuren des Herrn

1

Die Sonne senkte sich in den Großen See wie der Schnabel eines Raubvogels, und der Tag war plötzlich zu Ende.

Der Mann legte mit einem Seufzer seine Werkzeuge hin, zog seine Lederschürze aus und bürstete Sägespäne und Sägemehl von seinen Kleidern. Er verließ seine an einer engen Gasse gelegene Werkstatt und ging langsam durch das geschäftige Dorf. Es war ein Dorf ohne jede Ordnung. Die Häuser waren zuerst dagewesen, lange vor der Zeit, an die sich jemand erinnern konnte, und die Pfade zu den Häusern waren allmählich zu Straßen geworden.

Wie es seine Gewohnheit war, grüßte er jeden. Alte Männer standen gegen die Hauswände gelehnt wie redende Schatten. Kleine Jungen, die mit Schleudern auf arglose Spatzen schossen, stellten sich vor, sie seien König David beim Kampf gegen Goliath. Kleine Mädchen, deren nackte Beine so mit getrocknetem Schlamm bedeckt waren, daß sie wie Baumrinde aussahen, spielten Himmel und Hölle in Vierecken, die sie in den Staub gezeichnet hatten.

Der Mann grüßte die anderen Handwerker und Händler. Die Zwiebelverkäufer, die Hersteller von Teppichen und Mänteln aus Schafspelz, die Verkäufer von Geflü-

gel und Perlen, wie sie die Nomaden trugen, die Gerber, die Konditoren, die Töpfer sowie die Verkäufer von Gewürzen, Kerzen und Korbwaren waren ebenfalls dabei, ihre Werkstätten für den Abend zu schließen.
Viele Jungen führten einen Mann an der Hand, ihren blinden Vater oder Großvater, der jetzt darauf bestand, einen Spaziergang zu machen, nachdem die Luft abgekühlt war. Vor einem Haus aus Sandstein saß eine Frau mit einem Mörser auf der Erde, in dem sie mit einer Keule Mais zu Mehl zerstieß.
Der Mann liebte diese Tageszeit am meisten. In der Dämmerung waren die Konturen des Dorfes mit seinen weißen Wänden deutlich und wie vergrößert zu erkennen. Daß die Sonne untergegangen war, rief allgemeine Erleichterung hervor. Rauch stieg in die Höhe. Der Duft nach Essen erfüllte die Luft und mischte sich mit und überdeckte schließlich den Geruch nach Eseln und Kamelen und den Gestank von Misthaufen. Die Fliegen waren immer noch lästig, machten aber schon deutlich weniger Lärm als vorher und setzten sich auch nicht mehr in Scharen auf die Gesichter der Kinder. Zum erstenmal seit der Morgendämmerung war es möglich, die Augen weit zu öffnen, ohne von der Sonne irritiert oder von Mücken und Fliegen blind gemacht zu werden.
Er drückte einem Blinden, der in der Nähe des Dorfbrunnens stand, ein paar Münzen in die hohle Hand. Die Frauen hatten sich dort mit Eimern und Krügen in allen Formen und Größen versammelt. Einige der Eimer waren sein eigenes Werk. Er wünschte, er hätte noch mehr von ihnen gemacht.
Er nickte den schwatzenden Frauen respektvoll zu und

sagte nichts. Zwei, die im heiratsfähigen Alter waren und gelangweilter herumstanden als der Rest, wandten scheu ihre Blicke ab, bis er vorbei war. Sie hofften dennoch, daß er bemerkt hatte, wie kräftig und wohlgeraten sie waren.

Der Sohn Marias war hochgewachsen, aufrecht und gutaussehend und hatte einen federnden Schritt, eine hohe Stirn und große ehrliche Augen und war trotzdem etwas schüchtern. Er galt als ein harter und ehrlicher Arbeiter. Seine Stimme war kräftig, aber er sprach leise, als wollte er seine versteckten Kräfte nicht preisgeben. Sein Lächeln war offen und überwand den Unwillen anderer. Sein Lachen war nie verletzend. Alle mochten ihn.

Der Mann stieg die südliche Anhöhe empor, und seine Sandalen wirbelten den Staub des Wegs aus getrocknetem Schlamm auf. Er führte an Feldern mit gelbem und rosa Flachs entlang, der mit feuerroten Mohnblüten gesprenkelt war, an Hügeln, die mit Myrrhe, Erdbeerbäumen und Steineichen bestanden waren, und an den Höhlen vorbei, in denen er als Kind gespielt hatte. Er ging, bis er, leicht außer Atem, den Rand der Senke erreicht hatte, in der das Dorf lag.

Eine schwacher Wind blies aus Nordost, der nach Zedern- und Pinienholz roch. Die Schrift hatte recht, wenn sie sagte, daß Gott zum ersten Menschen in der Kühle der Abendbrise gesprochen hatte. Keine Berührung war sanfter oder rücksichtsvoller in diesem Land des Feuers. Die Brise erfüllte die Menschen wie der Geist Gottes und gab ihnen das Gefühl, frei und lebendig zu sein. Der Himmel war leer. Nicht die Spur einer Wolke hatte sich an diesem Tag oder an den dreißig Tagen zuvor blicken lassen. Aber hier in Galiläa, hoch über dem Meer, war es fast immer kühl am Abend. Jedesmal wenn er das Dorf verlassen hatte, und es war nur für wenige Tage gewesen, war er mit einem Gefühl der Erleichterung heimgekehrt, weil er den Wind auf den Gipfeln der Hügel so liebte.

Nach wenigen Minuten hatte er die Stelle erreicht, die er am meisten schätzte. Eine felsige Anhöhe, von der aus er einen klaren Blick über das Land hatte, das ihm so viel bedeutete. Ein heiliges Land. Das Land seiner Väter.

In dem stillen klaren Licht konnte er jedes Unterholz, jedes Wäldchen, jedes Moor, jedes Bauernhaus und jedes Dorf in der Umgegend ausmachen. Die Häuser waren aus Lehm und Stroh und weiß gekalkt. Sie standen neben schlanken Zypressen. Man sah zahlreiche terrassierte Olivenhaine, Weingärten, einige wenige Feigenbäume und an flachen Stellen Maisfelder.

Das Sommergetreide war durch die Sonne fast weiß geworden, und die schweren Ähren deuteten auf eine bevorstehende Ernte.

Er hörte oder stellte es sich zumindest vor, daß die Grillen ihrem Namen *Zarzur* in den weißen Feldern, schrill und laut wie ein Bienenschwarm, gerecht wurden. Als Antwort raschelte der Wind nicht in den Ähren, sondern er pfiff. Über den Feldern kreisten die Raben, schreiend und krächzend, wie eine Schar von gutmütigen Todesengeln, die zögern, die heitere Nacht zu stören.

Der Mann jedoch blickte über die Grenzen des Dorfes hinaus, und was er sah, erfüllte ihn mit stiller Freude.

Im Norden lag der Berg Hermon, auf dem trotz der Hitze in tiefen Schluchten immer noch Schnee war. Aus drei Quellen entsprang auf dem Hermon, wie jedes jüdische Kind wußte, der Jordan, der einzige größere Fluß des Landes. Er fließt von Süden in den See Genezareth und von dort aus durch eine große Spalte in der Erdkruste in das Tote Meer.

Im Osten nahmen die Berge, die von der untergehenden Sonne beschienen wurden, eine intensive Purpurfarbe an, und das Jordantal verschwand in einem Nebel, der einen heißen Tag versprach.

Ziemlich nahe unter ihm lag die große Ebene von Esdraelon, ein Rock Josefs aus goldenen, braunen, gelben und grünen Farben, die alle in der Dämmerung verschmolzen.

Im Südosten lag der Berg Tabor, ein Tafelberg, ein stumpfer Kegel, der sich zweitausendfünfhundert Fuß unvermittelt aus der Ebene erhob. Er hatte ihn oft bestiegen. Hier wuchsen Eichen, die enorme Eicheln trugen, und Johannisbrotbäume und Iris in Purpur und Weiß. In letzter Zeit war er häufig dort gewesen, um einen besseren Überblick über das bergige Land zu bekommen und um des Friedens willen, den er hier fand. Es ging einen kaum sichtbaren Pfad hinauf. Eidechsen und gelegentlich auch einmal ein Stachelschwein verschwanden in den Büschen. Vor Jahren – Josef hatte ihn kurz nach dem Passahfest zu einem Ausflug mitgenommen – hatte er einen Moment der Freude erlebt, wie ihn nur Kinder erleben können: Er hatte seine erste Nachtigall gehört.

Weiter südlich, jenseits von Esdraelon, lagen die Berge

von Samaria. Das war ein trauriger Landstrich, der einige der wichtigsten Erinnerungen des Volkes Israel heraufbeschwor, die jedoch jetzt für den traditionellen jüdischen Glauben keine Rolle mehr spielten.

Im Westen lag der schwarze Koloß des Karmelberges, der in einer scharfen Klippe ins Meer abfiel. Er war fruchtbar und bewaldet und hatte Weiden für zahlreiche Pferde.

In dieser Richtung, in der Richtung der untergehenden Sonne, lagen Griechenland und Rom, dessen Armeen sein Volk versklavt hatten. Er verweilte nicht bei diesem Gedanken. Statt dessen wandte er sich langsam nach rechts, als würde er in der Synagoge die Thorarolle hochhalten, damit er sie der ganzen Welt zeigen konnte.

Schließlich blieb er mit Blick auf Jerusalem stehen. Jenseits von Samaria, fünfundsiebzig Meilen von ihm entfernt im Süden, lagen Judäa und die Stadt Davids. Er war stolz auf die Hauptstadt, stolz auf deren großartigen Tempel und den Platz in der Geschichte seines Volkes, der diesem von nichts streitig gemacht wurde. Doch in letzter Zeit, bei seinen wenigen Besuchen, hatte er auch ein Unbehagen empfunden.

Er stellte sich die harte, gefühllose Landschaft vor mit ihren geruchlosen Büschen, ihren wenigen Wasserstellen und wenigen erfrischenden Quellen und darüber den straff wie eine Haut gespannten Himmel über der weiten Leere. Er stellte sich die Hügel vor, die wie ein gigantisches Tier aussahen, dessen Knochen von Geiern saubergepickt worden waren, die Absätze, Schluchten und die vertrockneten Wasserläufe, die vom Wasser

freigelegten Felsen. All das wirkte auf einen Galiläer, der wie er in einem grüneren, sanfteren Winkel der Welt aufgewachsen war, bedrohlich.
Jerusalem brachte ihn aus anderen Gründen aus der Ruhe, aber er wollte an diesem Abend nicht darüber nachdenken.
Das war der Ausschnitt der Erde, den er in einer langsamen Kreisbewegung wahrnehmen konnte. Es war nicht so, daß dieses Land seinem Volk gehörte, sein Volk gehörte diesem Land. Das war der ewige Wille Gottes.
Andere Nationen konnten sie besiegen, ihnen Steuern auferlegen, sie zählen lassen, als ob sie Schafe oder Ziegen wären, ihnen Münzen geben, die den Kopf eines Kaisers trugen oder heidnische Bildnisse, es machte alles keinen Unterschied. Sie gehörten diesem Land und würden ihm immer gehören. Sie hatten keinen König, sondern Gott.
Das Licht wurde schnell schwächer. Der Mann konnte gerade noch unter sich einen Jungen erkennen, der eine Schafherde führte. Aus der Entfernung sahen die Tiere aus wie graue Steine, die sich bewegten.
Er zog sich seinen Umhang über die Augen und setzte sich mit gekreuzten Beinen auf die warme Erde. Wenig später begann er sich hin und her zu wiegen. Er hörte das Paar Füchse nicht mehr, das im Tal seine Rivalität in die Nacht schrie, und auch nicht die kleine Eule im Olivenhain, die einen leisen klagenden Ton von sich gab, als führte sie eine bescheidene Beerdigung.
Sein Atem wurde ruhiger, sein Puls verlangsamte sich, und in seiner nicht enden wollenden wiegenden Bewe-

gung kam nur ein Wort immer und immer wieder über seine Lippen: »Abba.«
Die Sterne erschienen am Himmel, nicht zu zählen, und blinzelten über die Hügel. Ein großer, klarer Mond segelte vorbei. Er bemerkte nichts davon. Für ihn gab es keine Zeit und keinen Raum, kein Innen und kein Außen.
Nur diese wiegende Bewegung und, wie eine leise Klage, die der Wind davonträgt, das eine Wort, Abba, mein Vater.

2

Der Mann kam mit den ersten Sonnenstrahlen zu sich und sagte instinktiv: »Höre, Israel, der HERR ist unser Gott, der HERR allein.«
Es war der traditionelle Vers, mit dem er den Morgen begann.
Seine Kleider waren vom Tau durchnäßt, seine Zähne begannen zu klappern, und er bemerkte, daß er hungrig war.
Er stand auf, streckte sich und füllte seine Lungen. Die Erde roch wie ein frischer Laib Brot.
Am Fuß der dunklen Abhänge krähten munter die Hähne, und die Esel schrien. In weiterer Ferne schnaubten und schrien die Kamele widerstrebend bei der Aussicht auf einen neuen Tag der Plackerei.
Der Mann gestattete sich einen letzten Blick auf den Berg Tabor und den Berg Hermon, die, wie der Psalmist sagt, fröhlich sind vor dem Herrn. Dann ging er mit schnellen Schritten hinunter zu seinem Haus am östlichen Rand des Dorfes.
Die verträumte Morgenszene war ihm vertraut. Er grüßte die Hirten, die mit eigenartiger Musikalität nach ihren langohrigen Schafen riefen und pfiffen, während sie diese auf die Weide trieben. Kühe brüllten auf den Wiesen wie Frauen, die gerade ein Kind zur Welt

bringen. Der Flug und das Gezwitscher der Vögel hatte etwas Geschäftiges. Weiter unten reckten sich räudige Hunde mit eingerissenen Ohren und versuchten ihre Flöhe abzuschütteln. In den Straßen schliefen Kinder und zitterten in der morgendlichen Kühle. Einige Äste oder, wenn sie Glück hatten, ein paar Sandalen, dienten ihnen als Kopfkissen. Später würden sie dann seine Werkstatt bevölkern und ihn bitten, ihnen zu zeigen, was man aus Holz machen kann. Und er würde ihre Hände führen, wie vor langer Zeit Josef seine geführt hatte. Auf dem Marktplatz gähnten die Landarbeiter und rieben sich die Augen und warteten hoffnungsvoll darauf, daß jemand sie für einen Tag auf den Feldern anstellen würde.

Er kam zu seinem Haus, einem Kalksteinanbau an einer Felshöhle. Seine Mutter hatte eine Kapernpflanze, die auch Josefskraut genannt wurde, dazu gebracht, in den Felsen Wurzeln zu schlagen, so daß sie die Fassade des Hauses wie ein Mantel beschattete. Mit ihren dornigen Zweigen, ihren Wedeln und eßbaren Knospen schien sie direkt aus der Wand hervorzuwachsen.

Er betrat das Haus nicht sofort. Im Inneren konnte er die mürrische Stimme der alten Anna, einer frommen Witwe, hören. Sie war der Typ Mensch, dem man am meisten ausweichen sollte, um mit Rabbi Esra zu sprechen. Sie war gekommen, um sich zu beklagen.

Maria war von Natur aus großzügig. Ihre Großherzigkeit schloß sogar die Hühner mit ein. Jesus sagte oft zu ihr: »Wenn ich so gut gefüttert würde wie deine Hühner, würde ich auch Eier legen.«

Maria war eine gute Zuhörerin. »Auf diese Weise«, sagte sie, »denken die Leute, daß sie wichtig sind. Und sie sind wichtig, jeder einzelne.«

Im Moment hörte sie zweifelsohne Anna zu, die vorstehende Augen wie ein Huhn hatte, kahl wurde, und Sommer wie Winter den Schafspelz ihres verstorbenen Mannes trug.

Jesus hatte keine Bedenken, seiner Mutter zu erlauben, so wohltätig zu sein, wie sie wollte. Er zog es vor, die Schwalben zu beobachten, wie sie über dem Dorf kreisten, oder, falls mehr Zeit blieb, die Gurkenbeete und das Gemüse zu betrachten, das seine Mutter immer ermunterte, größer und größer zu werden. Kohl und gelbe Rüben kamen diesem Wunsch nach. Die Zwiebeln jedoch, meinte sie, seien widerspenstig.

Maria war stets zufrieden. Sie verbreitete Zufriedenheit. Was war ihr Geheimnis?

Jesus hatte sich das oft gefragt. Seine Antwort war, daß sie jeden Augenblick vollkommen lebte.

»In jedem Augenblick steckt zu viel Freude«, pflegte sie zu sagen, »als daß man ihn nicht wahrnehmen sollte.«

Das konnte sogar erklären, warum sie als die beste Traubenleserin der Gegend galt. Sie ging langsam, methodisch und zufrieden die Weinstöcke entlang. Dabei übersah sie nie eine Traube und aß auch nie eine.

»Das Brot von morgen schmeckt mir nicht«, war ein anderer ihrer Lieblingssprüche. »Das von heute ist süß genug.«

Morgen war für sie ebensoweit entfernt wie in hundert Jahren. Wenn du in die Zukunft schaust und versuchst, in ihr zu leben, betrügst du dich nur um die Gegenwart.

»Ich bin bloß eine arme Frau«, sagte sie mit einem ironischen Unterton, der Seltenheitswert hatte, »deswegen muß ich mit dem Heute zurechtkommen. Wenn ich es nicht mag, dann repariere ich es oder nähe einen Flikken darauf, aber ich kann es mir nicht leisten, es wegzugeben oder es gegen das Morgen einzutauschen. Wer weiß, beim nächsten Sonnenaufgang könnte es für mich kein Heute mehr geben.«

Darüber hinaus war sie Mutter. Für eine Mutter kommt das Morgen früh genug. Zu früh. Sie wollte nichts beschleunigen, wenn das Heute schon viel zu schnell verging.

Daran dachte sie, während sich Anna darüber beklagte, daß ihr Hausbesitzer, der gerade ein Mitglied des Jerusalemer Hohen Rates geworden war, ihr die Miete verdoppelt hatte.

»Er braucht Geld für neue prächtige Gewänder«, gelang es Maria, einzuwerfen.

»Was soll ich bloß machen?« kam Anna in einer Art Heulen zum Ende. »Bald werde ich keinen Platz mehr haben, wo ich mein Feuer anzünden kann.«

»Mach dir keine Sorgen«, entgegnete Maria. »Gott wird sich um dich kümmern.« Für sie war alles Gottes Wille oder gottgewollt.

»Was ist jetzt mit diesem Schwein von Vermieter?«

»Er wird schon bekommen, was er verdient, mach dir darüber keine Gedanken, Anna. Gott ist auf der Seite der Sklaven, ist er das nicht stets? Die bequemen Reichen werden nicht immer so ungeschoren davonkommen.«

Jesus verweilte in Betrachtung des ungehorsamen Zwiebelbeetes und mußte über den grenzenlosen Glauben seiner Mutter lächeln.

»Es ist aber jetzt schon ziemlich lange zu ihren Gunsten gegangen«, protestierte Anna.
»Zu lange, darin gebe ich dir recht, liebe Anna, aber nicht für immer«, beharrte Maria. »Die Armen werden schon auch noch zum Zuge kommen. Gott wird dafür sorgen. Er wird uns, die wir betrübt sind, die Tränen abwischen und die Habgierigen zum Heulen bringen. Sagt nicht das Buch, daß er die Mächtigen vom Thron stürzen wird?«
»Damit rechnest du?« Anna hatte ihre Zweifel, wie jeder Bauer, der weiß, daß ihm nur die Pacht, die Steuern, das Gestern und das Heute sicher sind und der Rest des Tages mit einem großen Fragezeichen versehen ist.
»Siehst du es nicht?« sagte Maria und erhob ihre Stimme. »Die Reichen kommen zitternd zur Himmelspforte und zu dem gesegneten Gott, der ruft: ›Hinweg mit euch, ihr Heiden!‹ und sie ohne einen Pfennig oder wenigstens ein Stück Schweinefleisch davonjagt.«
Es war schon bemerkenswert, wie berüchtigt Jesus', sanfte, aufmerksame und tolerante Mutter im Dorf war für ihre Angriffe auf die Reichen und Mächtigen dieser Erde. Schon oft hatte ihn jemand auf der Straße aufgehalten, um ihm zuzuraunen: »Deine Mutter hätte eine großartige Prophetin abgegeben, Jesus. Sie würde mit ihren Flüchen selbst Jeremia übertreffen, wenn sie es nur versuchte.«
»Ich bin froh, daß ich zu dir gekommen bin«, sagte Anna. »Du machst uns allen Mut, Maria, das tust du wirklich.«
Maria überhäufte offensichtlich die traurige alte Frau gerade mit Geschenken, denn Anna rief aus: »Gott

segne dich dafür. Mögest du die Kinder deiner Kinder sehen. Möge dein süßer, liebreizender Erstgeborener für dich wie ein Messias sein. Er ist ein großartiger Bursche und, kein Zweifel, seinem Vater wie aus dem Gesicht geschnitten.«

Um so viel Lob zu verdienen, mußte Maria ihr den Kürbis gegeben haben.

»Wir Witwen müssen zusammenhalten«, erwiderte Maria.

Eine Untertreibung. Sie behauptete, daß jeder, der in Not war, zu ihrem Haushalt gehörte. Sie besaß die zurückhaltende Tapferkeit der Frauen, die deswegen um so tapferer sind, weil sie nie beachtet werden.

»Übrigens, Anna, Liebe, es ist wunderbar, daß du gekommen bist.«

Marias Unaufrichtigkeiten waren immer wahr auf einer höheren Ebene.

Anna verließ hastig das Haus, beladen mit Brot, Wein, getrockneten Feigen, Rosinen, Linsen, Bohnen und, tatsächlich, dem letzten Kürbis.

Jesus, der bewußt Annas Blick auswich, wechselte ein »Schalom« mit ihr, bückte sich und trat durch den Vorhang aus gewebtem Ziegenhaar, der dem Eingang Schatten spendete und Fliegen abhielt.

Maria, rundlich und mütterlich, mit den Anfängen einer Arthritis in den Gelenken ihrer rechten Hand, drückte ihn an sich. Sie reichte ihm kaum bis zur Brust. »Dein süßer, liebreizender Erstgeborener ist wieder zu Hause«, sagte er und machte Anna nach, als er die allmorgendliche Begutachtung über sich ergehen ließ.

»Es wird auch Zeit«, erwiderte sie. Ihre zierlichen Nasenflügel zitterten, und ihre grauen Augen funkelten wie Wasser in der Sonne. »Wie siehst du nur wieder aus, ganz durchnäßt. Raus aus den Kleidern!«

»Nach dem Frühstück«, flehte er.

»In dieser Sekunde, hörst du mich.«

Jesus, dessen Augen sich langsam an die Dunkelheit gewöhnten, zuckte hilflos mit den Schultern. Er ging in die durch einen Vorhang abgetrennte zweite Hälfte des Hauses, wo ein frisch gewaschenes Gewand für ihn bereitlag.

»Müde?« rief sie zu ihm herüber.

»Nicht ein bißchen«, antwortete er. Er fühlte sich wirklich wacher, als wenn er die Nacht durchgeschlafen hätte.

»Was hast du draußen gemacht?«

»Gewartet.«

»Das hätte ich mir denken können.« Maria sagte das finster, um die unendliche Angst einer Mutter zu kaschieren, die weiß, daß sie dazu verurteilt ist, ihren Sohn eines Tages zu verlieren.

Söhne sind wie Schildkröten. Das sagte sie immer, besonders bei Hochzeiten. Jahr für Jahr bleiben sie zu Hause, daß man schon meint, das sei selbstverständlich. Eines Morgens jedoch sucht man nach ihnen, und sie sind verschwunden.

»Du bist immer noch nur Lehrling, vergiß das nicht.«

Nachdem er sich gewaschen und die Kleider gewechselt hatte, setzte er sich zu einem einfachen Mahl: Gerstenbrot, das Brot der Armen, wie es im Dorf genannt wurde, getrocknete Feigen, ein hartgekochtes Ei und eine

Tasse Ziegenmilch. Maria ignorierte seine nicht ernstgemeinte Frage nach einer Scheibe Kürbis.

»Es ist schon erstaunlich«, sagte er, »daß du mich nicht als Baby weggegeben hast.«

»Ich wünschte, ich hätte es. Manchmal.« Sie lachte mädchenhaft. »Jetzt iß langsam, wie dein Vater dich gelehrt hat.«

Sie hatte die Öllampe gelöscht, die bestenfalls einen schwachen gelben Lichtschein gab. Der schwere Geruch hing noch in der Luft. Sie war, wie gewöhnlich, vor Sonnenaufgang am Brunnen gewesen, denn die Krüge waren randvoll.

Sie machte an ihm herum, trocknete sein Haar und seinen glänzenden schwarzen Bart mit einem Handtuch, so daß es ihm schwerfiel zu essen.

»Laß mich, Frau«, sagte er und schlug verspielt nach ihrer mit Altersflecken bedeckten Hand. »Wie soll ich essen, wenn du mir die Haare ausreißt?«

Sie kümmerte sich nicht darum, sagte ihm nur, daß Rabbi Esra, der Holzfäller, bereits dagewesen sei. »Er fragte, wo du bist.«

»Was hast du gesagt?«

»Für Gott unterwegs.«

»Was wollte er?«

Der Rabbi wollte, daß er mit ihm in den Wald ging. Er hatte einige Bäume markiert und brauchte jetzt jemanden, der stark war und sie für ihn fällen konnte.

Jesus sagte, daß er gehen würde. Er liebte Esra inniglich. Heute hatte er jedoch den Verdacht, daß Esra mehr von ihm wollte als nur seine Hilfe beim Holzfällen.

Das war der eine Wunsch, den zu erfüllen nicht in Jesus' Macht stand.

3

Rabbi Esra saß rittlings auf einem Baumstamm am Rand des Waldes – ein kleiner Mann mit großen, fleischigen Ohren, einer Nase wie ein Krähenschnabel und einer Stimme wie eine Krähe. Seine Augen waren wie zwei Kohlen oder, genauer gesagt, nur ein Auge, da das andere in einer Art ständigem Zwinkern halb geschlossen war. Ein schmales Kinn, gespalten wie eine Wünschelrute, war von einem zerzausten Bart bedeckt, der dem einer Ziege ähnlich war.
Der Rabbi war alles andere als guter Laune. Er hatte eine Gruppe Kinder aus dem Dorf getroffen. Sie hatten eine Waldtaube gefangen, ihr die Augen mit einem Messer ausgestochen und sie am Ast eines Baumes festgebunden als Lockvogel für andere Tauben. Esra hatte den Vogel freigelassen und sie weggejagt.
»Verschwindet, bevor ich die Bären auf euch hetze«, hatte er gekrächzt. Die Kinder hatten gerufen: »Geh nach Hause, Glatzkopf«, waren aber trotzdem zurückgewichen und hatten ihren blinden Vogel mitgenommen.
Der Rabbi wurde ruhiger, sein Zorn wurde von der Aussicht besänftigt, den ganzen Tag mit seinem Lieblingsschüler zu arbeiten. Auch Jesus war als Kind häufig zu Streichen aufgelegt gewesen, und es war nicht immer

einfach, mit ihm zurechtzukommen, doch er war niemals grausam.
Der alte Mann erinnerte sich jetzt daran, wie er vor zwanzig Jahren seine erste Kinderklasse gebildet hatte, den »Kleinen Hohen Rat«, wie er sie nannte. Er erklärte den Eltern, die Thora sei das Buch der Kinder.
»Schickt sie alle zu mir«, hatte er mit der Begeisterung eines Spätberufenen gesagt. »Kein Kind ist zu jung, um das Gesetz Gottes zu lernen.«
Am ersten Tag erschien der Zimmermann Josef.
Er war ein erstaunlich stiller Mann mit einer Stimme, die weich wie Staub war. Im Dorf sagte man im Scherz, daß Gott bei der Schöpfung, nachdem er sechs Tage ununterbrochen gearbeitet habe, eine Pause benötigte. Da sei ihm eingefallen, daß er vergessen hatte, sich ein Bett zu bauen. Um Zeit und Ärger zu sparen, habe er auf den winzigen Zweig eines Ölbaums geblasen und daraus den Zimmermann Josef gemacht. Er war es, der das Bett gefertigt hatte. Daran lag es auch, daß Josef nie in Eile war oder seine Stimme erhob, denn er war am großen Sabbat erschaffen worden.
Josef brachte den kleinen, erst vier Jahre alten Burschen in die Klasse, der leuchtende mandelförmige Augen und schwarzes Haar hatte, das trotz des Sägemehls darin so glatt war wie das Gefieder eines Raben. Esra konnte die schweren Augenlider des Kindes und seine langen Wimpern noch immer sehen. Ebenfalls das lange scharfgeschnittene Gesicht. Der Junge hatte ein braunes Gewand getragen, das ihm ein bißchen zu groß und dessen linker Ärmel etwas verkrustet gewesen war, weil er sich damit immer die Nase abgewischt hatte. Und,

richtig, der Daumen seiner linken Hand war schwarz und geschwollen gewesen. Josef hatte erklärend geflüstert: »Er hat den falschen Nagel getroffen, Rabbi.«
Warum, so fragte er sich, sollte sich ein alter Mann nach all diesen Jahren an solche Kleinigkeiten erinnern können?
Jesus war mit Abstand sein bester Schüler. Zu Anfang hatten die anderen bis zu einem gewissen Grad Angst vor Esra gehabt, nicht jedoch Jesus. Vielleicht war seine einzige Angst auch nur gewesen, daß er nichts lernen könnte.
Der Junge war so klug. Einmal, vor langer Zeit, hatte Esra zu Maria gesagt: »Dieser hier ist mit einem langen weißen Bart geboren worden.« Seine Mutter hatte nur gelächelt und erwidert: »Hast du das auch bemerkt, Rabbi?«
Seine Zuneigung zu dem Jungen stammte aus einer Zeit, zu der er seinen Schülern eine Geschichte über den großen und sanften Pharisäer Hillel erzählt hatte. Esra hatte Hillel einmal getroffen und sich eine ganze Stunde mit ihm unterhalten. Das war vor fünfunddreißig Jahren gewesen.
Hillel hatte ihm geraten: »Sage deinen Jungen, wenn sie nur die Thora lange genug studieren, werden die Römer unser Land verlassen. Aber kümmere dich nicht darum; sollen die Heiden unseren Tempel stehlen, unsere Priester und unsere Olivenhaine, solange sie uns zwei Dinge lassen: erstens die Scheschinah, den Ruhm Gottes, und zweitens unsere Kinder.«
Esra erzählte die berühmte Geschichte jetzt mit Wohlbehagen.

Jemand, der sich für den jüdischen Glauben interessierte, berichtete er, sagte zu Hillel, um ihm einen Streich zu spielen, daß er konvertieren würde, wenn ihn der Rabbi die ganze Thora lehren könnte, während er auf einem Bein stünde. »Das ist einfach«, hatte Hillel erwidert und sich auf ein Bein gestellt wie eine Bohnenstange. »Was du nicht willst, das ein anderer an dir tut, das füge auch keinem anderen zu. Das ist die gesamte Thora. Der Rest ist Kommentar.«
Jesus hatte der Geschichte zugehört. Er hatte ihr zu gut zugehört.
Ein anderer Schüler von Esra, ein wilder, hieß Nebat. Er war eine Prüfung gewesen, gegen die die Prüfungen Hiobs nichts waren, bis sich der Rabbi eines Tages zu Nebat, der zu seinen Füßen saß, herabgebeugt und diesem laut vernehmlich, aber nicht schmerzhaft auf die Backe gehauen hatte.
Der kleine Jesus war erstaunt gewesen. Er ging zu dem Rabbi, der auf seinem Stuhl saß, nach vorne, stellte sich auf ein Bein und flüsterte ihm mit Respekt in der Stimme ins Ohr: »Was du nicht willst, das ein anderer an dir tut, das füge auch keinem anderen zu.«
Esra biß sich verärgert auf die Lippe, bis ihm klar wurde, daß er sich verteidigen mußte.
»Aber Jesus, Sohn des Josef«, sagte er etwas kleinlaut. »Nebat hat es verdient, und ich tat es nur in seinem Interesse.«
Der Junge dachte darüber einen Augenblick lang nach, bevor er weise nickte: »So ist das, Rabbi, das meintest du also mit Kommentar.«
»Nun«, murmelte Esra, »nun ... ja, teilweise.«

Nach einer weiteren Pause fügte Jesus hinzu: »Rabbi, bist du ganz sicher, daß wir einen Kommentar brauchen?«

Einmal hatte der Rabbi Jesus gefragt, ob ihm die Gottesdienste am Sabbat gefielen, und der Junge hatte zögernd geantwortet: »Die meisten.« – »Was gefällt dir nicht?« Und der Junge hatte gesagt: »Die drei Dankgebete, wo man betet: ›Der Herr sei dafür gesegnet, daß er mich nicht als einen Ungläubigen, einen Sklaven oder eine Frau geschaffen hat.‹« – »Was weiter?« – »Nun, Rabbi, ich habe nie einen Ungläubigen getroffen oder einen Sklaven, dafür sei Gott gepriesen, aber meine Mutter ist eine Frau.« Der Rabbi hatte ihm auf die Schulter geklopft. »Das war meine auch, mein Sohn.« Danach hatte Esra das Wort Frau aus dem Dankgebet fortgelassen, trotz der Proteste einiger seiner Gemeindemitglieder, die unglücklich verheiratet waren.

Esra pflegte in bester rabbinischer Tradition zu sagen: »Ich will keine Schüler, die mich nicht auch etwas lehren können.«

An diesem Morgen kauerte er auf seinem Baumstamm und kratzte sich den Kopf, als er sich eingestand, daß Jesus ihn gelegentlich mehr gelehrt hatte, als er lernen wollte. Die Fragen des Jungen waren so direkt, so ohne jede Umschweife, daß sie Salomo vermutlich auch nicht hätte beantworten können.

Die Lehren seiner Mutter mußten etwas damit zu tun haben. Esra stellte einmal fest: »Maria hat ein so schlichtes Gemüt, daß es schon wieder tief ist.« Nachdem er sie besser kennengelernt hatte, korrigierte er sich: »Sie ist so tief, daß es schon wieder schlicht ist.«

Es hatte auf den Jungen abgefärbt.
Esra erklärte die Großartigkeit des Gesetzes. Wir haben sonst nichts, sagte er. Es ist unser Lehrer, unser Vater, unsere Festung, unser Leben, unsere Freude und unsere Vaterlandsliebe. Es ist kostbarer für uns als das Land selbst. Andere Völker haben Gesetze, damit sie zusammenleben können, aber in Wirklichkeit sind diese für sie nur ein notwendiges Ärgernis. Unser Gesetz ist unser gemeinschaftliches Leben. Wirf einen Juden ins Gefängnis oder stelle ihn in die Mitte der Wüste, und er wird das Gesetz trotzdem lieben und achten.
Mehrere Kinder hatten in der Zwischenzeit angefangen, zu seinen Füßen zu spielen. Nebat schnarchte laut, um die Aufmerksamkeit aller auf den Umstand zu lenken, wie sehr er sich langweilte.
Nur Jesus war aufmerksam, und Esra bemerkte, daß es für ihn allein war, daß er so gesprächig wurde.
Dann fragte Jesus: »Macht das Gesetz alle Juden gleich, Rabbi?«
»Natürlich, mein Sohn. Wir sind alle Kinder Israels.«
Innerlich war er bereit, eine Ausnahme für Nebat zu machen. »Warum gibt es dann so viele Unterschiede zwischen uns, Rabbi? Warum besitzen dann so wenige Leute so viel von Gottes Land, während andere wie die Witwe Anna gar kein Land haben?«
»Ja, das ist falsch, mein Sohn.« Der Junge hatte wieder auf seine Mutter gehört. »Das kann ich nicht leugnen.«
»Falsch?« Jesus riß die Augen auf wie eine junge Eule. »Das Gesetz hat uns im Stich gelassen?«
Esra schüttelte so schnell den Kopf, daß der Luftzug ein

Feuer hätte löschen können. »Wir haben das Gesetz im Stich gelassen«, entgegnete er mit schwacher Stimme.
»Ach so«, sagte Jesus, dachte einen Augenblick nach und fuhr fort: »Schreibt das Gesetz auch vor, daß meine Mutter am Sabbat nicht in den Spiegel schauen darf, damit sie sich nicht etwa eines ihrer grauen Haare ausreißt?«
»Nei ... ein.« Er gab ihm nur zögernd recht.
»Warum lehrst du das dann?«
»Es garantiert, daß wir das Gesetz einhalten.«
Der Junge zuckte mit seinen schmalen Schultern. »Würdest du das nicht eher gewährleisten, wenn wir den Sabbat genießen könnten?«
Esra schickte die Klasse nach Hause.
Jesus blieb, um zu fragen: »Sagt das Gesetz nicht, daß wir am Sabbat kein Gewicht heben, Geld anfassen oder Schmutz von unseren Sandalen kratzen dürfen?«
Der Rabbi schüttelte den Kopf und machte keinen Versuch zu sprechen.
»Rabbi, es gibt wirklich viel zuviel Kommentar.«
Esra, der noch immer nicht redete, schüttelte erneut langsam den Kopf. Dann zwang ihn die Ehrlichkeit, kräftig und zustimmend zu nicken.
Schon lange vor diesem Tag hatte Esra seinen einzigen Sohn verloren. Jetzt beschloß er, daß Jesus einmal sein Nachfolger als Rabbi von Nazareth werden würde.
Weisheit zu besitzen, das sagte er dem Jungen oft, und sie nicht zu lehren, ist ebenso eine Todsünde, wie einen Schüler zu haben und nicht von ihm zu lernen.
»Was lernst du denn von mir?« hatte ihn Nebat unverschämt gefragt.

Esra antwortete: »Gott zu danken, daß nicht ich dich zur Welt gebracht habe.«
Nebat störte die Unterrichtsstunden so sehr, daß sich Esra eines Tages gezwungen sah, ihn aus der Klasse auszuschließen. Ihn zur Vernunft zu bringen, war unmöglich, so unmöglich, wie eine Pflaume wieder am Baum befestigen oder einen Stein zerschneiden zu wollen.
Nebats Vater, Schaphan, ein stämmiger Ackersmann, hörte diese erstaunlichen Neuigkeiten und kam von den Feldern herbeigelaufen, an seinen Händen und Füßen noch Erde. Er war stocknüchtern, wie die anderen Dorfbewohner das genannt hätten, und deswegen gefährlich.
»Was ist mit meinem Jungen nicht in Ordnung«, wollte er in vollkommener Unkenntnis der Sachlage wissen, »daß du ihn wie Spreu beiseite wirfst?«
»Ich kann ihn nicht unterrichten«, antwortete der Rabbi mit dünner Stimme. »Es tut mir leid.«
»Aber uns hast du gesagt«, beharrte Schaphan wütend, »daß kein Kind zu jung ist, um die Thora zu lernen.«
Während Esra von einem Bein aufs andere wechselte und nicht wußte, was er erwidern sollte, zog Jesus Schaphan furchtlos am Ärmel.
»Herr«, sagte er, »Nebat ist nicht zu jung, um das Gesetz zu lernen, er ist zu alt.«
Der Rabbi mußte immer noch lachen, wenn er daran dachte, daß ihn ein Sechsjähriger davor bewahrt hatte, verprügelt zu werden.
Wenig später hatte Jesus zu ihm gesagt: »Rabbi, du hast Falten wie Linien auf deiner Stirn.« – »Das ist das

Alter, mein Sohn«, hatte Esra geseufzt. »Warum schreibst du nicht auf ihnen?« – »Was denn, mein Sohn?« Jesus antwortete, ohne zu zögern: »Du bist ein Rabbi. Was denn anderes als: Höre, o Israel, der Herr, unser Gott, der Herr ist der eine.«

Dann war da das eine Mal, daß Esra dem guten und angesehenen Josef begegnet war, als er mit Jesus an einem kühlen Abend spazierenging. Jesus war damals vierzehn, klein für sein Alter und mit einem pickligen Gesicht. Josef konnte zu diesem Zeitpunkt schon nichts mehr sehen, obwohl Esra das Gefühl hatte, daß er in dem nüchternen Land des Geistes genau wußte, wohin er unterwegs war, wie es auch blinde Führer in der Wüste gibt, die die Karawanen, ohne sich zu verlaufen, von einem Wasserloch zum nächsten bringen.

Josef plauderte mit Esra und sagte: »Für mich ist mein Jesus das Licht der Welt. Ohne ihn, mein Freund, müßte ich in Dunkelheit wandeln.« Der Jüngling gab seinem Vater den Arm, und Josef seufzte: »Siehst du, Esra, mein Sohn ist ein grüner Zweig, auf dem sich ein sehr müder Vogel ausruhen kann.«

Vielleicht konnte sich Esra gerade an dieses Zusammentreffen besonders gut erinnern, weil Josef kurz darauf zu Gott gegangen war und Esra mehr und mehr mit dem Jungen zu tun bekam. Er sah ihn wachsen wie eine Christpalme, zunehmen, Muskeln ansetzen und sich mit der Geschwindigkeit und der Anmut einer Gazelle bewegen.

Der Junge hatte nie seine Unschuld verloren. Er bewahrte sich, um mit Esra zu reden, unbeschädigt. Jedes Unglück, jede kleine Ungerechtigkeit, die uns beige-

bracht wird, schließt eine kleine Spalte oder Öffnung, manchmal sogar eine große Tür im Herzen. In Jesus' Herzen, erkannte Esra, war nichts geschlossen worden. Er war unkompliziert auf eine Art, die von komplizierten Leuten nicht geschätzt wurde, aber hütete trotz seiner Kindlichkeit mehr Geheimnisse als ein Kamel. Ja, dachte Esra, wenn er in ernsthaftere Stimmungen verfiel, dieser Junge ist für Auseinandersetzungen geboren wie die Funken zum Flug.
Niemand wußte besser als der Holzfäller Esra, was Funkenflug in einem trockenen Wald anrichten kann.

Maria hatte den Esel gefüttert und ihm Wasser gegeben und das Mittagessen für Jesus in ein Behältnis aus Palmblättern getan. Heute bestand es aus gepökeltem Fleisch, Brot, zwei kleinen Gurken und einer kleinen Flasche Wein.
»Mögest du gesegnet sein, mein Sohn«, rief sie ihm nach. Jesus winkte zurück. Er war so groß, daß er, wenn er auf dem trabenden Esel saß, fast den Boden mit den Füßen berührte.
Weiter oben blickte er auf die Ebene hinunter, auf der die Turteltauben immer noch nach dem letzten Klee suchten. Seit sie in Schüben im Frühling gekommen waren, sah und hörte man sie in jedem Garten und Gehölz und auf jeder baumbestandenen Anhöhe von Sonnenaufgang bis Sonnenuntergang.
An diesem Tag mußte sich Jesus ebenfalls an so manches erinnern. Wie er diesen alten Rabbiner liebte, der immer so ausschaute wie jemand, der ständig unter Verdauungsstörungen leidet, und der sich ständig kratzt.

»Leider«, pflegte sich Esra zu beklagen, »finden Flöhe, daß ich ein besserer Gesellschafter bin, als Gott das tut.«
Er war Esra dankbar, daß er ihn im Hebräischen unterrichtet hatte, nachdem Josef gestorben war. Am Studiertisch der Synagoge hatten sie stundenlang die heiligen Bücher der Bibel gelesen. Jesus hatte nie etwas anderes gelesen, und er hatte auch keine Lust dazu.
In den letzten Monaten hatte Esra darüber geklagt, daß seine Augen zu nichts anderem mehr zu gebrauchen seien, als zum Weinen. Außerdem hatte er die meisten seiner Zähne verloren, so daß er jetzt dazu neigte, die Worte noch mehr zu verschlucken, als das der durchschnittliche Galiläer ohnehin schon tat.
Das erstemal, als Jesus, weil Esra darauf bestanden hatte, Gottes rettendes Wort in der Öffentlichkeit verkündet hatte, waren ihm Tränen in die Augen gekommen. Mehr als je war er ein wahrer Sohn Israels.
Er hatte nicht nur den Text gelesen, sondern ihn auch in umgangssprachliches Aramäisch übersetzt. Der Versammlung, abgesehen von Nebat und seinem Vater, gefiel seine starke, klare und resonante Stimme. Sie ließ die Gottesdienste schneller vergehen, was ein Segen war.
Der Lieblingsschüler des Rabbis zu sein, war nicht nur ein Vergnügen, denn Esra war ein Mensch voll erstaunlicher Widersprüche.
Einmal hatte er Jesus eingeladen, bei ihm im Garten zu sitzen. Ein Korb mit Orangen stand an seiner Seite. Nebat, der immer zu Streichen aufgelegte Nebat, fragte, ob er eine haben könne. »Natürlich, mein Junge«,

antwortete Esra und gab ihm eine. Jesus bemerkte, daß sich Nebat nicht bedankt hatte. Er sagte nichts, aber Esra wußte, daß es ihn beunruhigte. »Ach, mein Sohn«, meinte Esra zu ihm, »wenn du Gutes tust, darfst du keine Dankbarkeit erwarten.« Als er das hörte, streckte Nebat Esra die Zunge heraus. Im Nu war der Rabbi auf den Füßen und schlug ihn mit dem Stock auf den Kopf. »Du solltest aber auch keine Undankbarkeit erwarten«, sagte er, wieder an Jesus gewandt.

Ein andermal flehte Esra Jesus an, ihm aus Freundschaft einen Zahn auszureißen, der ihm Beschwerden bereitete. Jesus protestierte, da er das nicht gelernt hatte. »Kümmere dich nicht darum, mein Sohn«, sagte Esra verständnisvoll, »ein Mann Gottes muß sich daran gewöhnen, Unbequemlichkeiten zu ertragen, ohne zu murren.« Jesus holte eine Zange hervor, brachte sie über dem Zahn in Position und zog. Der Zahn löste sich mit einem Krachen, und Esra schrie vor Schmerzen. Anschließend weigerte er sich drei Tage lang, mit Jesus zu sprechen.

Jesus erlaubte sich eine letzte Erinnerung. Es war wenige Wochen nach dem Tag gewesen, an dem Esra danebengezielt und die drei mittleren Finger seiner linken Hand abgehackt hatte. Sie waren im Wald gewesen an einem Tag wie diesem, und Esra hatte Gott beschimpft, weil er ihm nur eine Hand gelassen hatte, die er gebrauchen konnte. Ohne Vorwarnung war ein Sturm aufgekommen, und der Himmel war schwarz wie die Nacht geworden. Dann war ein Blitz an Jesus' Ohr vorbei in Esras Ferse eingeschlagen und hatte diesen der Länge nach auf die Erde geworfen. Der Rabbi hatte sich beim

Fall einige Prellungen zugezogen, war aber ansonsten unverletzt geblieben. Ohne einmal Luft zu holen, war er wieder aufgesprungen, hatte seine Faust gegen den Himmel erhoben und gerufen: »Das ist kein Argument.« Obwohl er der Katastrophe nur so knapp entkommen war, hatte Jesus laut lachen müssen.

4

Jesus stieg von seinem Esel ab, verbeugte sich vor Esra und bat um seinen Segen. Esra gab ihm den Segen und umarmte ihn.

Wie er die reine Schönheit dieses Jungen liebte, jetzt, da er herangewachsen war, in voller Blüte stand mit dieser speziellen Dimension, die die Jugend mit sich bringt.

»Danke, daß du gekommen bist, mein Sohn.«

Die Wälder westlich von Nazareth waren nach den heftigen Regenfällen des Frühlings immer noch grün, jedoch waren sie nicht sorgfältig gepflanzt. Der felsige Boden wäre besser für einen Olivenhain geeignet gewesen. Trotzdem gab es eine Anzahl Bäume, Eichen, Stechpalmen, auch Terpentinpistazien und Johannisbrotbäume, einige wenige Pinien und einen mittelgroßen Maulbeerbaum, auf den Esra zeigte.

»Den heben wir uns bis zum Schluß auf.«

Er war kurzatmig, seine Lungen befanden sich in einem schlechten Zustand.

Jesus band den Esel fest, legte sein äußeres Gewand ab und machte sich mit der großen Axt ans Werk.

Während sie arbeiteten, redeten sie wenig; sie zogen es vor, zusammen einen Psalm zu singen oder irgendeinen anderen Abschnitt aus der Schrift. Wenn Jesus an der Reihe war, sang er gewöhnlich:

Lobet im Himmel den HERRN,
Lobet ihn in der Höhe!
Lobet ihn, alle seine Engel,
Lobet ihn, Sonne und Mond,
Lobet ihn, alle leuchtenden Sterne!

Der Rabbi, der gelegentlich so wütend war wie Moses und der im Dorf für seine praktische bäuerliche Weisheit verehrt wurde, neigte dazu, sich mehr an die düstereren Passagen der Schriften zu halten. Er fühlte sich beim Prediger Salomo, den Sprüchen und Hiob wohl. »Warum nicht?« witzelte er. »Das Pech ist mir mein ganzes Leben lang treu geblieben.«
Wenn Esra begann, wählte er:

An den Wassern zu Babel
saßen wir und weinten,
wenn wir an Zion gedachten.
Unsere Harfen hängten wir
an die Weiden dort im Lande.

An diesem Punkt spuckte er für gewöhnlich aus, und ohne daß er es sagte, wußte Jesus, daß das wegen der Römer war, die über ihr Land stolzierten.
Gelegentlich, wenn seine Stimmung noch düsterer war, sang der Rabbi in Erinnerung an seinen toten Sohn:

Aus der Tiefe rufe ich, HERR, zu dir.
HERR, höre meine Stimme!

Heute war der Rabbi in einer nachsichtigeren Verfas-

sung. Er konnte kaum helfen, weil er etwas unter der Ruhr litt. Er mußte sich immer wieder tiefer in den Wald zurückziehen, um seine Füße zu bedecken, wie er das ausdrückte.
Wenn er zurückkam, betrachtete er voll Bewunderung die schwellenden Muskeln seines angenommenen Sohnes, dessen scharfes Auge, die breiten Schultern und starken Hände, deren Haut so widerstandsfähig war wie die eines Tieres.
Jesus arbeitete hart; er mochte die Arbeit. Über ihnen schwebten ein seltener Habicht, ein Schwarzer Milan und später ein Honigbussard. Jesus sah nicht nach oben. Er hörte nur die Waldtauben mit ihren heiseren Rufen in den Tiefen des Forstes.
Esra pflegte zu sagen, daß Jesus so fleißig sei wie eine Ameise. Höchstes Lob. Für Esra war Faulheit nicht nur Sünde, sie war Vater und Mutter der Sünde. Der Allerhöchste hatte bestimmt, daß der Mensch sein Brot im Schweiße seines Angesichts verdienen sollte, besonders die Rabbiner und die zukünftigen Rabbiner.
»Hat Schaphan dich für die Arbeit bezahlt, die du letzten Sommer für ihn gemacht hast?«
Jesus, der immer noch die Axt schwang, schüttelte den Kopf. Bauern weigerten sich oft zu zahlen, sogar nach einer guten Ernte. Nebats Vater war da keine Ausnahme.
»Krieg ihn dran, mein Sohn, das ist gut für seine Seele.«
»Geld ist nicht wichtig.« Jesus keuchte vor Anstrengung.
»Ist es nicht?« sagte Esra und verzog das Gesicht. »Brot ist für das Lachen, Wein für die Freude, aber Geld ist weiser als Salomo.«

»Wie kann das sein?«
»Weil Geld, mein Sohn, die Antwort auf alles ist.«
Jesus legte die Axt hin, um zu verschnaufen. Das gab ihm Gelegenheit, Schaphan in dem Augenblick nachzumachen, als er ihn nach dem Geld fragte.
Jesus kniff die Augen zusammen und sah sich langsam um.
»Schaphan«, rief der Rabbi begeistert.
Jesus gähnte, roch an seinen Achselhöhlen, kratzte sich am Bauch, spuckte aus – nicht den überwältigenden glänzenden Strom, den Schaphan zustande brachte – und sagte in einer brauchbaren Imitation: »Warum die Eile, Junge.«
Esra klatschte dem gelungenen Versuch Beifall.
Sie fällten einige weitere verwachsene Eichen, entfernten die Rinde und hieben den Stamm in Stücke. Dieses Holz war als Dachbalken für Häuser nicht zu gebrauchen, aber man konnte es zur Herstellung von Stühlen, Teigtrögen, Pflügen, Türen, Kerzenhaltern und sogar Jochen für Ochsen verwenden.
Sie arbeiteten vier Stunden lang, bis ihnen der Schweiß herunterlief und sie von der Sonne verbrannt waren. Jetzt legte der Rabbi eine Pause ein. Sie zogen sich in den Schatten zurück, wo der Esel festgebunden war.
Die Luft roch herrlich nach Harz und Sägespänen. Bäume, dachte Jesus und war mit seinem Handwerk mehr als zufrieden, Bäume sind wundervoll.
Außerhalb der direkten Sonnenstrahlen war das Summen und Schwirren der unsichtbaren Insekten weniger spürbar, aber die Fliegen waren trotzdem noch so beharrlich wie die Sünde.

»Als Gott uns erschuf«, klagte Esra, »warum gab er uns da keinen Schwanz, mit dem wir uns die Fliegen vom Leib halten könnten?«

»Warum fragst du mich?« wollte Jesus wissen.

Der Rabbi lehnte sich gegen einen Baum mit den mechanischen und abrupten Bewegungen eines Kamels. Er sei so alt, sagte er, daß sich seine Scharniere kaum noch bewegten.

Nachdem sie die Hände gewaschen und das Dankgebet gesprochen hatten, packte Jesus, der mit untergeschlagenen Beinen dasaß, sein Essen aus einem Stück Leinen. Es sah appetitlich aus.

Esra hatte nichts außer einer kleinen Flasche mit saurem, kaum gegorenen Wein, ein paar Bienenwaben und ein Stück trockenes flaches Gerstenbrot. »Von etwas anderem würde ich Zahnschmerzen bekommen. Schau«, sagte er, hielt das Brot hoch und verglich es mit der leichten, fast luftigen Substanz, in die Jesus biß.

»Du könntest das, ohne zu sündigen, am Passahfest essen«, sagte Jesus mit vollem Mund.

Jesus hielt ihm sein eigenes Brot hin, aber der Rabbi lehnte ab. Er fing mit den Bienenwaben an.

»Das ist besser«, erklärte er und schmatzte laut, »wenn du keine Backenzähne mehr hast.«

Bald war sein ganzer Bart von einer goldenen klebrigen Masse bedeckt.

Jesus faßte den Bart spaßeshalber an und sagte: »Guten Tag, Aaron.«

Das genügte als Stichwort für Esra. »Ah«, sang er in seiner besten Sabbatstimme:

Siehe, wie fein und lieblich ist's,
wenn Brüder einträchtig beieinander
wohnen!
Es ist wie das feine Salböl auf dem Haupte
Aarons,
das herabfließt in seinen Bart.

Jesus stimmte ein mit:

Das herabfließt zum Saum seines Kleides,
wie der Tau, der vom Hermon herabfällt
auf die Berge Zions.

Der Rabbi leckte sich über die Lippen und sah den jungen Mann stolz an. Jesus hatte mit einer Mischung aus Zärtlichkeit und Hingabe gesprochen, die ihn tief bewegte. »Dieser Junge«, sagte er oft zu seiner Frau, »mag zwar schlicht und ungehobelt reden, aber sein Herz ist wie ein grünes Blatt. Und laß mich dir noch eins sagen, er findet Gott überall, genau wie ein Kamel in der Negevwüste überall Wasser findet.«
Sie aßen eine Zeitlang in zufriedenem Schweigen. Esra brach es schließlich. »Diese Mutter von dir sorgt zu gut für dich, mein Sohn.«
Jesus war auf der Hut. Esra würde jetzt ein Thema anschneiden, dem Jesus nach besten Kräften auswich.
»Sie ist eine gute Mutter, Rabbi. Sie redet nicht viel und tut um so mehr.«
Das war nicht zu leugnen. Maria war immer beschäftigt. Sie knetete Teig, backte, schlug die Wäsche mit einem Holz auf den Steinen, spann Wolle, webte Tuch

auf zwei Spindeln um eine Kette herum, um ein nahtloses Gewand herzustellen, kümmerte sich um den Garten und redete mit dem Gemüse, holte Wasser, reinigte jeden Winkel des Hauses mit einem Büschel Hühnerfedern und fand zwischendurch immer noch Zeit, mit den Nachbarn zu schwatzen und sich teilnahmsvoll ihre Klagen anzuhören.

»Ich frage mich ...« Esra zögerte. »Ist es nicht an der Zeit, daß du dir eine Frau nimmst?«

Jesus räusperte sich nervös.

Der Rabbi wischte sich mit dem Ärmel über den Mund. »Denke an die Schrift, mein Sohn. Genieße das Leben mit der Geliebten deiner Jahre.«

Jesus hatte Schwierigkeiten, ein ernstes Gesicht zu machen. Esra und seine Frau – er bestand darauf, sie »meine Rippe« zu nennen – waren im ganzen Dorf bekannt für ihre Auseinandersetzungen. Sie stritten gelegentlich so laut, daß die Hähne selbst um Mitternacht zu krähen anfingen. Wie oft hatte Esra an Tagen wie diesen geklagt, daß der Atem von Sarah ausreichen würde, ein Huhn zu rupfen.

»Surr, surr, surr, Rabbi«, erinnerte ihn Jesus daran, daß er noch letzte Woche das Nörgeln seiner Frau damit verglichen hatte, von sechs Bienenschwärmen gestochen zu werden.

»Oh, ja«, sagte Esra und ging in die Verteidigung, »aber kümmert sie sich nicht besser um mich als ein Pferd?«

»Wenn du eine Grube gräbst«, antwortete Jesus ebenfalls mit einem Wort aus der Schrift, »wirst du hineinfallen. Störe eine Schlange, und«, er zeigte mit zwei Fingern auf den Rabbi, »sie wird dich beißen.«

Esra warf den Kopf zurück und schlug unwillig mit der Faust auf den Boden. »Willst du am Tage des letzten Gerichts vor deinem Gott stehen ohne deinen süßen Bettgefährten, der für dich bittet?«
Jesus bewegte den Griff der Axt auf Esra zu. »Spalte den Holzblock, aber achte auf deine Zehen.«
»Du hast auch auf alles eine Antwort.«
»Ich hatte einen guten Lehrer.«
Die nervösen Gesten des Rabbi wurden blumiger, waren jedoch kaum überzeugend, da ihm an der einen Hand drei Finger fehlten. Seine dünnen, fast durchsichtigen Nasenflügel zitterten.
»In deinem Alter unverheiratet zu bleiben, mein Sohn, ist unnatürlich. Das ist wie ein Tanz ohne ein Lied.«
»Oder ein Lied ohne einen Tanz.« Jesus' frühere Dreistigkeit kehrte zurück.
»Es ist wie Land ohne Wasser. Wie ein Baum, der keine Frucht trägt.«
Jesus wußte, daß Esra zu sehr litt, um das zu sagen, was er eigentlich sagen wollte. Daß ohne einen Sohn zu sterben so schlimm war wie zweimal und für alle Ewigkeit zu sterben. Als würde man durch die Welt gehen und keine Spur hinterlassen.
»Was ist ein unverheirateter Mann anderes«, fuhr der Rabbi hitzig fort, »als eine stumpfe Axt. Schärfe sie mit einer Frau, und die Arbeit wird nur halb so lange dauern.«
»Ohne eine Frau habe ich alle Zeit der Welt.«
Der Rabbi wollte schlecht gelaunt aufstehen und weggehen, aber sein Rheuma nagelte ihn förmlich fest.
»Ich meine das ernst, mein Sohn. Wie willst du jemals

Rabbi werden ohne eine Frau? Die Leute werden sagen: ›Wie kann er wissen, wovon er spricht. Er hat nie gelitten.‹«

Jesus trank seinen Wein aus und meinte dann: »Hattest du … jemand bestimmten für mich im Auge?«

Esra hob seine knochigen Hände mit ihren sieben schwarzen gesprungenen Fingernägeln. Er hatte zu Hause geübt, aber bei der Premiere versagt. Er betrachtete kritisch seine Handfläche, als sei sie eine Gesetzesrolle.

Jeder im Dorf über sechs Jahren wußte, daß er hoffte, Jesus würde seine Tochter heiraten. Jesus mied Jedida mit soviel Höflichkeit, wie er nur konnte. Sie machte ihn nervös.

»Also, meine Jedida.« Esra erwähnte den Namen, als sei er ihm gerade unabsichtlich in den Kopf gekommen. »Sie ist keine Schönheit. Keine Taubenaugen. Keine Haare wie eine Schafherde, die die Hänge vom Berg Gilead herunterströmt.«

Jesus war nicht in der Lage, ihn aus dieser Verlegenheit zu befreien. Jedida besaß wirklich keines dieser Schönheitsmerkmale, wie sie im Hohenlied beschrieben sind. Sie war flach wie ein Brett, hatte dickes fettiges Haar, eine schlechte Haut und schielte so wie die anderen Mädchen hier. »Ein Frosch mit Federn«, wie es einer der Jungen aus dem Dorf einmal ausgedrückt hatte.

»Aber wie sehr sie die Schrift liebt«, sagte Esra mit glühenden Wangen, als ob das ihre Häßlichkeit um ein Vielfaches aufgewogen hätte.

Jesus saß einfach mit gefalteten Händen da und lief immer stärker rot an.

Esra war niedergeschlagen. Gelegentlich war mit tausend Worten weniger gesagt als mit einem kurzen Schweigen. Aber er wünschte sich Jesus so sehr als seinen Schwiegersohn.
»Eine wunderschöne Frau ohne Verstand ist wie ein goldener Ring in einem Schweinerüssel, mein Sohn. Meine Jedida hat nicht nur Verstand ...«
»Sie ist wie du«, unterbrach ihn Jesus. »Sie ist ein Schatz.«
Esras Laune besserte sich. Gab es doch noch Hoffnung?
»Es ist immer noch besser, neben einer durchschnittlichen Frau zu schlafen als nur von einer hübschen zu träumen. Das ist im Winter auch wärmer.«
»Rabbi«, erwiderte Jesus mit sanfter Stimme, »du bist sehr freundlich. Aber zum Heiraten«, er zuckte mit den Schultern, »bin ich noch nicht bereit.«
Wie konnte er seinem alten Lehrer sagen, daß er sein Leben bereits seinem Volk verschrieben hatte?
Sie beendeten ihr Mahl, und Esra schlief mit seinen Vätern eine Stunde lang. Anschließend half er Jesus, bis es Nachmittag wurde.
Sie bemerkten es beide gleichzeitig. Etwas lag in der Luft, etwas Seltsames. Es war bedeckt, was zu dieser Jahreszeit ungewöhnlich war, und die Luftfeuchtigkeit war unnatürlich hoch. Der Esel brüllte und schlug mit seinen Hinterbeinen aus. Die Waldtauben hatten aufgehört zu singen. Und wo waren die Fliegen?
Sie beruhigten den Esel und beluden ihn, bis er unter den Ästen kaum noch zu sehen war. Der Rabbi packte sich so viel auf die Schultern, wie er tragen konnte. Da Esra den Stamm des Maulbeerbaums als Ganzes woll-

te, lud ihn sich Jesus auf die Schultern. Stark vornübergebeugt trug er ihn den Hügel hinunter zum Dorf. In der feuchten Hitze fühlte es sich an wie das Gewicht der Welt.
»Schau den Rabbi an«, sagte jemand, »ein wandelnder Baum.«
Ein anderer sagte über Jesus: »Sieh nur ihn an. Man könnte meinen, er sei auf dem Weg zu seiner Kreuzigung.«

5

Als sie in Nazareth ankamen, war der Himmel bis zum Horizont dunkelgrau. Das Gefühl der Bedrohung, das sie am Waldrand ergriffen hatte, war im Dorf noch stärker zu spüren. Hunde heulten, Esel brüllten, sogar die Hähne krähten, obwohl es gar nicht ihre Zeit war, und sorgten sich um die Hennen.

Jemand rief etwas Unverständliches vom Gipfel eines Hügels. Es klang mehr wie ein Schrei. Bald hatte es sich herumgesprochen, daß sich eine gelbbraune Wolke in ihre Richtung bewegte.

Eine Gruppe Männer rannte einen Abhang hinauf. Von dort konnten sie sehen, wie im Südosten der blaue Himmel die grauen Wolken wütend über die Landschaft zu jagen schien. Über den Wolken war es wieder blau, aber diese andere Wolke kam immer noch auf sie zu, anderthalb Kilometer lang und fünfzig Meter breit.

Einer der älteren Männer stieß einen Schrei aus, der von den anderen Beobachtern wie ein Geheul aufgenommen wurde.

»Heuschrecken.«

Der Rabbi saß vor Marias Haus, saugte an einer Zitrone und verspottete Jesus unbekümmert bei seiner Mutter, weil dieser sich keine Frau suchte.

»Heuschrecken«, krächzte er ungläubig. »Sind wir

Ägypter, daß Gott uns Heuschrecken schickt, um unser Land zu verderben?«

Jesus rannte bereits zu seiner Werkstatt. Er verteilte die Dreschflegel und die Binsenwedel, die er dort hatte, an Männer, die nach etwas riefen, womit sie ihren Besitz verteidigen konnten.

Frauen und Kinder liefen wild in alle Richtungen und schrien. Ältere Frauen wie Maria und Anna setzten sich in den Staub und trauerten wie um Tote.

Die gesunden Männer hasteten zu den Feldern und warteten furchtsam unter den Olivenbäumen, den Feigen und den Weinstöcken. Einige riskierten Gesundheit und Leben, als sie den glatten Felsen zu den Kornfeldern in der Ebene hinunterrutschten.

»Schließt die Türen«, rief Jesus jeder Frau zu, als er an den Häusern vorüberkam und in Richtung Anhöhe lief, »so dicht, wie es geht.«

Sie widersprachen nicht, schlossen die Fenster und verriegelten die Türen. Kleine Kinder mit Reisigbesen bereiteten sich darauf vor, die erbärmlichen Gemüsebeete zu verteidigen, ihre Mütter warfen Säcke, Kleidungsstücke und Bettzeug über die Beerensträucher in den Garten.

Maria vergaß ihre Arthritis und erntete das Gemüse, das nur annäherungsweise reif war, und schichtete es in leeren Tongefäßen und Körben auf. Als nächstes dichtete sie alle Sprünge und Risse des Hauses mit Schlamm und Sägemehl ab.

Von seinem Aussichtspunkt auf dem Hügel konnte Jesus das Vorrücken der Heuschreckenschwärme beob-

achten, ähnlich dem Näherkommen eines tödlichen Schneesturms.
Er betete, daß sie abdrehen oder an ihnen vorbeiziehen würden, aber er wußte, wie unwahrscheinlich das war, da die Heuschrecken dem Weg und der Feuchtigkeit der grauen Wolke folgten.
Den trockenen Monaten war ein langer feuchter Frühling vorausgegangen. Die Ernte des Sommers war überragend, und das wußten die Heuschrecken.
Sie kamen erbarmungslos näher und machten ein Geräusch wie ein entfernt gelegener Wasserfall. Aus größerer Nähe klangen sie wie eine Herde galoppierender Pferde.
Ihr Schneeweiß, das sich gegen das Blau abhob, verwandelte sich in ein bewegliches gelbes Band. Der Lärm war jetzt so ohrenbetäubend, daß die Schreie der Frauen und Kinder darin untergingen.
Hunderte von Menschen schlugen auf Töpfe, Pfannen und Trommeln, schlugen gegen Bäume mit Spaten und abgebrochenen Ästen, und trotzdem hörte man nichts bei dem Lärm der Heuschrecken, die mit dem Wind kamen.
Die Heuschrecken, die den Schwarm anführten, würden sich sofort auf die Kornfelder stürzen und dann auf die Obstgärten und Weinberge. Jesus hatte gerade ein Feld mit reifem Korn erreicht, als er von einer Welle von Heuschrecken eingehüllt wurde, die acht bis zehn Fuß hoch war. Sich zu befreien war so einfach, wie eine Wand zu durchqueren.
Die Geschöpfe waren gewaltig, fast drei Zentimeter lang mit grellbunten hinteren Flügeln, scharfen Eß-

werkzeugen und winzigen Polstern zwischen den Klauen ihrer Füße.
Er schlug nach ihnen mit zwei Dreschflegeln mit sieben Enden, die zusammengebunden waren, um eine noch tödlichere Waffe abzugeben. Bei jedem Schlag hörte er das Knirschen von Körpern, die zerquetscht wurden, aber es kamen immer mehr, ohne daß er eine Bresche gesehen hätte. Er hatte den Eindruck, als sei er im Meer in einem dichten Fischschwarm gefangen.
Wie gewichtslose Grashüpfer verteilten sie sich überall. Sie hingen an jedem Blatt, Stengel und Grashalm. Millionen von ihnen nagten so hungrig, daß es sich anhörte wie ein abgeerntetes Weizenfeld, das abbrannte.
In den Kornfeldern begannen sie weit unten am Stengel und arbeiteten sich nach oben bis zu den wachsenden Körnern vor. Oft bissen sie die ganze Ähre einfach ab.
Das Kornfeld, das Jesus verteidigen wollte, verschwand einfach wie das Hirsefeld, das er noch am Morgen gesehen hatte. Männer schwangen Keulen, droschen mit Haken, Spaten und Palmblättern, als würden sie mit Satan selbst kämpfen – und bewirkten nichts.
Winzige Steinschmätzer und andere insektenfressende Vögel stießen nach unten, spießten eine Heuschrecke auf und zogen sich auf einen ruhigen Platz zurück, um sie zu verspeisen. Katzen kletterten auf die Bäume, schlugen wie wild mit ihren Tatzen um sich und hatten ein beachtliches Festmahl. Die Hühner, besonders die Hähne, waren noch nie so gut gefüttert worden.
Und die Heuschrecken kamen immer noch.
Sie fraßen die Obstbäume kahl: Birne, Aprikose, Pflaume, Orange, Walnuß, Mandel. Alles was übrig war, wa-

ren die Steine und Kerne der Früchte. Nur die Feigenbäume entkamen.
Ein Bauer zündete aus Verzweiflung einen Strohhaufen am Rand seines Kornfeldes an und hatte sich offensichtlich in der Windrichtung geirrt. Das ganze Feld explodierte mit einer orangefarbenen Flamme, die alles, was sich ihr in den Weg stellte, verschlang.
Jesus kam so weit vorwärts, daß er eine Anzahl Männer sehen konnte, die vergebens jeder für sich kämpften. Mit wilden Gesten stellte er sie auf, und sie gingen in einer Reihe um sich schlagend durch ein Gerstenfeld. Sie töteten Hunderte von Heuschrecken, die von Tausenden ersetzt wurden.
Viele gaben auf und kehrten nach Haus zurück, wo ihnen ihre Frauen erzählten, daß die Heuschrecken in die Häuser eingedrungen waren. Den kleineren und dunkleren von ihnen war es gelungen, sich durch die Türspalten zu quetschen oder durch Sprünge im Mauerwerk, und sie hatten die Vorräte an Obst und Getreide verschlungen und nur das Salz übriggelassen. Sie hatten sogar das Holz angekaut. Sie waren unersättlich.
Stunde um Stunde erfüllte der Donner der Schwärme das Dorf und die umliegenden Felder und wurde von den Bergen zurückgeworfen.
Einer nach dem anderen zogen sich die Männer aus dem Gefecht zurück, erschöpft von ihren Anstrengungen und noch mehr erschöpft von deren Nutzlosigkeit. Mit gebeugten Köpfen und hängenden Schultern gingen sie nach Hause, als hätten sie ihren einzigen Sohn begraben.

Jesus kämpfte immer noch.
Esra wußte nicht, wo er war. Er suchte lange nach ihm und humpelte, da sein Rheumatismus ihn wieder plagte. Er kam an einem jener Bäche vorbei, die wunderbarerweise mitten im Sommer aus dem Kalksteinfelsen hervorsprudelten und in denen es vor Fischen wimmelte. Er blieb stehen und sah staunend, wie die Fische aus dem Wasser sprangen, Heuschrecken schnappten und mit ihnen in den Tiefen verschwanden.
Das überzeugte ihn, daß die Natur verrückt geworden war und Gott sie verlassen hatte.
Schließlich fand er seinen liebsten Sohn, wie er mit dem doppelten Dreschflegel um sich schlug, allein und der Nutzlosigkeit seines Tuns gegenüber gleichgültig. Der Junge wußte auch nie, wann er besiegt war. Etwas trieb ihn weiter, und Esra schaute ihn an, stolz und zugleich mitleidig. Denn es war, wenn auch heldenhaft, vergeblich wie der Versuch, dem Wind und den Wellen Zaumzeug anzulegen.
Die Sonne war untergegangen. Mit der Kühle der Nacht wurden die Heuschrecken träge. Sie setzten sich in die Stoppeln, die alles waren, was von den einmal fruchtbaren Feldern übriggeblieben war.
Jesus schlug immer noch um sich, als besäße er übermenschliche Kraft.
Auf einem Hügel oberhalb von ihm stand Esra und hatte die Arme ausgestreckt wie Moses und haderte mit Gott, daß er die Hand gegen sein treues Volk ausgestreckt hatte.
Endlich setzte er sich in äußerster Verachtung hin.
»Ichabod!« rief er wieder und wieder, während er seinen

bloßen Kopf mit Staub bedeckte. »Die Gnade ist von uns gegangen. Ichabod! Ichabod!«

Esra sah, wie Jesus wie ein Betrunkener auf einem Felsen zusammenbrach. Er hatte keinerlei Kraft mehr. Bevor die Heuschrecken eingefallen waren, hatte er schon die Arbeit von zwei Männern gemacht. Er schlief, wie er nie zuvor geschlafen hatte.

Einige Heuschrecken zuckten immer noch in den Falten seiner Kleider.

Esra kam den Abhang hinunter. Er segnete Jesus, deckte ihn mit seinem Umhang zu, murmelte: »Du kannst nicht gegen Gott ankämpfen, mein Sohn«, und hielt die ganze Nacht über ihm Wache, so als wollte er einen Soldaten ehren, der tapfer auf dem Schlachtfeld gestorben war.

6

Die Heuschrecken flogen auch am nächsten Morgen noch in einem breiten gelben Band über ihren Köpfen. Sie ließen sich nicht in Nazareth nieder, dazu hatten sie keinen Grund.

Beim ersten Tageslicht begutachteten die Dorfbewohner die Schäden.

Felder und Wälder waren kahlgefressen. Das Viehfutter war aufgebraucht. Die Gärten waren winterlich öde. Man wußte kaum, welche Jahreszeit es war, einmal abgesehen davon, daß ein paar wenige Feigen- und zwei Eukalyptusbäume unbeschädigt waren. Sogar der immergrüne Oleander und die Stechpalme waren ihrer Blätter beraubt worden.

Das Gras, das normalerweise in ausreichenden Mengen vorhanden war, war so abgefressen, daß die Schafe vor Hunger blökten. Am Rande des Dorfes reflektierten die Felsen die Sonne, glatt und weiß wie die Schädel von Kamelen in der Wüste.

Die Weitsichtigen sammelten die toten Heuschrecken, um sie zu essen und sie an ihr Vieh zu verfüttern, aber bald erfüllte der Gestank der toten Tiere die Luft und verursachte ihnen Übelkeit

Nach zwei weiteren Tagen kamen keine Heuschrecken mehr. Sie waren in einem stärkeren Wind westwärts

geflogen, und das Meer hatte sie verschluckt. Für Nazareth war es jedoch zu spät.
Es war schwierig, überhaupt jemanden in Bewegung zu bringen. Die Frauen saßen auf der Erde, zerrissen ihre Kleider und stöhnten. Die Männer standen mit stumpfem Blick von früh bis spät an die Mauern gelehnt und sagten kein Wort. Die Kinder hatten vergessen, wie man spielt.
Jesus überredete einige Bauern, das Land umzupflügen, damit die Heuschreckeneier zerstört würden, die in den Stoppeln lagen. Sie pflügten und versanken wiederum in Apathie.
Die Landbesitzer weinten vor allen Leuten über die Zerstörung, und sie wußten, daß sie in diesem Jahr nicht Bauern, sondern Ährenleser sein würden, daß sie weniger ernten würden, als sie gesät hatten. Die Frauen und Kinder durchstreiften die Felder und wühlten im Staub nach Nahrhaftem wie verhungerte Krähen.
An diesem Sabbat las Esra im Gewand des Rabbi aus dem fünften Buch Mose. Seine dünne Stimme war verschwunden, er hatte die Kraft seiner Jugend wiedererlangt.
Die Synagoge war bis zum letzten Platz besetzt. Einige wenige Frauen waren da und sogar der Zöllner des Ortes. Niemand hatte gegen seine Anwesenheit etwas einzuwenden. Warum sollten sie auch, wenn das gesamte Dorf verflucht war?
In dem kleinen Raum war es normalerweise lauter als in einem Stall. Die Männer redeten und beklagten sich bei ihren Freunden über ihre Frauen und Kinder. Sie

schlossen Geschäfte ab, vereinbarten Hochzeiten, hörten sich den letzten Klatsch an und erzählten sich die neuesten Witze.
Heute war es jedoch anders. Esra mußte nicht rufen: Ruhe. Gott kann sich beim Nachdenken nicht hören.
»Nehmt Besitz von dem Land, daß ihr dort leben mögt, spricht der Herr, ein Land, darin Milch und Honig fließt.«
Die ersten begannen zu gähnen. Der Rabbi war mitreißend, aber sie waren lust- und mutlos. Jesus betrachtete sie mißtrauisch.
»Tatsächlich«, fuhr der Rabbi fort, »sind die Augen des Herrn auf dem Land vom Anbeginn des Jahres bis zu seinem Ende.«
Er machte eine Pause und sah in die aufgerissenen Münder der Gähner. Sie waren gekommen, um sich gegenseitig zu trösten. Gottes Wort, das hatten sie für sich entschieden, war bedeutungslos.
Esra schlug das Buch mit einem Knall zu.
»Wir haben deine Gebote gehalten, Gott«, rief er so laut, daß die Gemeinde zusammenfuhr. »Sieh nur, wie du uns behandelt hast. Du hast deinen Bund widerrufen, du hast uns verlassen.«
Es wurde gehustet, man scharrte verlegen mit den Füßen. Sie waren verletzt, ja, sogar gebrochen von den gerade zurückliegenden Ereignissen, aber das war Gotteslästerung. Der Bund mit ihrem Gott, das war alles, was sie noch hatten.
»Unser Dorf«, rief der Rabbi, »war gestern noch ein Garten Eden, heute ist es eine Wüste. Unsere Weiden waren gestern noch voll von saftigem grünen Gras, und du

hast es kürzer geschnitten, ja, geradezu rasiert wie ein Mann, der trauert, seinen Bart.«
Einige nickten leicht mit dem Kopf.
»War es deswegen, daß du uns aus Ägypten geführt hast? War es deswegen, daß du unserem Vater Abraham große Versprechungen gemacht hast?«
Jesus hatte mit gebeugtem Kopf gegenüber von Esra gestanden, die Augen im Gebet geschlossen. Jetzt ging er nach vorne. Mit lauter Stimme sagte er: »Kehrt zu euerm Herrn, euerm Gott zurück, denn er ist voll von Gnade und Vergebung.«
Die Versammlung war erregt und unruhig, man stieß sich gegenseitig an und flüsterte sich ins Ohr.
Was Esra betraf, sah er Jesus böse an und rief als Erwiderung: »Mein Gott, mein Gott, warum hast du mich verlassen? Ich schreie, aber deine Hilfe ist ferne.«
Jesus blieb gleichmütig und antwortete mit: »Die Tennen werden voll Korn werden und die Keltern Überfluß an Wein und Öl haben. Und ich werde euch die Jahre erstatten, deren Ertrag die Heuschrecken, Käfer, Geschmeiß und Raupen gefressen haben, mein großes Heer, das ich unter euch schickte.«
Die Versammlung saß kerzengerade da und sah sie mit großen Augen an. Sie hörten dem Herausforderer und dem Herausgeforderten zu. Vielleicht erhob ja Jesus Anspruch darauf, von jetzt an ihr Lehrer zu sein.
Esra öffnete einen Sack und leerte den Inhalt mit einer dramatischen Geste auf den gesprungenen Lehmboden.
»Das, Gott«, sagte er verächtlich, »ist das Opfer, das ich dir bringe.«
Aus dem Sack fielen Hunderte tote und noch kriechen-

de Heuschrecken. Ihr saurer Geruch durchdrang den Saal. Viele hielten sich die Nase zu, eine Frau mußte sich übergeben, andere, die ebenfalls einen schwachen Magen hatten, liefen zum Ausgang.

»Sieh her, Gott«, sagte der Rabbi, »das ist der Geruch der Süßigkeit, den ich dir gebe.«

Einige in der Versammlung zerrissen ihre Kleider, andere schüttelten ihre Fäuste gegen Esra und spuckten ihn an.

Jesus selbst sah die Geste in der Tradition der Propheten. Sie war einerseits erschreckend, andererseits auch einzigartig, da sie aus des Rabbis übergroßer Liebe und aus seinem übergroßen Mitleid für sein Volk kam. Esra war zu seinem Volk geworden, als es von seinem Elend und einem Gefühl der Gottesferne ergriffen wurde. Er wagte das auszudrücken, was sich im Herzen aller fand, und, indem er dem eine Stimme gab, gelang es ihm, sie aus ihrer Apathie zu rütteln. Sogar ihre lauten Haßausbrüche ihm gegenüber hatten einen positiven Effekt. Sie begannen wieder zu leben. Es gab noch Hoffnung für das Dorf.

»Gott hat aufgehört, uns zu segnen«, sagte Esra heiser.

»Was Gott einmal gesegnet hat«, war Jesus' augenblickliche Entgegnung, »ist auf immer gesegnet.«

»Amen«, rief Achbor, einer der Ältesten, und viele sprachen ihm nach.

Esra heftete seine Augen wiederum auf Jesus, jedoch ohne jede Feindseligkeit. Jesus' Ton hatte ganz deutlich gemacht, daß er sich nicht gegen den Rabbi stellen wollte, sondern nur das Bedürfnis hatte, seine Botschaft zu ergänzen. War die Bibel nicht das Buch der Hoffnung in

Verzweiflung, der Hoffnung trotz der Verzweiflung? Auch wenn Esra ausrief: »Warum hast du mich verlassen?« redete er Gott als »mein Gott« an.
Der Rabbi versuchte zu sprechen, aber seine Zunge klebte an seinem Gaumen. Er wollte sie mit Gewalt befreien, doch das konnte er nicht. Sein ganzer Körper zitterte wie ein belaubter Ast im Wind, und einen Moment später fiel er bewußtlos zu Boden.
Sanft hob Jesus diesen kleinen Vogel mit gebrochenen Flügeln vom Boden auf und küßte ihn auf die Stirn, so daß alle sehen konnten, mit welchem Respekt man diesem großen Mann begegnen sollte.
»Unser Rabbi«, sagte er mit deutlicher Stimme, »ist nicht ganz bei sich, aber er wird wieder gesund werden.«
Esra war nicht schwer, doch Jesus' Arme schmerzten so sehr, daß es nicht leicht war, ihn zu tragen. Er trug ihn trotzdem zu seinem Haus, wo ihn Maria bis zum Abend pflegte und ihn mit gegrilltem Fisch und Buttermilch fütterte.
Später am Abend, bevor Jesus in die Berge aufbrach, wollte seine Mutter von ihm wissen: »Ist es jetzt?« Er faßte sie zärtlich an der Schulter und antwortete, zum erstenmal eine Spur von Trauer in der Stimme: »Ich warte.«

7

Für die Dorfbewohner kamen fürchterliche Tage. Sie mußten Getreide und andere Nahrungsmittel für sich und ihr Vieh in Dörfern kaufen, die den Heuschrecken entgangen waren. Einige lagen überraschend nah. Die Preise stiegen sprunghaft, und manche Familien hatten keine Ersparnisse. Mit Versprechungen konnte man kein Brot kaufen.

Sehr zu Esras Freude halfen sie einander. Er war stolz auf ihren Schwung und auf ihre Kameradschaft in dieser Notlage, und er pries den Herrn laut.

Jesus und Maria hatten nirgendwo Geld versteckt und auch keine Vorräte, die sie hätten tauschen können. Jesus arbeitete praktisch umsonst. Ausnahmsweise hatten die Bauern eine Entschuldigung, um die Zahlungen aufzuschieben. Was er nach Hause brachte, verteilte seine Mutter unter den Bedürftigen.

»Es gibt immer Leute, denen es viel schlechter geht als uns«, sagte sie, wie, war kaum zu begreifen.

Sie freuten sich über den Mangel und segneten Gott für das wenige, was sie hatten, und dafür, daß sie sich hatten.

Obwohl Maria weder lesen noch schreiben konnte, kannte sie die Psalmen und große Teile der Schrift auswendig. Sie bat Gott ständig darum, freundlich zu den

Armen zu sein und sie nicht mit leeren Händen wegzuschicken.
Wegen der Lebensmittelknappheit gab es viel Krankheit im Dorf. Die Haut etlicher verfärbte sich dunkel. Ein Insektenstich rief mit großer Wahrscheinlichkeit eine Schwellung hervor, nicht kleiner als ein Kohlkopf. Die Ärzte, die praktisch nichts wußten, außer wie man Honorar im voraus kassierte, führten alles auf die Verseuchung des Landes durch die Heuschrecken zurück. Meist machte man Dämonen dafür verantwortlich, die in die Luft gelangt und von den Kranken verschluckt oder auf andere Art aufgenommen worden waren.
Die Kinder hatten dünne Beine und aufgeschwollene Bäuche. Sie hielten Säuglinge in den Armen, die verbraucht aussahen wie alte Leute. Jesus konnte es kaum ertragen, in ihre verschrumpelten Gesichter zu schauen, in ihre großen, feuchten und düsteren Augen. Maria weinte offen um sie.
Ohne Milch starben einige Kinder, und die Zahl der Lahmen, besonders unter den jungen Leuten, wuchs.
Es gab Menschen, die machten aus der Notlage Geld. Ein Schäfer lieferte Deutungen von Träumen, die bizarrer waren als die Träume selbst. Schaphan, der Pflüger, wurde Wahrsager und entwarf für den Preis eines Laib Brotes mit wundervoller Ungenauigkeit Zukunftsbilder.
Viele Familien verließen Nazareth, um einen Heiligen, einen Wunderheiler oder einen Zauberer zu suchen – egal wen, Hauptsache, er prahlte damit, ihre Kinder heilen zu können. Alle waren sie Scharlatane.
Die Familien kehrten zurück, die Zahl der Familien-

angehörigen war kleiner geworden, manchmal trugen sie ihre Toten.
Einige brachten unglaubliche Berichte darüber mit, wie ein Heiler für eine bescheidene Summe Hunderten die Hand aufgelegt und sie von ihren Krankheiten, von Blindheit und Lahmheit geheilt oder ihnen das Rezept für eine garantiert wirksame Kur gegeben hatte.
Sie sollten die Kranken bis zum Hals in Sand oder Schlamm eingraben oder sie das rohe Herz und die rohe Leber eines Fisches essen lassen oder Kamelmist, gemischt mit Butter und Milch. Oder man sollte sich mit Essig und Salz übergießen und verschiedene Gesänge anstimmen oder auch den Saft von drei Orangen aus dem Schädel eines Toten trinken.
Jesus verabscheute diese Quacksalberei. Diese sogenannten Heiler gaben den Kranken nichts von sich oder von Gott. Hauptsächlich hatte er jedoch Mitleid mit seinen Leuten, die keine andere Möglichkeit sahen, als sich ihnen anzuvertrauen.
Er gab vielen aus dem Dorf den Rat, zu Hause zu bleiben und auf bessere Zeiten zu hoffen.
Die besseren Zeiten ließen jedoch lange auf sich warten. Der Winterregen war spärlich und sanft, aber die Dorfbewohner dachten sich zuerst nichts dabei.
Im Oktober, wenn die Regenfälle normalerweise tagelang dauern, gab es nur ein paar kurze Schauer, die bloß die Lippen des Landes benetzten. Und auch ein kurzer zweiter Frühling blieb aus, der so oft den Wiesensaffran und andere rosa- und lilafarbene Blumen zum Blühen brachte.
Der November ging vorüber, mild und trocken. Die Bau-

ern fanden es schwierig, das Saatgut unterzupflügen, das sie über die steinharten Felder verteilt hatten, besonders da die Ochsen ohne ausreichendes Futter waren.

Die Regenfälle von Dezember bis Februar waren bescheidener, als irgend jemand sich erinnern konnte, und überaus wenig Schnee lag auf den Hängen des Berges Hermon.

Auf seinen Wanderungen in die umliegenden Dörfer bemerkte Jesus, daß die Flußbetten fast ausgetrocknet waren, und auch die Wadis erklangen nicht in der süßen Gleichförmigkeit des Winterregens. Es war nicht ungewöhnlich, daß Teile der Ebene von Esdraelon um diese Jahreszeit unpassierbar waren. Aber keine Weiden verwandelten sich in Seen, keine Sümpfe bildeten sich, in denen die Hufe der Ochsen steckenbleiben konnten. Es war mildes, klares, wundervolles Wetter, und der Regen, der fiel, verschwand schnell in dem porösen, weitgehend aus Sandstein bestehenden Boden.

Jesus' Unruhe wuchs. Konnte es sein, daß die Wüste, die immer erschreckend nah bei den fruchtbaren Plätzen gewesen war, ihre Grenzen überschritt? Sogar der Tau vom Berg Hermon war nicht so üppig und naß wie zu normalen Zeiten.

Bei Tage war die Sonne wie ein Schmelzofen, der glühende Kohlen speit. Auf den Hügeln bei Nacht, wenn Jesus den Horizont im Westen nach Wolken absuchte, war nicht eine zu entdecken, die die Größe seiner Hand gehabt hätte. Das Land bebte, und die Luft roch verrottet. Er kehrte nach einer Nacht im Freien mit trockenen Kleidern und brennender Kehle nach Hause zurück.

Spielt alles keine Rolle, sagten die Leute, solange die späteren Regenfälle beträchtlich sind. Sie beteten um einen nassen Frühling.

Vergebens.

Man war jedoch nicht ernsthaft beunruhigt, bis sich das Gerücht verbreitete, daß eine der Quellen des Jordan vollständig ausgetrocknet war. Das wurde als Omen genommen: Es würde alles noch schlimmer kommen.

Nach einem heftigen Schauer blühten die Lebensgeister auf, und Blumen zeigten sich. Anemonen, Eisenkraut, Alpenveilchen und Margeriten, sie alle blühten. Ebenso ganze Felder mit Narzissen und lila Bougainvilleas. Sie blühten wie die Hoffnung und verwelkten noch in derselben Nacht.

Die verarmten Dorfbewohner stöhnten unter der Bürde und wußten nicht, was sie tun sollten. Neun von zehn Bewohnern arbeiteten auf den Feldern, und davon hing alles ab.

Tage vergingen, Wochen, kein Lüftchen wehte von Nordwesten, wie sonst zu dieser Jahreszeit. Statt dessen blies ein brennendheißer Schirokko von Osten und führte Sandwolken mit sich, die die Sonne verdunkelten. Maria konnte sogar im Frühling noch Pfannkuchen für die Witwen und Waisen auf den heißen Steinen vor ihrem Haus backen.

Als sie endlich über der Zukunft verzweifelten, verzweifelten sie auch über Gott. Es geschah dann, daß ihre Brüderlichkeit abnahm, unterging.

Das war keine Notlage, sondern völlige Armseligkeit, keine Armut, sondern bitterstes Elend, nicht einfach Hunger, sondern Hungertod.

Gemeinsames Elend wurde von persönlicher und familiärer Habsucht abgelöst. Jeder dachte nur noch an sich. Esra humpelte durch das Dorf, stöhnte und betete und riß sich Haare aus dem Bart, als wären sie Saiten eines Musikinstruments. Jede Frau verwandelte sich in eine Verführerin aus dem alles überwältigenden Verlangen nach Brot. Stillende Mütter boten sich als Prostituierte an, um ein verhungerndes Kind zu retten. Brot war ihr einziges Ziel, ihr einer Gott.

Niemand gab den blinden Bettlern noch etwas zu essen. Sie wanderten durch das Dorf und heulten vom ersten Hahnenschrei an bis zum Sonnenuntergang. Einer saß in der Nische zwischen zwei Häusern und starb. Zwei Tage lang vermißte ihn keiner, bis der Geruch von dem, was von ihm übrig war, und die Unmengen surrender Fliegen bemerkt wurden.

Ein Witwer, dessen Familie mehrere Generationen lang in Nazareth gelebt hatte, verkaufte sein Haus für einen schimmligen Laib Brot. Er aß ihn langsam und mit Würde, ging den Hügel hinab und wurde nie wieder gesehen.

Es gab Streit, und alle logen aus Prinzip. Einige wurden verdächtigt, große Mengen Fleisch und Getreide zu horten, während die anderen verhungerten. Diebstähle, die einmal selten gewesen waren, wurden alltäglich. Das Vertrauen starb. Keine Hausfrau legte ihre Wäsche auf die Büsche, weil sie Angst haben mußte, daß sie gestohlen würde.

Kinder versteckten sich hinter den Frauen, die Frauen hinter den Männern und die Männer hinter Gesichtern, die so kalt und hart waren wie eine Wand.

Nazareth, das schöne, freundliche Nazareth, wurde ein Dorf der starrenden Augen. Jedes Familienoberhaupt mühte sich, seinen Besitz zu schützen. Die Bemühungen standen in keinem Verhältnis mehr zu dem, was geschützt werden sollte. Nachts war jede Tür und jedes Fenster trotz der schmelzofenähnlichen Hitze mit doppelten Riegeln verschlossen.
Der Basar, normalerweise von ohrenbetäubendem Lärm erfüllt, war wie ausgestorben. Eine alte Frau hatte ihre über alles geschätzte Ziege auf den Platz geführt, melkte sie in einen kleinen Behälter und verkaufte den Inhalt dem Meistbietenden. An einer Straßenecke stand ein Metzger und war bereit, ein besonders gutes Stück von einem Eselskopf herunterzusäbeln, vorausgesetzt, der Preis stimmte.
Die größte Demütigung war, daß Kain schließlich im Dorf erschien. Nie zuvor war hier ein Mord geschehen. Einem einsamen ältlichen Mann hatte man den Schädel eingeschlagen. Er wurde eines Morgens in einer Blutlache neben seinem leeren Brotkasten gefunden.
Esra sah das und gab Gott die Schuld. Was hatten sie bloß getan, um das zu verdienen? Warum fanden ihre Zähne kein Fleisch, sondern nur Knorpel und Knochen, um darauf zu beißen, und das, obwohl sie so inbrünstig beteten.

Nichts veränderte sich, außer daß alles nur noch schlechter wurde. Das ganze Land zitterte unter dem stillen Erdbeben, das von der Sonne hervorgerufen wurde. Die trockene Erde, die wie Pergament knisterte, verwandelte sich in Staub. Bei jedem Schritt entstand eine

Wolke, die wie Rauch aussah. Und aus dem Staub erhob sich anderer Staub, feiner als Staubpartikel, die im Sonnenlicht tanzten, und feiner als Blütenpollen. Er verstopfte die Nase und legte sich auf die Lunge. Sie liefen auf Staub und hatten das befremdliche Gefühl, daß unter ihnen kein fester Boden mehr war. Niemand verließ jetzt sein Haus auch nur für eine Minute, ohne Nase und Mund mit einem Tuch zu bedecken. Wenn ein Kind nieste, schoß ein Strom schillernden Staubes aus seiner Nase.

Es gab keinen Wein, kein Öl, keine Freude, keinen Tanz, keine Musik, keine Hochzeiten und keine Heiratsversprechen. Söhne verließen das Dorf zu den Geräuschen von Totenklagen; viele von ihnen kehrten nie mehr zurück.

Die Zugvögel machten sich im falschen Monat auf die Reise. Keine Spatzen sprangen mehr vor den Türen herum und sangen. Keine Krähen stelzten mehr – leicht beleidigt – über die Felder. Die Turteltauben und die Schwalben, die normalerweise hier überwinterten, waren nirgendwo zu sehen, auch nicht die Mauersegler, die immer über ihren Köpfen zu hören gewesen waren und die seit dem Frühling die Stechmücken verfolgt hatten. Keine Lerchen verschwanden mehr singend in der Weite des Himmels. Die einzige Singdrossel, der ganze Stolz Nazareths, sang nicht mehr.

Eine Mäusepest plagte das Dorf. Die Tiere nagten an jedem Holzstück und brachten einige Häuser dadurch zum Einsturz, daß sie die Stützbalken durchnagten. Sie waren ebensoschnell wieder fort, wie sie gekommen waren.

Die Stechmücken, ohne die Mauersegler, die sie in Schach hielten, vermehrten sich erstaunlich. Die Schar der Läuse wuchs auf ein Vielfaches, und die Fliegen fanden keine anderen Feuchtigkeitsquellen mehr als die Augen der Kinder.

Es gab keine Katzen mehr, und die wenigen übriggebliebenen Hunde hatten aufgehört zu bellen. Ihre Eigentümer bewachten sie Tag und Nacht, damit sie nicht gestohlen würden, um geschlachtet zu werden. Um Hunde, die einmal gemeinsamer Besitz gewesen waren, niemandem und allen gehört hatten, wurde heftig gestritten. Wenn die Eigentumsfrage geklärt war, verschwanden sie sofort.

Aber es gab auch Probleme, über die niemand sprach. Jungen Mädchen blieb die Menstruation aus, so daß ihre Mütter seufzten: »Wir haben keine Zukunft«, und ihre Väter nachts stöhnten: »Wie kann jetzt der Messias kommen?«

Es gab Fehlgeburten, und die Milch vieler stillender Mütter versiegte. Hinter jeder Tür weinten und stöhnten Kinder und starben friedlich. Sie wurden noch in derselben Stunde begraben, um die zu schützen, die übrig waren.

[illegible]

[illegible] Kampenrode [illegible] und die [illegible] übrigen [illegible] Hände hatten [illegible] zu [illegible] Nachricht [illegible] Blick [illegible]

[illegible]

Aber es [illegible] sprach [illegible] jungen Mädchen [illegible]

Wir [illegible] wurden [illegible]

8

Für Jesus war es herzzerreißend und zugleich eine Erleichterung, das Dorf zu verlassen. Es gab für ihn keine Perspektive mehr. Auch wenn er Arbeit finden würde, erhielte er von den Auftraggebern anschließend nur die Hand und sonst nichts. Die Bauern hatten gezwungenermaßen ihr Saatgetreide gegessen und damit ihre Lebensgrundlage zerstört. Man kann jede Notlage aushalten, abgesehen von einer: Wasserknappheit.

Jesus verabschiedete sich von seiner Mutter und Esra und ging den Hügel hinab. Es war seltsam, die Olivenbäume, deren Äste normalerweise schwer behangen waren, ohne Früchte und Laub zu sehen. Ein metallischer Himmel hatte metallene Bäume mit metallenen Ästen hervorgebracht, an denen keine Knospen und junge Blätter wachsen konnten. Es spottete der Verheißung des Propheten Micha: Ein jeder wird unter seinem Weinstock und Feigenbaum wohnen.

Jesus suchte Dörfer auf, über die die Heuschrecken nicht hergefallen waren und in denen die Quellen noch Wasser hatten.

Wenn er einen Platz gefunden hatte, arbeitete er von morgens bis abends für eine lächerliche Summe. Was er verdiente, schickte er nach Nazareth zu seiner Mutter, damit sie es unter den Ärmsten verteilen konnte. Er

wurde meist in Naturalien bezahlt: Gerste, Weizen, Olivenöl, Dörrfleisch und gesalzener Fisch. Für sich behielt er nur, was er brauchte, um bei Kräften zu bleiben. Hunger, das war, was ihn mit der Heimat verband.
Er kam ziemlich viel herum, schlief aber nie in Herbergen. Er zog es vor, auf den Feldern eine Hütte zu bauen, wie sie sie beim Laubhüttenfest aufstellten, oder er machte eine Höhle, in der Fledermäuse lebten, zu seinem Zuhause wie ein Fuchs. Anfänglich hatte er Angst, aber dann gewöhnte er sich daran. Mehr als einmal wachte er jedoch nachts auf und bemerkte, daß ein Paar grüner Augen auf ihm ruhte.
Als Wanderarbeiter ohne Verwandtschaft hatte er keine Freunde und war besonders zu Anfang so einsam wie ein Pionier in der Wildnis. Da er niemanden hatte, der ihn einlud oder mit dem er reden konnte, lag sein Geist in Ketten. Es ist nicht gut für einen Mann, jeden Mann, alleine zu sein. Das Heimweh war die schrecklichste Krankheit: Sein ganzes Selbst war aus den Fugen geraten.
Wenn nur eines der Kinder aus seinem Dorf dagewesen wäre, sagen wir mal, der kleine Schimon, sein Liebling, dann hätte er ihm eine Feige oder einen Pfirsich geben und sich besser fühlen können. Hätte er nur sein Brot mit jemandem teilen können, ein Hund, der ihn erkannt hätte, hätte ihm schon genügt. Sogar die Hunde wußten, daß er nicht dazugehörte. Er fühlte, daß es die Felsen und Bäume und sogar der Himmel ebenfalls wußten.
In seiner Werkstatt zu Hause pflegte er ein Spiel mit den Kindern zu spielen. Er hatte eine menschliche

Figur aus einem Stück Olivenholz geschnitzt und sie dann in kleinere ineinandergreifende Stücke zersägt. Auf jedes Teil hatte er den Namen eines Kindes geschrieben, sie durcheinandergeworfen und es den Kindern überlassen, die Figur wieder zusammenzusetzen. Gelegentlich verbarg er ein Stück in seiner Hand.
Die Kinder machten sich eifrig ans Werk – bis ihnen klar wurde, daß sie die Figur nicht komplett zusammensetzen konnten. Sie suchten überall nach dem fehlenden Teil, zogen jede Lade heraus, drehten jedes Werkzeug um und leerten jeden Behälter aus. Schließlich hatte Jesus Mitleid mit ihnen und öffnete seine Hand. Da war endlich das fehlende Teil, aber auf seiner Rückseite stand kein Name, sondern ein Wort: »Wir«. Auf diese Weise lehrte er sie, daß wir alle Teile eines größeren Ganzen sind, daß wir alle zueinander gehören. Wenn ein Teil fehlt, ist jeder von uns unvollständig. Nur zusammen bilden wir die Menschheit.
Jesus hatte immer gefühlt, daß er mit allem zusammengehörte, mit Personen, Plätzen und Dingen, mit Eltern und Kindern, mit den Unverheirateten, mit dem Wind und den Sternen, mit den Steinen auf der Straße und mit den Felsen der Hügel.
Warum durfte er dann nicht in diesem Dorf, das in vieler Hinsicht seinem eigenen ähnlich war, mit jemandem Kontakt haben? Er war von ihren Freuden und Sorgen ausgeschlossen, vom Tod der Alten und von der Aufregung bei Geburten. Er durfte nicht mit ihnen weinen oder lachen. Sie waren auch ohne ihn vollständig.
Eines Nachts hatte er einen Traum. Es begann damit, daß er versuchte, Esra einen Zahn zu ziehen. Aber Es-

ras Mund verwandelte sich in seinen eigenen Mund. Er zog sich seinen eigenen Zahn, wenn man einmal davon absieht, daß er, Jesus, mehr Zahn als etwas anderes war. Schließlich war er nur noch Zahn. Nach der Verwandlung schrie er, daß er, der Zahn, aus dem gezogen würde, was einmal er selbst gewesen war. Alle seine Gefühle, seine Erinnerungen, seine Hoffnungen waren der Zahn. Es krachte schrecklich, und er, der Zahn, flog heraus und wurde weggeworfen. Da lag er nun im Staub, blutbespritzt, mit den Wurzeln sichtbar, aber mit nichts mehr verbunden, nach oben gewandt wie die Beine eines toten Insekts. Er lag im Staub, unbrauchbar, für immer allein, und verrottete in der Sonne. Und dieser Zahn, der er selbst war, sah zu seinem alten Selbst auf, das wie ein Berg gigantisch, fremd und weit weg über ihm ragte, über einem armen kleinen Zahn, der unbedeutend, nutzlos und gleichgültig für alle war.

Er setzte sich ruckartig auf, um wach zu werden. Er biß sich auf seine Lippe, bis sie blutete, faßte alle seine Zähne mit den Fingern an, zwickte sich in die Arme, Beine, in den Bauch und dankte Gott, daß er noch er war und wieder vollständig und ganz. Seine Erleichterung war gewaltig.

Dann erinnerte er sich daran, wer er war und wo er war: Ein von zu Hause geflohener Wanderarbeiter. In seinen wachen Stunden war er ebenfalls ein ausgerissener blutiger Zahn, ein Nichts, das gezwungen war, Fremden zuzulächeln in der Hoffnung, sie gnädig zu stimmen, das knurrende Hunde tätscheln und sich vor einem Arbeitgeber verbeugen mußte, der vielleicht seine Arbeitskraft für Geld brauchen oder auch schon einmal mißbrauchen würde.

Früher hatten ihn die Gedanken an zu Hause aufrechterhalten, auch der Anblick und der Geruch des Brotes und der Wäsche, die er mitgebracht hatte. Jetzt verdrängte er das. Mit allem anderen war der Schmerz zu groß für ihn, er wurde damit nicht mehr fertig. Aber er war trotzdem ständig da, obwohl an ihn nicht gedacht wurde. Wie eine Geschwulst, die du ignorierst, die dich aber nicht ignoriert.

Harte Arbeit erleichterte es ihm, alles zu ertragen, sowie die Erinnerung an die Bundeslade, die die Gesetzestafeln enthalten und viele Generationen lang ebenfalls keine Bleibe gefunden hatte.

Je länger er an einem Ort blieb, je weniger bekam er bezahlt. Seine Arbeitgeber spürten seine Verzweiflung. Er, der Außenseiter, wurde für die härtesten, schmutzigsten und niedrigsten Aufgaben ausgesucht, so daß das Arbeiten, bisher eine Freude, eine Quelle ständiger Demütigungen wurde.

Wenn er sich als Zimmermann anbot, sah er sich oft Feindseligkeiten gegenüber. Der Zimmermann des Ortes warf ihm vor, die Preise zu verderben und seinen Kindern das Brot aus dem Mund zu nehmen. Jesus hatte Verständnis für ihn und blieb nur so lang, wie er zu bleiben wagte.

Der Sommer schritt voran, und er bezeichnete sich nicht länger als Zimmermann. Er war jetzt Handlanger, ein Mann fürs Grobe. Keine Aufgabe war ihm zu widerlich. Keine Stunde war ihm zu zeitig oder zu spät, um zu Diensten zu sein.

Der Schmerz brach am Sabbat am häufigsten an die Oberfläche. Zu Hause war das sein Lieblingstag, der gute Sabbat, ein Tag voll von Freude und Magie, den er erst mit Maria und Josef, dann nur mit Maria geteilt hatte. Der Sabbat hatte seinen eigenen geheiligten Raum innerhalb ihres kleinen Hauses geschaffen. Sie waren zusammen und wuchsen im Gesetz des Herrn.

Maria hatte gewartet, bis die Sonne unterging, und dann den siebenarmigen Leuchter entzündet. Der von ihm verehrte Josef hatte ihn gesegnet und ihm einen glücklichen Sabbat gewünscht. O ja, am Sabbat war seine Seele in ihm gewachsen.

Jetzt schrumpfte sie vor Schmerz, und er mußte hart gegen ein Selbstmitleid ankämpfen, das ihn handlungsunfähig zu machen drohte.

Im Verlauf der Woche hatten seine Auftraggeber gelegentlich auf vorgebliche Nachlässigkeiten bei seiner Arbeit hingewiesen und ihm weniger gezahlt, als sie ausgemacht hatten. Jesus wurde weiß vor Wut. Um seiner Leute zu Hause willen schluckte er seinen Ärger wie einen Kelch mit Essig und sagte nichts.

Auf dem Markt war er vor Sonnenaufgang der erste in der Schlange. Er versuchte, besonders aufrecht zu stehen, zog die Schultern zurück und ließ seine Muskeln spielen, um allen, die daran dachten, ihn anzuheuern, zu zeigen, daß sie etwas für ihr Geld bekamen und sogar mehr.

Er machte, was auch immer er machen sollte, und gab wie alle Wanderarbeiter vor, ein Experte für alles zu sein. Pflügen, Schafe hüten, Schafe scheren, er konnte

es alles. Er schämte sich nicht, mit den Frauen Wasser zu holen, wenn das verlangt wurde.
Einige Dinge machte er lieber als andere.
Schafe hüten wie sein Vorvater David zum Beispiel. Und Arbeit auf dem Weinberg. Er lernte, ihn umzugraben, die Steine zu beseitigen, eine Hecke zum Schutz zu pflanzen, die Weinstöcke zu beschneiden, die Erde aufzulockern und den Berg von Dornengestrüpp zu befreien. Die Worte Jesajas beeindruckten ihn mehr und mehr:

> Des HERRN Zebaoth Weinberg
>   ist aber das Haus Israel
> und die Männer Judas seine Pflanzung,
>   an der sein Herz hing.

Während der Erntezeit hatte die Arbeit im Weinberg einen anderen Vorteil: Hier gab es etwas zu essen. Er ruhte sich mittags in dem langen kühlen Tunnel unter den Weinranken aus, die zwischen Feigenbäumen wuchsen. In diesem Jahr waren sogar die Trauben warm und klebrig, selbst wenn sie gerade gepflückt waren. Aber wie gut sie schmeckten! Er kaute sie langsam und genoß jede einzelne von ihnen. Einmal wurde er ohne Lohn gefeuert. Der Vorarbeiter hatte erklärt, er habe zuviel während der Arbeit gegessen. Das war eine Lüge.
Das Gesetz sagt, daß jeder Mann für seine Arbeit noch vor Sonnenuntergang desselben Tages bezahlt werden soll, weil er arm ist und sich mit seiner Hände Arbeit am Leben hält. Ein Arbeiter kannte vielleicht sonst

nichts aus der Schrift, aber diese Zeile konnte er sicherlich auswendig.

Oft jedoch arbeitete Jesus Stunden nach Sonnenuntergang immer noch wie ein Tier. Die Sterne kamen hervor, und er traute sich nicht zu klagen, um nicht zu riskieren, nicht wieder angestellt zu werden. Er war entbehrlich, er war nur am Rande von Interesse. Sie konnten ihn schikanieren, und er hatte keine Möglichkeit, es ihnen zurückzuzahlen. Sie mußten ihn nicht beschäftigen, aber er mußte arbeiten.

Manchmal war er so von Wut erfüllt, daß es weh tat. Sein Gehirn war wie eine volle Blase, die sich nicht leeren wollte.

Aber das waren nicht seine schlechtesten Tage. Die schlechtesten Tage hatte er dann, wenn er auf dem Markt stand und eifrig seine Hand hob, sobald sich jemand näherte, der Arbeit hatte, und dieser dann vorbeiging. Die langen Stunden erzwungener Müßigkeit unter einer stechenden Sonne, die bis auf die Knochen zu brennen schien, wurden von kurzen Momenten der Hoffnung unterbrochen: Vielleicht wird mich dieser Mann beschäftigen. Am Ende eines Tages totaler Untätigkeit war er körperlich und geistig erschöpft. Seine Arme waren stark, sein Herz sehnte sich danach zu arbeiten, und es war alles umsonst. Ein Tag, ein wertvoller, von Gott geschenkter Tag war vergeudet. Ein Teil von ihm selbst war vergeudet.

An Tagen wie diesen hätte er sich gerne das Joch eines Ochsen übergestülpt und auf die Schultern gelegt und mit einem Schrei den Pflug durch die steinige Erde gezogen. Alles war besser als nur ein Wurm zu sein und

nicht ein Mann. Alles war besser als darauf zu warten, daß nichts passiert.
Sie veränderten ihn, diese vergeudeten Nichtstuer-Tage, wenn er auf dem Markt stand und sich vorkam wie ein Stein, den ein Kind weggeworfen hat. Die Zurückweisung, wie unbeabsichtigt sie auch immer gewesen sein mochte, war grausam und stählte seine Seele.
Er erinnerte sich mit einem wenig fröhlichen Lächeln an eine Lieblingsredensart seiner Mutter. »Es ist gut, arm zu sein, mein Sohn. Du lernst so viele wunderbare Dinge, von denen die Reichen nichts wissen.«

9

Während des langen heißen Sommers ließ Rabbi Esra Gott nicht so leicht davonkommen. Jede seiner Predigten lieferte dem Dorf den Stoff für den Klatsch der nächsten Woche.

»Herr«, betete er an einem Sabbat, »wir sind dieses Leidens, das du uns sendest, nicht würdig. Gib es denen, die es mehr verdient haben.«

»Amen«, war von dem alten Reuben zu hören, der praktisch taub war.

»Wo ist der Messias, Herr? Nicht in Nazareth, das ist sicher. Wir haben jedes Haus und jedes Gehölz nach ihm abgesucht. Aber nein, er ist überall, nur nicht im armen kleinen Nazareth. Dein Messias hat uns einfach übersehen. Wir Armen, daß wir so weit von den befahrenen Straßen wohnen müssen und so leicht vergessen werden.«

»Messias«, kam es von Reuben wie ein Echo, das einzige Wort, das er verstanden hatte.

»Ja, Herr«, fuhr Esra fort. »Wo ist der Messias, der uns von Hunger und Schuld befreit, der uns Ruhm und Brot bringt?«

»Wo, wo?« rief ein Dutzend hungriger Kehlen.

»Ignoriere nur einfach unseren Hunger, Herr«, sagte Esra ermutigt, »wir sind bloß dein erwähltes Volk. Das

Volk, das du dazu auserwählt hast, es zu vergessen, damit wir deinen Namen rühmen können.«

Er schaute mitleidig auf die zerlumpte, verhungernde Versammlung, bevor er hinzufügte: »Wenn das Erwähltsein bedeutet, Herr, kannst du froh sein, daß nicht wir dich erwählt haben.«

Die Wochen des Hungers vergingen ohne Besserung, die Synagoge aber besuchten immer mehr. Esra war ihre einzige Form der Unterhaltung.

Er war nie überreligiös gewesen, selbst dann nicht, als er Jesus unterrichtet hatte, und auch nicht einer, der das Gesetz bis in jede Kleinigkeit befolgte. Er riet Pilgern, die in die Heilige Stadt unterwegs waren, dem Tempel keine Steuern zu zahlen. Sie würden doch nur dazu verwandt, sagte er, die fetten Priester und ihre levitischen Anhänger reicher zu machen, die in Jericho in bequemem Luxus lebten. Diese Sadduzäer, schrie er, würden auch noch die Zungen, mit denen wir beten, besteuern, wenn sie könnten, und den Rauch von unseren Feuern.

Das war jedoch Unerbietigkeit einer anderen Art. Mit dem kahlen Kopf und dem rasierten Bart eines Trauernden galten seine gegenwärtigen Angriffe nicht den Klerikern, sondern dem Höchsten, Gott.

»Siehe, es kommt die Zeit, spricht der HERR, daß man zugleich ackern und ernten, zugleich keltern und säen wird.«

Esra hatte sich eine eiserne Kette über die Schultern gelegt. Er sang diese Passage aus dem Propheten Amos mit wilder Ironie und nicht für das vollbesetzte Auditorium mit den mageren beunruhigten Gesichtern.

»Unsere Schafe, Herr, haben flache Schnauzen, weil sie zwischen den Felsen nach Gras suchen. Hat der Himmel keine Fenster, daß du allein das nicht sehen kannst?«

»Wann, Herr, wann?« rief jemand.

Sie sahen, wie der Rabbi an seinen Kleidern riß, bis er in nichts weiter als Lumpen und mit dieser großen eisernen Kette vor ihnen stand. Niemand hustete oder scharrte mit den Füßen, es war, als sei das überhaupt gar keine jüdische Versammlung. Sie ließen ihn gewähren. Er sprach mit Gott, wie Moses und Abraham das getan hatten, und sie hörten zu.

Er schlug sich auf seinen leeren Bauch und rief: »Siehe, ich stehe den ganzen Tag an deiner Tür und klopfe, aber du tust mir nicht auf. Gib uns Brot, Herr, und wir werden zu dir zurückkehren. Kann ich Loyalität von meinem Hund oder Arbeit von meinem Ochsen erwarten, wenn ich ihnen nichts zu fressen gebe?

Ja, Herr, du bist wütend auf uns. Aber wir sind noch wütender auf dich. Unsere Tränen sind der einzige Regen, der im Moment fällt.

Schlage an den Fels, schlage mich, wenn du das wünschst, aber gib uns Wasser. Mache meinen Leib zu Brot, nur gib meinem Volk zu essen. Sage uns, was wir tun sollen, und wir werden es tun. Sprich, Herr. Sprich zu deinem Volk.«

Einige meuterten laut. »Hör damit auf, Rabbi. Haben wir nicht schon genug Ärger, auch ohne daß du Gott noch mehr gegen uns aufbringst.«

Die anderen stimmten zu, es war Lästerung, im übrigen war es nicht zu leugnen. Sie wollten mehr hören.

»Wozu haben wir sonst einen Rabbi? Wenn Esra Gott nicht sagt, was was ist, wer dann?«
Achbor, einer der Ältesten, ein kleiner und förmlicher Mensch mit einem hageren Gesicht und einem silbernen Bart, in dem so viele Schuppen saßen wie auf einem Fisch, war entsetzt. Wirklich, Esra war so was von böse; Achbor war außerordentlich amüsiert.
»Der Rabbi«, sagte er zu den Leuten in der Synagoge, in der kein Platz mehr frei war, »will Gott einen Ring durch die Nase ziehen und ihm Zaumzeug anlegen.«
»Amen«, meinte Reuben.
Achbor, der nur über das lachte, was ihn ekelte, sagte voll Freude: »Ist der allerhöchste Gott ein Esel, daß du ihm solchermaßen schmeichelst, ihm solchermaßen fluchst und ihn fast mit einem Stock traktierst?«
Aber Esra hatte die Unsitte ohne Jesus, der seine heilige Unverschämtheit im Zaum gehalten hätte, richtiggehend einreißen lassen.
»Mach dir keine Sorgen, Rabbi«, rief jemand, »Gott hat schon deine Gebete nicht erhört, warum sollte er jetzt auf deine Flüche hören?«
Ein Murren folgte dem anderen.
»Gott hat Augen, aber er sieht nichts. Er hat Ohren, aber er hört nichts.«
»Nimm den Stein aus deiner Brust, Herr, und setze dort ein Herz aus Fleisch ein.«
»Vergiß deinen Messias, Herr, wir sind schon mit etwas Regen des Himmels zufrieden.«
Einer der Männer schlug vor: »Versuche ihn auf griechisch, Rabbi«, und ein anderer rief nach Freiwilligen:

»Wer ist für Ägypten? Wer kommt mit mir nach Ägypten?«
Die meisten waren sich einig; zwischen Beten und Fluchen war kaum ein Unterschied. Man mußte einfach das eine oder das andere tun; das erleichterte das Herz.
Eines Tages lieh sich Esra Marias Esel und ging Bäume fällen. Das Unterholz war so trocken gewesen, daß es angefangen hatte zu brennen. Esra stand in der Bahn der Flammen und forderte Gott heraus, ihn entweder niederzumachen oder den Hunger des Dorfes zu beenden.
»Wähle!«
Inzwischen war sein Gesicht bereits angesengt, und Bäume explodierten nur wenige Schritte von ihm entfernt. Ohne Vorwarnung pfiff ein Ast an seinem Kopf vorbei wie ein Speer. Ein paar Zentimeter weniger und auf Wiedersehen, Rabbi Esra.
Esra sah ein, daß Gott deutlich genug geworden war. Er verbeugte sich bis auf den Boden und zog sich schnell zurück.
Nicht daß ihn das daran gehindert hätte, sich in der Synagoge zu beklagen.
Der Schächter sagte zu Esras Frau: »Dein Mann ist verrückt.« Sarah nickte. »Endlich hat es auch einmal jemand anders eingesehen.«
Dann kam der denkwürdige Sabbat, an dem der Rabbi Gott lästerte. In der vorausgehenden Woche waren zwei Kinder tot geboren worden, und ein anderes war, nur einen Monat alt, erstickt.
»Herr«, rief er, »haben wir uns vor Baal verbeugt und

ihn angebetet oder seine Lippen geküßt, daß wir das verdient haben?«
Er entrollte die Thora, als sei es die Zunge Gottes, und legte sein Ohr daran.
»Hörst du mich?«
Keine Antwort. Die Zunge Gottes blieb still.
»Hast du uns geküßt, Herr, nur um uns zu zerstören?«
Schaphan war mittlerweile alt und wurde von Rheuma geplagt, und trotzdem hatte er Esra noch immer nicht vergeben, daß er Nebat aus der Bibelschule geworfen hatte.
Schaphan rief aus: »Gott wird unsere Synagoge in eine Latrine verwandeln, wenn das noch länger so weitergeht.«
Nebat, der seinem kindlichen Selbst immer noch sehr ähnlich war, nahm jetzt Rache: »Der Rabbi sehnt sich nach vollreifen Zwiebeln und den Fleischtöpfen Ägyptens.«
Esra beachtete sie nicht. Er redete zu der Versammlung, als sei er Elias, der die falschen Propheten Baals verhöhnt.
»Kommt, meine Freunde, ruft laut zu eurem Gott. Ist er nicht der einzige Gott? Vielleicht träumt er auch oder ist vom rechten Weg abgekommen.«
»Wische ihn weg, Herr, wie man die Schrift auf einer Tafel wegwischt«, sagte Achbor und rieb sich seine knochigen Hände. »Erweise uns eine Freundlichkeit, und bedecke ihn mit Geschwüren.«
»Vielleicht«, setzte Esra seine Rede mit frostiger Stimme fort, »hat euer Gott sein Haus verlassen? Oder er schläft? Dann müssen wir ihn aufwecken.«

»Steinigt ihn«, forderte Achbor und wand sich vor Vergnügen. Esra nahm die Becken auf und schlug sie laut gegeneinander.

Als das Echo verhallt war, sagte Esra: »Gott? Keine Antwort?«

»Steinigt ihn. Steinigt den Rabbi«, wiederholte Achbor und war so glücklich wie ein Ochse, der mit dem Maul im saftigen Gras steckt. »Sabbat hin oder her, steinigt den Rabbi.«

Esra nahm das Widderhorn auf. Mit seinem schwachen Atem brachte er kaum einen Ton hervor.

»Nicht genug, die Mauern von Jericho einstürzen zu lassen«, sagte er und keuchte, »aber Gott, der einzige Gott, wird es sicherlich hören, wenn er nicht schläft.«

»Amen«, kam es von Reuben, der gerade aufgewacht war.

»Nicht einen einzigen kleinen Blitz für Rabbi Esra, deinen ergebenen Diener aus Nazareth?«

»Holt mir Steine«, kreischte Achbor. »Einen großen Haufen Steine.«

Die Versammlung seufzte zufrieden. Der Rabbi hatte ihre Erwartungen weit übertroffen.

[illegible] schön und wild [illegible]
[illegible] Lara nicht die Pforten auf und schaute [illegible]
[illegible]
[illegible]
[illegible]

[illegible] und [illegible] den [illegible]
und [illegible] wie ein [illegible] Laute
im [illegible] Sabbat [illegible]
den Rabbi.

[illegible] das [illegible]
[illegible]

Nicht [illegible] von [illegible]
lassen [illegible] und [illegible]
[illegible]
[illegible] hatte es [illegible] gerade [illegible]
war.

[illegible] Rabbi Lara [illegible]
[illegible]

[illegible] großen
Haushaltes.

Die Verhandlung wurde [illegible] Rabbi hatte
ihre [illegible]

10

Der Sommer neigte sich seinem Ende zu, die Ernte war eingebracht. Für Jesus wurde es immer schwieriger, an Arbeit zu kommen, und die Feindseligkeit im Ort gegen ihn wuchs.

Zwei- oder dreimal wurde er aus einem Dorf vertrieben. Im Schutze der Dunkelheit schlichen sich einige Männer zu seiner Hütte, traten ihn beinahe in Stücke und verschwanden wieder in den Schatten.

Er begab sich in einen Küstenort, der nicht weit von Karmel entfernt war. Die Heuschrecken waren einfach darüber hinweggeflogen, und das Wetter war nachsichtig gewesen. Maulbeerbäume, Feigen, Orangen, Zitronen, Kakteen – alles blühte.

Nach drei Tagen Schufterei auf den Feldern gab man ihm als Bezahlung einen Korb unreifer Datteln.

Er trug ihn zu dem Haus seines Arbeitgebers, öffnete die Tür und warf ihn in seinem Zorn hinein. Dann schüttelte er den Staub von seinen Sandalen. In diesem Augenblick fühlte er sich so rasend wie Elias, der auf dem Berg Karmel die Propheten des Baal schlägt und am Bach Kison bis zum letzten Mann massakriert.

Es verging eine ganze Stunde, bis er sich überwinden konnte, für den Mann zu beten, der seine Arbeitskraft gestohlen hatte.

Das nahm er als ein Zeichen, nach Hause zurückzukehren und ein paar Tage auszuruhen. Er war ausgelaugt. Seine große Kraft war verschwunden, er brauchte eine Pause. Er hatte diese unglaubliche schmerzliche Sehnsucht nach seiner Mutter, nach Esra, nach dem ruhigen Dorf, in dem ihn die Hunde nicht anknurrten und in dem ihn die Leute akzeptierten.
Er hatte es nötig, sich zu erneuern. Er wollte nach Hause eilen, bevor der Sabbat begann.
Er war viel dünner geworden im Vergleich zu der Zeit vor seiner Abreise. Seine großen, rauhen Hände waren vernarbt und von Hornhaut bedeckt, die glänzende Wülste bildete. Mehrere seiner Finger schmerzten von Überarbeitung. Die Haut schälte sich von ihnen ab wie die Rinde eines Eukalyptusbaumes. Seine Füße waren geschwollen. Müde und unterernährt, wie er war, hatte sich an seinem linken Auge eine schmerzhafte Entzündung gebildet. Sein Bart zeigte – viel zu früh – das erste Grau, und auf seinem Kopf hatte er die erste kahle Stelle.
Mit seinem kleinen Vorrat an Getreide, Olivenöl, Pökelfleisch und Tierfett machte er sich auf den Weg zu dem Ort der Welt, der am meisten geheiligt war: sein Zuhause.
Wie er sich nach der Ruhe sehnte, der Sabbatruhe. Es kam ihm immer so vor, als würde er einen Vorhang um seine Seele ziehen. Das war der Tag, auf den jeder Jude ein Recht hatte. Wie konnte er sich sonst trotz allem beweisen, daß er das freie Mitglied eines freien Volkes war.

Er war aufgeregt, weil es jetzt nach Hause ging, doch

sein Unbehagen wuchs, je näher er Nazareth kam. Aus einer Entfernung von ein paar Meilen konnte er die Hitze erbarmungslos über dem Dorf stehen sehen. Er hielt einen Moment inne und ruhte sich aus. Es schien ihm, als sei der Platz aus der Form geraten. Er lag wie eine schwarzverschleierte Witwe auf seinem Hügel. Einige Worte aus den Klageliedern des Jeremia kamen ihm über die Lippen: »Der Herr hat zertreten alle meine Starken, die ich hatte; er hat gegen mich ein Fest ausrufen lassen, um meine junge Mannschaft zu verderben. Der Herr hat die Kelter getreten der Jungfrau, der Tochter Juda.«

Spuren frischer Gräber waren am Rand des Dorfes zu sehen. Der Tod mußte ziemlich umgegangen sein. Seine Unruhe wuchs.

Die Felsen waren kahl. Nirgendwo eine Spur von Grün und über allem diese unwirkliche Ruhe. An einer Wegbiegung stieß er auf eine Gruppe von Trauernden.

Warum hatte er sie nicht früher gehört? Weil bei diesem Doppelbegräbnis die Trauernden still waren. Keine der üblichen Klagelieder waren zu hören. Die Geräusche erinnerten dann an Nachteulen oder verwundete Tauben. Die Trauernden hatten dafür nicht mehr die Kraft. In der Mitte der Gruppe entdeckte er erleichtert die schwarzgekleidete Gestalt seiner Mutter. Sie war am Leben, Gott sei gedankt.

Maria wurde zu den meisten Beerdigungen gebeten. Sie war ein ausgezeichnetes Klageweib, darin waren sich alle einig. Nicht daß sie die Bezahlung angenommen hätte, auf die sie ein Anrecht hatte wie andere Frauen. Sie tat es aus Respekt den Toten gegenüber und hoffte,

daß eines Tages ihre Nachbarn dasselbe für sie tun würden. Heute hielt sie ein Bündel in ihren Armen.
Jesus versuchte, seiner eigenen Traurigkeit über diese Toten, über den Tod aller, eine Stimme zu geben, aber seine Kehle war trocken und mit dem Staub des langen Marsches bedeckt. Einem Jungen mit einer Trommel blieb es überlassen, leise zu trommeln, um dem stillen Schmerz des Dorfes und der gesamten Menschheit Ausdruck zu geben.

Das Bündel in den Armen seiner Mutter war das Kind, dessen Eltern sie gerade beerdigt hatten.
Debora, vier Jahre alt, sah kleiner aus und wog weniger als eine Zweijährige. Tagelang hatte sie Maria überallhin mitgenommen. Das Mädchen, das ständig maunzte wie ein Kätzchen, hatte den gequälten Ausdruck von jemandem, der dauernd im Schlaf gestört wird.
Jesus war froh, daheim zu sein. Er lehnte sich im Haus gegen den Türrahmen, schloß die Augen und atmete tief durch, bis der Schmerz aufhörte – geh weg, Schmerz –, und er fühlte, wie angenehm es war, wieder in den eigenen vier Wänden zu sein, wieder bei seinen eigenen Leuten, dazuzugehören. Er würde niemals mehr weggehen. Niemals.
Er redete, und Ketten fielen von seinem Herzen. Maria bemerkte, daß seine Stimme tiefer geworden war.
Nur die dich lieben, dachte er bei sich, hören dir zu. Andere, Geschäftsbekanntschaften, Leute, die dir Arbeit geben, hören bestenfalls auf die Worte, die du sagst, aber nicht auf dich. Hier zu Hause fielen seine

Worte nicht auf steinigen Boden, wie sie das in fremden Dörfern taten, sondern wie Samen auf fruchtbaren.
Er hatte das natürlich immer gewußt. Aber jetzt hatte er auch ein Gefühl für dieses Wissen.
Seine Mutter war unverändert heiter und freute sich über die Größe und die Freundlichkeit Gottes. Keine Notsituation konnte sie jemals brechen, keine Katastrophe ihren Glauben untergraben.
Jetzt war ihr Junge wieder zu Hause. Die große ächzende Leere im Haus war gefüllt. Alles würde wieder gut werden.
Sie gab dem Kind Ziegenmilch, das wenige, was es im Magen behalten konnte. Maria bewahrte die Milch in einem Lederbehältnis in einem hinteren Teil des Hauses auf. Türen und Fenster waren ständig gegen die sengenden Finger der Sonne geschlossen. Sie hatte um das Haus herum Zweige aufgestellt, um ihm zusätzlich Schatten zu geben. Sie lebte hauptsächlich drinnen im Dunkeln und entzündete die Lampen nur gelegentlich nachts und am Sabbat.
Jesus hatte Milch mitgebracht, aber sie war geronnen. Man konnte aus ihr bloß noch Käse machen.
Maria vermochte ihre Enttäuschung nicht zu verbergen. Sie hatte nur noch wenig Milch übrig. Wenn die verbraucht war, würde sich Debora wohl wie ihre Mutter und ihrem Vater zur Ruhe begeben.

Jesus wusch sich, salbte sein Haupt mit dem Öl, das seinc Mutter für ihn aufgehoben hatte, und legte für den Sabbat sein bestes Gewand an. Es war beruhigend zu sehen, daß seine Mutter eine Kerze, eine Vase mit

Blumen, die so verschrumpelt waren wie Farnblätter, bevor sie sich entfalten, und einen Kelch mit Wein aufgestellt hatte – ein Zeichen ihrer Frömmigkeit. Die Dinge hatten sich nicht zu sehr verändert.

Er war stolz auf sie. Sie war eine ungewöhnliche Frau, eine, die sowohl mit Freude als auch mit Schmerz umgehen konnte. Mit Freude umzugehen, erfordert den größeren Mut. Sie war eine der wenigen Frauen, die vom Glück nicht mißtrauisch gemacht oder durcheinandergebracht wurde. Sie konnte es, ohne mit der Wimper zu zucken, annehmen und Stöße davon herumtragen wie einen Berg Wäsche. Sie pflegte zu sagen: »Man darf sich nicht dafür entschuldigen, glücklich zu sein.«

Nachdem er sich umgezogen hatte, sah Maria ihn lächelnd an. »Du siehst sehr gut aus, mein Sohn.«

Sie hatte ihn nicht erwartet. Während sie sich um das Essen kümmerte, hielt er Debora und kühlte ihre Stirn mit einem feuchten Tuch.

Es überraschte ihn nicht, daß es nur so wenig Essen im Haus gab. Seine Mutter hortete nicht, während andere verhungerten. Sie stellte Brot, Honig, Oliven und etwas gehacktes Gemüse auf den Tisch.

Einmal machte sie eine Pause, sah scheu auf und sagte: »Du hast lange gewartet.«

Das war weniger eine Frage als ein Vorwurf. Sie hatte diesen Ton nie zuvor gebraucht.

Er nickte.

Debora war wie eine Taubenfeder in seinen Armen, außerordentlich wertvoll. Er war von Ehrfurcht erfüllt. Er hatte niemals zuvor etwas so Kostbares gehalten. Er konnte nie verstehen, was die Leute in Gold und Silber sahen, aber ein Kind, jedes Kind, ein behindertes Kind, besonders ein behindertes Kind, brachte ihn zu einem Abgrund des Staunens. Solch ein zerbrechliches Behältnis für die Liebe und den Ruhm seines Vaters.

Nur mußte er sich beim Anblick dieses verhungernden Kindes auch schämen. So sollte es nicht sein, nicht für ein einziges Kind auf der weiten Welt.

Deboras Atem kam stoßweise, als seien ihre Lungen Blasebälge mit einem Loch darin. Ihre Kehle war rot und fleckig, und sie hatte einen fleckigen Ausschlag, Hitzebläschen. Er tauchte einen Finger in Honig und sprang beinahe vor Freude in die Höhe, als sie daran nuckelte, und war getröstet.

Tränen des Mitleids, des Staunens und der Wut liefen ihm über die Wangen, und seine breiten Schultern wurden geschüttelt.

Maria unterbrach ihre Vorbereitungen und veranlaßte ihn so, hastig die Tränen wegzuwischen.

»Fürchte dich nicht vor deinen Tränen, mein Sohn. Es gibt eine Zeit zu weinen und eine Zeit zu lachen.«

»Es gibt eine Zeit zu arbeiten«, antwortete er unfreundlich. »Tränen sind etwas für Frauen.«

Sie nahm ihn sanft in den Arm. »Abraham weinte doch auch um Sarah. Josef weinte ebenfalls, als er seinen Bruder Benjamin nach all den Jahren wiedersah. Weinte nicht sogar Moses? Und der gute König Hiskia? David um Absalom, seinen ungezogenen Jungen? Jeremia um König Josia? Der fromme Esra, nachdem er in unser Land zurückgekehrt war?« Ihre Stimme wurde einen Augenblick lang schärfer. »Waren sie Frauen?«

Er schüttelte den Kopf.

»Gesegnet seist du für dein Weinen, mein Sohn, denn du wirst getröstet werden.«
Jesus wiegte das Kind und sang leise einige Verse der Klagelieder wie der Vorsänger in der Synagoge:

Ich habe mir fast die Augen ausgeweint,
mein Leib tut mir weh,
weil die Säuglinge und Unmündigen
auf den Gassen der Stadt verschmachten.
Zu ihren Müttern sprechen sie:
Wo ist Brot und Wein?
da sie auf den Gassen in der Stadt
  verschmachten
wie die tödlich Verwundeten
und in den Armen ihrer Mütter
  den Geist aufgeben.

Tränen liefen ihm über die Wangen, aber er schämte sich ihrer nicht länger. Heute, sagte sich seine Mutter in ihrem Herzen, ist mein Junge ein Mann geworden.

11

Von seinen gerade zurückliegenden Erfahrungen sprach er selten. Er ließ sie hinter sich wie Dinge, die man am besten vergißt.
Aber sie wußte.
Wußte, daß Wut und Resignation eine bittere unentschiedene Schlacht in ihm ausgefochten hatten. Wußte, welcher Schmerz ihn ergriffen hatte, während er fort gewesen war. Sie wußte das, weil sie das andere Ende des Fadens in der Hand gehalten hatte. Wie konnte sie nicht jedes Ziehen, jedes Zucken an ihm fühlen?
Sie sprach von Leuten, die das Dorf verlassen hatten, von denen, die die Strapazen nicht überstanden und untergegangen waren, und von denen, die überlebt hatten. Sie erwähnte Säuglinge, von denen er nicht einmal wußte, daß sie geboren worden waren. Sie zählte heroische Taten auf – ihre eigenen nicht eingeschlossen – und was das normale Leben der Frauen ausmachte: das Teilen mit den Nachbarn, das Zugegensein bei Geburten, Späße am Brunnen.
Auch er wußte.
Wußte, daß sie an ihrem Bericht herumgeflickt hatte. Wußte, daß es, seit er weggegangen war, eine ganze Reihe von zerrissenen, zerlumpten, dreckigen Tagen gegeben hatte, die sie gewaschen, geflickt und zusammen-

gefaltet weggelegt hatte – so gut wie neu, oder zumindest fast.
Er wußte ebenfalls, daß die Welt nur weiterging, weil es solche gab wie sie. So war es immer, und so würde es immer sein. Alles Schlechte hat einmal ein Ende. Ist es Gottes Wille, daß schlimme Dinge geschehen, so will er gleichzeitig, daß sie die Menschen in etwas Gutes verwandeln. Und das tun sie auch, wenn Gott das zuläßt …
Es war schon seltsam, daß er sich so über sie den Kopf zerbrach, obwohl sie doch so behütet war. Ihre Seele war wie ein Lamm, das immer genug Gras hat. Aber man machte sich einfach Sorgen, was man sich auch immer einredete.
Sie sprachen von Josef und fühlten sich frischer. Josef war selbst nach seinem Tode noch wie ein Quell für sie. Immer, wenn sie müde oder niedergeschlagen waren, tranken sie kühles Wasser, lachten über die alten Geschichten, in deren Mittelpunkt er stand, und erzählten sie sich zum tausendstenmal.
Sie setzten sich zum Essen. Jesus bemerkte, daß seine Mutter nicht die frischen Eßwaren anbrach, die er mitgebracht hatte. Er bekam gesäuertes Brot, während sich seine Mutter mit Brot begnügte, das in der Pfanne gebacken war. Es war flach, schwer und hart. Brot für einen Wanderer in der Wüste, für jemanden ohne eine Heimat. Sein ganzes Wesen sträubte sich dagegen. Waren sie nicht das erwählte Volk Gottes? Hatten sie dafür den Jordan überschritten und das Land der Verheißung betreten?
Er beugte sich vor und probierte den Wein in ihrem Becher. Ebenfalls ohne Hefe, mehr wie Traubensaft.

Maria machte eine Geste, als wollte sie sagen: was spielt das schon für eine Rolle?
Sie versuchte ihn abzulenken, indem sie ihm von ihrem ersten Treffen mit Josef und ihren Gedanken damals erzählte. Normalerweise hörte er diese Geschichte gerne, aber nicht heute. Es war dann, als könnte er unter die Erde auf die Wurzeln schauen.
Es spielte für ihn eine Rolle. Wo waren das Brot und der Wein eines freien Volkes in seinem eigenen Land unter seinem eigenen Himmel, eben das, was man ihnen versprochen hatte? Hatte sie Gott dafür aus Ägypten herausgeführt? Für dieses nicht enden wollende Osterfest? War die einzige Freiheit, die ihnen geblieben war, das Recht, ihre Toten zu begraben?
Seine Mutter bemerkte seine Angst. Sie zeigte sich in den Adern auf seiner Stirn, unter seinen Augen, an seinen Mundwinkeln. Sie lächelte ihm ermunternd zu. Mit ihr war alles in Ordnung.
»Ich werde alt, mein Sohn, ich bin Kümmernisse gewohnt.«
Ihm fiel plötzlich auf, daß Esra nicht bei der Beerdigung gewesen war. Er war so erleichtert gewesen, seine Mutter zu sehen, daß er gar nicht mehr an Esra gedacht hatte.
Er fragte nach ihm und bekam eine ausweichende Antwort.
»Er ist doch nicht krank?«
Maria gab zu, daß von einem Offiziellen aus Jerusalem gegen ihn ermittelt wurde.
Jesus war erstaunt. »Warum?«
Gerüchte hatten den Höchsten Rat erreicht, daß der

Rabbi Esra nicht loyal der Thora gegenüber sein sollte. Achbar, einer der Ältesten, steckte vermutlich dahinter, aber sie verschwieg seinen Namen.

Jesus schob das Essen zur Seite und stand auf. Er fühlte sich wie damals, als er sechs Jahre alt gewesen war. Der Rabbi bellte sehr laut, aber beißen konnte er nicht. Er mußte verteidigt werden.

»Iß erst, mein Sohn«, bat Maria. »Du bist müde und hungrig.«

Er schüttelte den Kopf. »Es ist bald Sabbat.«

Seine Mutter zuckte mit den Schultern, und er verbeugte sich vor ihr, damit sie ihn segnen konnte.

Esra war nicht zu Hause. Sarah, seine Frau, die ein flaches Gesicht wie ein abgeschliffener Stein hatte, sagte, er und der Inspektor seien zwei Stunden zuvor in die Synagoge gegangen.

»Jetzt haben sie ihn endlich drangekriegt«, meinte sie.

Jesus öffnete die Tür der Synagoge und sah, wie sich Esra und der Offizielle mittleren Alters über einen Studiertisch hinweg anschauten. Zwischen ihnen lag die Gesetzesrolle. Es handelte sich um eine billige Abschrift, die zerknittert war und Eselsohren hatte. Eine andere hatten sie sich nicht leisten können. Wie Esra bewahrte sie die unveränderlichen Worte Gottes.

Der Rabbi war kleiner als bei Jesus' letzter Begegnung mit ihm, angeschlagener. Er schnappte nach Luft wie ein Fisch im Toten Meer. Er versuchte, diesem stattlichen Edelmann aus Jerusalem mit gepflegtem Bart und leuchtenden Augen, die an Gurkensamen erinnerten, seinen Standpunkt darzulegen.

Jesus wartete. Die Anspannung war Esra anzumerken. Ein alter Mann mit Wasser in den Beinen. Hatte man ihn wirklich zwei Stunden lang stehen lassen?
Jesus fand es unanständig, daß dieser geleckte Priester gegen Esra, den rabiaten Rabbi, wie er jetzt hieß, ermitteln sollte. Es war klar, daß der Offizielle schon auf den ersten Blick entschieden hatte, daß er seine Zeit verschwendete. Esra war senil und für seine Worte und Taten nicht zur Verantwortung zu ziehen.
»Sagt die Thora dir nicht«, fragte der Offizielle mit einer hohen seidigen Stimme, »daß du in Zeiten der Prüfungen und des Elends zum Herrn zurückkehren und ihm gehorchen sollst?«
»Amen«, meinte der Rabbi und schlug sich an seine magere Brust.
»Glaubst du daran?« Der Offizielle klang skeptisch.
»Mit meinem ganzen sündigen Herzen, hoher Herr.«
»Ist an den Geschichten etwas Wahres, daß du Gott dem Höchsten gegenüber deiner Wut Ausdruck verliehen hast?«
Jesus hatte genug. Warum sollte Esra, der ohne Bezahlung einem Dorf mit erloschenen Lampen und untätigen Mühlsteinen vorstand, von diesem beleibten herrschaftlichen Gelehrten gequält werden?
Bevor Esra sich der Blasphemie noch schuldig bekennen oder leugnen konnte, schlug Jesus die Tür zu, daß es in der ganzen Synagoge widerhallte.
Der Offizielle drehte sich langsam zu ihm um. Die schlechten Manieren der Provinzler konnten ihn nicht beeindrucken. Er hatte einmal eine Abhandlung über Wucherei geschrieben, von der fünfzig Abschriften an-

gefertigt worden waren und in der mit tausend unbezweifelbaren Argumenten bewiesen wurde, was die Juden ohnehin schon immer geglaubt hatten. Die Autorenschaft hatte ihn mit einem unerschütterlichen Gefühl seiner eigenen Wichtigkeit erfüllt.

Jesus spürte den Blick des Offiziellen auf sich wie eine Spinne. Ja, ein wildgewordener Jüngling, wie er vermutet hatte.

»Natürlich war der Rabbi auf Gott böse«, sagte Jesus mit einem feindseligen Ton. »Hat ein Mann, der auf den Bund vertraut und der verhungern soll wie ein Sklave, nicht das Recht, böse zu sein?«

»Du meinst es gut, junger Mann, da bin ich mir sicher«, erwiderte der Offizielle mit derselben öligen Stimme. »Aber, glaube mir das, mit Gott böse sein bedeutet, den zu hassen, der uns geschaffen hat.«

»Hat Hiob Gott gehaßt? Haben alle Propheten das getan? Nein, die Wut des Rabbi ist ein Beweis für seine Liebe, seinen Eifer und seine Treue.«

»Wenn du das sagst.«

»Das sage nicht ich, sondern die Schrift. Als vor langer Zeit Jerusalem unter der Trockenheit litt wie Nazareth jetzt, was sagte da Jeremia?«

Der Offizielle war nun ganz bei der Sache. »Was, mein Junge?«

Jesus sprach, als sei er der Prophet und das sein Gebet:

Herr, Hoffnung Israels,
Retter in vergangenen Zeiten,
Warum wanderst du wie ein Fremder
in unserem Land,

Wie ein Reisender,
der immer nur eine Nacht bleibt
Und dann weiterzieht?
Warum behandelst du uns wie ein
Betrunkener, der durcheinander ist,
Wie ein Mann mit gewaltigen Kräften,
der sie nicht gebrauchen will?

Der Inspektor war von der Fähigkeit des Jünglings beeindruckt, die Schrift aus dem Kopf zu zitieren und noch dazu in fehlerfreiem Hebräisch. Er war vielversprechend. Eines Tages würde vielleicht auch er ein Buch schreiben.
Als Vertreter Gottes war er verpflichtet, geduldig mit Anfängern zu sein.
»Komm, komm, junger Mann«, sagte er strahlend, »der Rabbi wird sich doch nicht für einen wie Jeremia halten. Für normale Sterbliche bedeutet Gott anzuzweifeln, nicht an seine Gebote zu glauben.«
»Gott anzuzweifeln«, kam die augenblickliche Entgegnung, »bedeutet, ihm unsere Herzen zu zeigen, wie es der Rabbi getan hat, ihm zu zeigen, wie verletzt sie sind und wie sehr sie der heilenden Hand Gottes bedürfen.«
»Das denkst du.« Nur noch die Spur eines Lächelns war auf dem Gesicht des Offiziellen. Er hatte die Gleichmütigkeit eines Mannes, dem alle außer seiner eigenen Person gleichgültig sind.
»Der Rabbi erwartet etwas von Gott, und Gottes Aufmerksamkeit auf sich zu lenken ist nicht immer einfach. Sie, Herr, erwarten nichts, außer in Ruhe gelassen zu werden.«

Der Offizielle wurde vom Inhalt der Rede durch den seltsamen provinziellen Dialekt abgelenkt.
»Offensichtlich«, erwiderte er kichernd, »hast du eine etwas andere Auffassung von Gott als ich.«
»Das ist wahr«, sagte Jesus traurig, »Ihr Gott ist nicht mein Gott.«
Bei diesen Worten sah man neues Leben in Esras Augen.
Jesus fügte hinzu: »Mein Gott hat keine Angst, die Schuld auf sich zu nehmen.«
»Du siehst müde aus, junger Mann.« Der Offizielle verzog seine fetten Wangen zu einem väterlichen Lächeln. »Ich will vergessen, daß du das gesagt hast.«
Jesus fragte abrupt: »Haben Sie uns etwas zu essen aus Jerusalem mitgebracht?«
Der Offizielle schüttelte den Kopf und verzog das Gesicht.
»Wenigstens das Versprechen auf etwas zu essen?«
»Mein lieber Junge«, meinte der Offizielle nachsichtig, »die Armen sind ein fortwährendes Problem. Ich bin nicht hier, um über Brot und Wein zu reden, sondern über die Rechtgläubigkeit des Rabbi.«
Jesus sagte, fast zu sich selbst: »Könnte ich doch nur Brot und Wein werden, daß mein Volk von mir essen könnte.«
Der Offizielle sah angeekelt aus bei dieser unappetitlichen Vorstellung, aber Esra dachte: Ja, mein Jesus wird der Rabbi hier, wenn ich einmal nicht mehr da bin.
»Sie«, sagte Jesus zu dem Offiziellen, »sind einer von denen, die ihre Herde anführen, indem sie hinter ihr hergehen.«

Der Mann aus der Stadt fragte nur grinsend: »Gibt es die in Galiläa?«
»Ja«, antwortete Jesus. »Wir nennen sie Schlächter.«
Der Offizielle wollte etwas entgegnen, aber seine Zunge war wie Blei in seinem Mund. Es war ohnehin besser, seine Würde zu bewahren.
»Rabbi«, sagte Jesus, als sei der Inspektor gerade verschwunden, »ich gehe wieder in die Ebene, um Arbeit zu suchen.«
Esra berührte ihn liebevoll am Arm.
»Du vergißt, mein Sohn, daß wir bald die Sabbatlichter entzünden.«
»Ich habe das nicht vergessen, Rabbi.«
Esra sah ihn voll Verzweiflung an, die sich erst in Verständnis und dann in Stolz verwandelte.
»Der Sabbat ist für die Freien«, sagte Jesus. »Leute, die verhungern, sind nicht frei.«
Der Offizielle sah ihn finster an. »Du willst Gott dadurch ehren, daß du den Sabbat brichst?«
»Der Mensch war vor dem Sabbat da und hat Vorrang vor ihm.«
»Aber, junger Mann« – trotz allem war der Junge vielversprechend –, »als nächstes wirst du dann erklären, daß du Gott dadurch ehren kannst, daß du alle seine Gebote brichst.«
»Ich sage Ihnen«, erwiderte Jesus, »ein Mann wie Sie kann alle Gebote Gottes halten und ihn doch überhaupt nicht lieben, während ein Mann, der Gott liebt wie Esra, machen kann, was er will, und sich trotzdem nie an den Geboten vergehen wird.«
Die Ruhe des Offiziellen hatte schließlich ein Ende. Der

junge Mann war nichts als eine stinkende ungenießbare Feige.
»Gotteslästerer«, stieß er hervor und riß an seinem Gewand.
»Und Sie«, entgegnete Jesus im selben Ton, »sind ein Scheinheiliger.« Er sah erfreut, wie sein Gegner zusammenzuckte. »Ich war gerade in einem Haus, in dem ein Kind verhungert, und Sie, obwohl Sie um unsere Not wissen, kommen mit ›Aufklärung‹, aber ohne Milch. Das, Herr, ist Gotteslästerung.«
»Dann ist es so.«
Diesmal verlor der Inspektor nicht die Nerven. Es hatte keinen Wert, aus dieser Sache eine größere Affäre zu machen.
»Wer hat Sie übrigens hergeschickt?« fragte Jesus.
Der Offizielle wünschte, er hätte den Namen seines illustren Dienstherrn schon früher erwähnt. Es hätte ihm die Sache sicher einfacher gemacht.
»Ich gehöre zum Hause des Kaiphas.«
Jesus hatte nie von ihm gehört. Er sagte: »Richten Sie Kaiphas aus, daß Jesus von Nazareth seinen Esel im Dorf läßt, damit dieser für ihn die Sabbatregeln befolgt.«
»Ich werde für dich beten«, sagte der Offizielle mit höchster Verachtung.
Jesus mochte den Mann nicht, aber er erwiderte aus einer echten Betroffenheit heraus: »Und ich für Sie.«
Sanft küßte er den Rabbi auf die Wange und bat um seinen Segen.
Der Rabbi hob seine Hand.
»Der Herr möge dich segnen und behüten, mein Sohn.

Der Herr lasse sein Gesicht scheinen auf dich und gebe dir Gnade. Der Herr hebe sein Angesicht über dir und gebe dir seinen Frieden.«
Das war mehr als ein Segen, das war eine massive Herausforderung, die dem Inspektor aus Jerusalem nicht entging, denn es war das Gebet, das man über einem Kind Israels sprach, das den Sabbat pflichtschuldig befolgt hatte.

12

Jesus machte sich nicht die Mühe, nach Hause zu gehen. Esra würde seiner Mutter schon sagen, wo er war. Er schlug den südlichen Pfad in Richtung Jesreelebene ein.

Die Wanderung machte ihm keinen Spaß, und er hatte trotz Esras Segen keinen Frieden.

Er war erschöpft, und der Schmerz in seinem Inneren hatte erneut begonnen. Erst vor einer Stunde hatte er sich gelobt, nie wieder sein Heim zu verlassen, nie wieder.

Es war heiß und feucht, und er war unvorbereitet losgezogen. Ungehalten über Esras Behandlung, hatte er keinen zusätzlichen Mantel für den Abend mitgenommen und vergessen, etwas zu essen. Das war ein schwerer Fehler, aber jetzt war es zu spät, um noch umzukehren. Er hatte auch Wichtigeres auf dem Herzen, nämlich wie er Milch für eine Vierjährige beschaffen sollte, die den Körper einer Zweijährigen hatte.

Noch weit von seinem endgültigen Ziel entfernt, wußte er auf einmal, daß er Glück haben würde. Mehrere Kamelkarawanen, alles in allem so um die fünfzig, bewegten sich von Norden die Handelsstraße über die große Ebene entlang.

Als er in Rufweite einer der Karawanen war, die viel-

versprechend wirkte, sah er, daß die männlichen Kamele mit Holz, Zeder und Pinie, beladen waren, während die weiblichen eine leichtere Last zu tragen hatten, wahrscheinlich Harz, Balsam und Myrrhe.
Die Sonne sank schnell, sein Magen ebenfalls. Bald würde der Sabbat anbrechen.
Die Kamelkarawane, der er folgte, machte an einem kleinen Wasserloch halt, das an einem Gehölz und dem Gezwitscher von Vögeln kenntlich war – Zeit für die schwierige Aufgabe, nach Arbeit zu fragen. Es war immer schwierig, aber nie so schwierig wie jetzt.
Er war müde und wußte nichts über Kamele. Die Dämmerung begann und mit ihr der Sabbat, an dem er ruhen sollte. Er fühlte sich deswegen schuldig, wie sich ein Vater schuldig fühlt, der unabsichtlich sein eigenes Kind verletzt hat. Schuld und Furcht kamen und gingen, wie es ihnen lieb war. Zumindest hatte er ein reines Gewissen.
Er erinnerte sich an die Zeit, als er ein Junge gewesen war. Sein Vater hatte ihm beigebracht, wie man Kamele, Esel und Paare von Ochsen aus Olivenholz schnitzt. Er hatte sie zusammen mit Kaninchenfellen hinunter nach Esdraelon gebracht und sie an die Reisenden verkauft, die mit Karawanen wie dieser kamen. Sie zahlten gut, und er war stolz gewesen, zu den Finanzen der Familie beizutragen.
Während dieser Geschäfte in jungen Jahren hatte er etwas Griechisch aufgeschnappt. Oh, könnte er sich doch jetzt nur daran erinnern. Wenn er sprach, würde es sich vermutlich so idiotisch anhören wie bei allen, die mit einer fremden Sprache ringen.

Er legte sich die Sätze zurecht, die er sagen wollte, und näherte sich mit offenen Händen der Karawane, die Arme ausgebreitet, um zu zeigen, daß er keine Waffen hatte. Wie er so den Hügel herunterkam, ähnelte er einem großen weißen Schmetterling.
Er ging zu dem Karawanenmeister, einem Mann mit Turban in einem wallenden bunten Gewand, dessen Gesicht auf einem herrschaftlichen schwarzen Bart zu ruhen schien. Er verbeugte sich und bat in kaum verständlichem Griechisch um die Erlaubnis, ihm an diesem Abend dienen zu dürfen, um seinem Herrn die mühsame Reise durch das angenehme Land Galiläa zu erleichtern.
Der Meister zog an einem seiner goldenen Ohrringe und musterte ihn, wie er ein Kamel oder einen Ochsen gemustert hätte. Dieser Galiläer hatte in seinen geübten Augen einen starken, geschmeidigen Körper. Er schien wirklich arbeiten zu wollen.
Ohne Jesus direkt anzureden, befahl er seinem Proviantmeister, ihm Arbeit zuzuweisen. Er hatte am Morgen einen Kameltreiber verloren. Dieser hatte einen Kamelbullen geschlagen und sich nicht schnell genug in Sicherheit gebracht. Das Tier hatte seine Hand glatt abgebissen. Der Unglückliche wußte, daß er nicht so viel wert war wie ein Kamel und sich niemand um ihn kümmern würde. Das letzte, was die anderen von ihm sahen, war seine Gestalt, die sich aussichtslos in die Richtung bewegte, aus der sie gekommen waren. Er hatte sich ein Seil fest um den Unterarm gebunden, und das Blut spritzte in den Wüstensand.
Der Proviantmeister brachte Jesus zu einem Aufseher

In der kleinen Karawane gab es eine strenge Hierarchie, die bei den Kamelen selbst endete, und Jesus, der Neuankömmling, war ganz unten.
»Bist du sicher, daß du weißt, wie man mit einem Kamel umgeht?« fragte der Aufseher, ein einäugiges Scheusal von einem Mann.
»Kamele, Herr«, antwortete Jesus und senkte den Kopf, um die Wahrheit besser zu verbergen, »sind mein Leben.«
Er bekam den Wedel einer Dattelpalme, dessen Ende angespitzt war. Er sollte zehn Kamele abladen.
Nach der langen Wanderung stanken sie unbeschreiblich, und ihre Bäuche machten Geräusche wie eine Armee auf dem Rückzug.
Die Kamele waren Kopf an Schwanz aneinander festgebunden. Er band seine zehn los und stellte sie in einiger Entfernung voneinander hin.
Das jüngste von ihnen, ein übermütiges, untrainiertes zweijähriges Kamel, konnte Jesus von Anfang an nicht leiden. Es wich ihm ständig aus und warf ihn permanent mit seiner Flanke um, was die anderen beiden Kameltreiber sehr amüsierte. Der lautere und unangenehmere von ihnen sah aus wie ein richtiger Schurke.
In der kürzesten aller seiner Lehrzeiten fand Jesus heraus, daß das Kamel das hochmütigste sämtlicher Tiere ist und so gleichgültig den Menschen gegenüber wie die Wüste, für die es geschaffen ist. Ein Hund kann dich lieben, ein Kamel niemals. Es ist ständig auf der Suche nach einem Anzeichen der Schwäche bei dem Kameltreiber, um ihn zu schubsen oder nach ihm zu schnappen.

Der wildeste der Bullen – es war der, der an jenem Morgen mit der Hand seines Kameltreibers sein Fasten unterbrochen hatte – weigerte sich, sich seinen Halfter abnehmen zu lassen. Dem Vorbild der beiden anderen folgend, schlang Jesus ihm ein Seil fest um das Maul, nahm das Halfter ab und band eines der Vorderbeine wie ein Klappmesser zusammen, wobei er riskierte, zu Tode getrampelt zu werden.
Die Tiere hatten den Geruch von Wasser in der Nase. Sie schnaubten und grunzten, drehten ihre Köpfe mit den gewaltigen gelbschwarzen Zähnen in Richtung Wasserloch und scharrten mit ihren riesigen Hufen. Fast blind auf dem linken Auge wegen seines Gerstenkorns, erstickte Jesus beinahe im Staub. Es dauerte Ewigkeiten, bis er den Kamelen Fußfesseln angelegt, sie festgebunden und zur Ruhe gebracht hatte.
Er hörte den anderen Kameltreibern aufmerksam zu und versuchte ohne Erfolg, ihre Kommandos nachzuahmen.
Nachdem er die Kamele von ihrer Ladung befreit hatte, mußte er ihnen Wasser geben. Der unerfreulichere seiner Gefährten, der mit der großen krummen Nase, mit der sich dem Gestank der Kamele gut ausweichen ließ, gab ihm einen Eimer, und Jesus mußte mehrere Male laufen, um ihn zu füllen. Der Durst der Kamele, die sechs Tage lang nichts getrunken hatten, war fast nicht zu stillen. Er hatte den Trog noch gar nicht gefüllt, da war er schon wieder leer. Wenn sie gerade nicht tranken, kauten sie auf dem rauhen Gras oder den Disteln.
Jesus arbeitete härter, als er je in seinem Leben gear-

beitet hatte. Trotzdem waren die anderen beiden Kameltreiber zwei Stunden vor ihm fertig.
Die Nacht war schon weit fortgeschritten. Sein weißes Sabbatgewand hatte gelbe Flecken von Schweiß und Kamelmist. Der Geruch nach Essen von den Lagerfeuern erinnerte ihn daran, daß er schon seit Stunden nichts zu sich genommen hatte.
In der Dunkelheit packte ihn jemand am Arm. Instinktiv machte er sich los, weil er einen Angriff fürchtete. Es war der Kameltreiber mit der krummen Nase.
»Komm«, sagte der Mann. »Iß.«
Jesus folgte ihm begierig, bis er zu seinem Schrecken sah, daß der Aufseher Kamelfleisch kochte.
Sein Gefährte gab ihm einen Teller und nahm einen Schöpflöffel voll Kamelfleisch aus dem Topf.
Jesus schüttelte heftig den Kopf.
»Nicht hungrig?« fragte der andere.
Jesus kannte die Worte nicht, mit denen er hätte erklären können, daß in den Augen der Juden dieses Fleisch unrein war. Er brauchte den Sabbat für ein krankes Kind, nicht für sich. Er war ausgehungert, aber kräftig, er würde überleben.
Er bat um ein Stück Brot und eine kleine Zwiebel. Nachdem er seine Hände gereinigt hatte, indem er Sand durch sie rieseln ließ, aß er sein kärgliches Mahl, trank von dem Brackwasser, das die Kamele übriggelassen hatten und in dem Sand, Fliegen und Kamelhaare waren, und suchte sich dann einen Platz, um sich auszuruhen.
Es war die elendeste Nacht seines Lebens, die, die ihn am meisten demütigte. Bei seinen nicht lange zurück-

liegenden Wanderungen zu den abgelegenen Dörfern war er unter seinen eigenen Leuten gewesen und in der Lage, jüdische Gesetze zu beachten. Hier war er ein Ausgestoßener.

Und sein Gefühl der Isolation wuchs noch, als einer der Männer am Feuer eine Flöte nahm und eine schrille, klagende, fremd klingende Melodie spielte. Völlig durcheinander geriet sein Seelenfrieden schließlich, als er in seiner Nähe im Hufabdruck eines Kamels eine kleine Klapperschlange fand.

Jesus lag auf dem Rücken, hungrig und müde, und sah in den Nachthimmel. Der aufgehende Mond und die Sterne waren wie Sabbatkerzen, Gottes gesegnetes Licht, der Beweis dafür, daß er, Jesus von Nazareth, noch geliebt wurde. Dann verblaßten in seiner gequälten Phantasie die Sterne, und der aufgehende Mond verwandelte sich in ein gemeines gelbes Maul, das ihn hämisch angrinste und über sein ganzes Unglück lachte.

Er war zu müde und zu hungrig, um schlafen zu können, und seine Augen waren entzündet. Der Flötenspieler hörte auf. Die Kameltreiber erhoben sich vom Feuer und legten sich neben ihre Tiere.

Jesus vermutete, daß sie das wegen der Wärme und Sicherheit taten, und er fragte sich, wie sie den Gestank der Tiere nur aushalten konnten, der vorne und hinten gleichermaßen ekelhaft war.

In Wirklichkeit bewachten sie ihre Kamele. Wenn eines von ihnen gestohlen wurde, mußten sie mit einer Hand oder einem Fuß dafür bezahlen. Jesus wußte nicht, daß das Teil des Vertrages war; hätte er es gewußt, hätte er vermutlich überhaupt nicht geschlafen.

Er wickelte sich seinen Mantel um den Kopf und fiel schließlich in einen unruhigen Schlaf, in dem er sich dunkel darüber im klaren war, daß er überall von Ameisen gebissen wurde. Es war eine kühle Nacht, und er war völlig falsch gekleidet. Er warf sich von einer Seite auf die andere und träumte, daß er einen Zwillingsbruder hatte, nur daß er ebenfalls dieser Zwillingsbruder war. Und dieser Zwilling liebte Gott und diente ihm vollkommen und wurde dafür gelobt, während er vor Moses und Elias geschleift wurde, gigantische Figuren mit großen grünen Bärten, die ärgerlich zu wissen verlangten, warum er sein Volk verlassen und den Sabbat entweiht hatte.

Während er schlief, wann, konnte er nicht beurteilen, näherte sich ihm jemand. Jesus versuchte aufzuwachen, aber er hatte nicht die Kraft. Wenn das sein Ende sein sollte, sollte es eben so sein.

Es war der böse dreinschauende Kameltreiber, der mit ihm Mitleid hatte und eine Decke aus Ziegenfell über ihn legte.

Am Morgen erwachte er vor Sonnenaufgang, weil sich die Karawane fertigmachte. Ohne etwas gegessen zu haben, mußte er die Kamele beladen. Er sah sie im ersten Licht dort liegen, riesenhaft, unnahbar, wie Statuen.

Um sie daran zu hindern, zu schnauben und zu spukken, band er ihnen wie schon am Abend zuvor die Mäuler zusammen und begann sie zu beladen.

Er lud gerade einen Stapel Bretter auf ein Kamel, als sich der Aufseher näherte und ihn in einer Sprache anschrie, die er nicht verstand. Die anderen nahmen keine Notiz. Mit ihrer Hilfe konnte er nicht rechnen.

Jesus versuchte auf griechisch zu sagen, daß er nichts verstand, aber der Aufseher hörte nicht auf, ihn zu beschimpfen, und stieß Jesus mit seinem Stock in den Rücken. Wieder und wieder fühlte er, wie die Spitze durch seine Haut drang, und er spürte, wie ihm das Blut herunterlief.

»Mach es diesmal ordentlich«, sagte der Aufseher schließlich in gebrochenem Griechisch.

Jesus, der von Kopf bis Fuß vor Wut zitterte, was der Aufseher für Furcht hielt, nickte und wußte nicht, was er falsch gemacht hatte.

Der Kameltreiber mit der krummen Nase kam zu ihm herüber.

»Ich bin Asuph«, sagte er lächelnd in verständlichem Aramäisch und zeigte dabei blendendweiße Zähne.

Er hatte die Reise durch Galiläa schon hundertmal gemacht und etwas von dem Dialekt aufgeschnappt. Er sagte seinen Namen »Asuph« so, als sei es ein Geschenk, ein Brot oder eine Blume.

»Ich bin Jesus von Nazareth.«

Asuph erklärte Jesus, daß er die schweren Bohlen auf eine Kuh statt auf einen Bullen geladen hatte. Außerdem sollte er die Kamele in der richtigen Reihenfolge beladen, da sie daran gewöhnt waren. »Sie arbeiten sonst nicht für dich, Mann aus Nazareth.«

Jesus bedankte sich bei ihm und belud die Kamele, wie ihm geraten worden war. Das war nicht so einfach wie bei einem Esel.

Einmal beladen, mußten die Kamele dazu überredet

werden, aufzustehen. Nachdem sie am Abend vorher Wasser bekommen hatten, waren sie nicht geneigt, sich zu bewegen.

Jesus gab sich alle Mühe, sie am Halfter hochzuziehen, während sie schnaubten und spuckten. Es war leichter, einen großen Felsblock mit bloßen Händen hochzuheben.

Wieder kam Asuph zu seiner Rettung. »Wir sind doch Freunde, Jesus von Nazareth?«

Jesus nickte. Er und Asuph waren Freunde fürs Leben. Das war die Art der Nomaden. Man war entweder Freund oder Feind, und das sofort und für immer.

»Wenn es dir gutgeht«, sagte Jesus, »geht es mir gut.«

Asuph zeigte ihm, wie er die Kamele mit dem Palmwedel auf die Beine brachte. Er schlug dem Leitbullen auf die Knie und machte ein klickendes Geräusch mit seinen Lippen. Zögernd wuchtete sich das Tier nach vorne, dann zurück, dann wieder nach vorne, und nach einer Reihe von pendelnden Bewegungen war es endlich auf den Beinen.

»Denk daran, Freund Jesus von Nazareth«, sagte Asuph, »ein Kamel geht nie rückwärts. Es ist Zeitverschwendung, das zu versuchen.« Er schlug einem Kamel auf die Nase. Es knurrte vor Schmerz, sah Asuph jedoch mit Respekt an. »Sein einziger schwacher Punkt. Hau es auf die Nase, und es folgt dir für immer wie eine Frau.«

Jesus dankte Asuph und schlug, um die Methode auszuprobieren, versuchsweise einem Bullen auf die Nase. Das Tier hustete sofort, würgte eine eklige gelbe und schäumende Masse hoch und spuckte ihn an.

Er hatte seine Arbeit getan, als die Sonne aufging. Die

Männer machten etwas Warmes zu trinken, bevor sich die Karawane in Bewegung setzte.
Asuph nahm Jesus zur Seite. »Der Aufseher, er hat dich doch geschlagen, als du südwestlich des Wasserlochs warst. Warum hast du ihn nicht fertiggemacht?«
Jesus zuckte mit den Schultern. »Keine gute Idee.«
»Du bist sehr weise, mein Freund«, sagte Asuph hinter vorgehaltener Hand. »Er hätte dich nicht bezahlt.«
Jesus lächelte. »Das ist nicht der Grund, warum ich ihn nicht geschlagen habe.«
Asuph war neugierig geworden. »Warum dann nicht?«
»Weil wir Brüder sind«, sagte Jesus.
»Du und ...« Er machte eine obszöne Geste in Richtung Aufseher, der mit dem Rücken zu ihnen stand. Dann spuckte er aus, und die Spucke klatschte auf den Boden wie ein Ei.
»Ja, Asuph.«
»Aber«, wandte Asuph ein, »Brüder hassen sich doch nicht gegenseitig.«
»Richtig. Ich hasse ihn nicht, ich liebe ihn.«
»Er malträtiert dich schlimmer als ein Kamel, und du liebst ihn?« Asuphs Augen funkelten vor Heiterkeit. Er runzelte jedoch die Stirn, als er hinzufügte: »Selbst seine eigene Mutter muß dieses Schwein hassen.«
»Dann tut er mir sogar noch mehr leid«, sagte Jesus.
»Das braucht der.« Asuph machte eine Handbewegung quer über die Kehle. »Und in einer mondlosen Nacht werde ich es tun.«
Jesus schüttelte den Kopf.
»Nein?« fragte Asuph. »Gut, dann hältst du ihn fest, und ich stoße seinen dreckigen Kopf ins Feuer.«

Jesus bewegte ablehnend die Hand vor Asuphs Brust.
»Warum bist du hierhergekommen, mein Freund?« fragte Asuph, und seine Lippen wurden schmaler.
»Um Milch für ein Kind zu beschaffen, das krank ist.«
»Ai, ai, ai«, machte Asuph. »Ist dein Junge krank? Jetzt verstehe ich.«
»Es ist kein Junge, es ist ein Mädchen.«
Asuph faßte sich an die Nase, als wollte er versuchen, sie geradezubiegen.
»Warum beunruhigst du dich wegen deines Mädchens?«
»Es ist nicht mein Mädchen.«
»Das deines Bruders?«
»Nein.«
Asuph war wirklich erstaunt. Das Weiß seiner Augen machte das deutlich. »Du schuftest für das kleine Mädchen eines anderen?«
Er griff sich an die Stirn, um anzudeuten, daß dieser Mann aus Nazareth nicht ganz richtig im Kopf war.
Nachdem er sich wieder gefaßt hatte, nahm er Jesus mit zu dem Mann, der die Vorräte verwaltete, und bat ihn, ihm Kamelmilch zu geben.
»Sie ist fetter als Ziegenmilch«, erklärte er Jesus.
Jesus' letzte Arbeit war, Kamelmist in einem Eimer zu sammeln, den man für die Feuer der Karawane am Abend brauchte. Dann wurde er in Naturalien bezahlt: Öl, Brot, Gemüse und Mehl.
Bevor die Karawane aufbrach, nahm Jesus Asuph mit den wilden Augen und der gebrochenen Nase in seine Arme und drückte ihn an sich.
»Bruder, ich danke dir«, sagte er.
»Eines Tages«, flüsterte Asuph, »hilfst du mir dabei,

dem Aufseher die Zunge herauszuschneiden, einverstanden? Und dann essen wir sie vor seinen Augen und töten ihn schließlich genüßlich.«
Jesus drückte ihn ein letztes Mal. »Ich würde mein Leben für dich hingeben, mein Freund.«
»Oh«, seufzte Asuph glücklich, »mögen dein Esel und mein Esel für immer Brüder sein.«
Jesus winkte ihm zum Abschied zu und ging den Pfad zum Dorf hinauf.

Am Dorfrand, an einer Wegbiegung, stieß er auf eine häßliche weibliche Gestalt. Sie kam aus einer Höhle, war gebrechlich und wie eine Witwe gekleidet.
»Almosen, freundlicher Herr, um der Liebe des Höchsten willen.«
Als er diese weinerliche Stimme hörte, wußte er sofort, daß es die Freundin seiner Mutter war. Anna erkannte ihn vielleicht nicht, weil er seinen Umhang hochgezogen hatte und seine linke Gesichtshälfte stark geschwollen war.
»Gib den Armen, und leihe es dem Herrn«, rief sie.
Was machte Anna hier? War sie schon aus ihrem Haus vertrieben worden, weil sie ihre Miete nicht bezahlen konnte?
Sie war sichtlich kurz vor dem Verhungern. Ihr Hals war nur noch Haut und Knochen. Die Haut unter ihren Augen war entzündet und aufgesprungen und sah aus wie eine Getreidehülse. Ihr Essen zu geben, wäre Verschwendung gewesen. Sie war ohnehin fast schon tot.
Er stellte das Paket mit den Nahrungsmitteln ab, teilte es in drei Teile und gab Anna einen davon.

»Gott hat dich gesandt«, sagte sie in ihrem vertrauten weinerlichen Ton. »Du bist für mich Josua, mein Retter.«

Sie preßte das Essen mit ihren ausgemergelten Armen an sich und zog sich zu der Höhle im Abhang zurück.

Jesus mußte lachen. Wenn es so einfach war, der Retter zu sein.

Auf dem letzten Wegabschnitt ging er schneller. Es war Mittag. Das Dorf lag in der Sabbatruhe, keine Seele war zu sehen.

Er öffnete die Tür seines Hauses, hielt das wertvolle Gefäß mit der Kamelmilch hoch wie eine Trophäe und fand Maria in der Dunkelheit, leise singend und in ihren Armen ein totes Kind wiegend.

13

Die Trockenheit hatte ein Ende. Der Herr befahl seinen Engeln schließlich, ihr feuriges Schwert abzulegen.

In diesem Jahr waren die Regenfälle im Winter lang und heftig. Und was noch wichtiger war, der Frühlingsregen blieb nicht aus. Große marmorne Wolken kamen von Westen und entluden sich über den kahlen Höhen von Nazareth.

Esra war Rabbi geblieben. Der Offizielle hatte, als er wieder in Jerusalem war, mit seinem Bericht über das, was er gesehen und gehört hatte, viel Heiterkeit geerntet. Die priesterliche Aristokratie war überzeugt, Esra sei etwas schwachsinnig, stelle aber politisch keine Bedrohung dar, und ließ ihn in Ruhe, da sein Amt ohnehin niemand haben wollte, außer einem Spitzel namens Achbor, der noch ungeeigneter erschien.

Esra ging in strömendem Regen auf den Markt und sang eine Dankeshymne. Die Dorfbewohner bahnten sich einen Weg durch den Schlamm und umringten ihn. Die Regentropfen waren so groß wie Trauben, und sie tranken sie wie einen erlesenen Wein und schlugen Esra auf die Schulter. »Ein Geschenk Gottes, Rabbi. Dank deiner Gebete«, sagten sie. »Nun laß dir wieder deinen Bart wachsen.«

Nur Achbor, der jetzt nichts mehr hatte, worüber er lachen konnte, verfiel in jammervolle Gebete.
In diesem Frühling wurden die kahlen Äste der Bäume wieder grün. Die Mauersegler, Schwalben und Turteltauben kehrten zurück. Man konnte das Gras wachsen sehen. Jemand schwor, daß er einen Frosch quaken gehört hatte, und alle jubelten. Alles war wieder normal.
Daher der Zorn Esras. Die Leute waren durch die Hölle gegangen und wollten jetzt keine Buße tun. Sie kamen nicht mehr in die Synagoge, sie brachen sogar den Sabbat mit der Begründung, daß so viel Arbeit liegengeblieben sei.
»Wir brauchen eine Pause, Rabbi«, sagten sie. »Zwei Jahre gab es nichts anderes als Sabbats.«
Esra murmelte düster vor sich hin. Juden waren keine Juden, wenn sie nicht leiden konnten. Das Leiden war die eigentliche Beschneidung. Das Leiden schuf Raum in der Seele, in dem Gott atmen konnte. Fette, lachende und zufriedene Juden waren immer gotteslästerlich. Er wünschte, er hätte eine Stirn härter als ein Kieselstein, um sie damit anzustoßen und so zur Unterwerfung zu zwingen.
»Vielleicht hatte der Herr wirklich recht«, bekannte er Jesus gegenüber, »daß er uns Heuschrecken und Trokkenheit gesandt hat.«
»Bitte ihn, uns weitere Heimsuchungen zu schicken«, sagte Jesus im Scherz, »damit wir ihn um so mehr lieben.«
Esra zog die Augenbrauen in gespielter Verärgerung hoch. »Du machst dich wohl immer noch über mich lustig.«

»Nein«, erwiderte Jesus. »Du bringst Gott durcheinander. Erst sagst du zu ihm: Bitte nicht noch mehr Ärger. Dann sagst du: Ärger ist genau das, was wir brauchen.« Der Rabbi strich sich über das Kinn, das nackt wie ein gerupftes Huhn war, und hob seine Augen, auch das halb geschlossene, zum Himmel.

»Nicht noch mehr Ärger, Gott«, flehte er. »Wir sind froh, eine Zeitlang elende Sünder zu sein.«

Alle Sorgen schienen vergessen. Kinder spielten erneut auf den Straßen. Einige Katzen und Hunde kamen zurück. Bald beherrschten sie wieder den Ort wie früher und gehörten allen und keinem. Die alte Anna, ein Skelett, nur noch mit einem oder zwei Haarbüscheln auf dem Kopf, hatte überlebt und war ständig im Haus von Maria, um zu betteln und zu borgen.

»Dein süßer reizender Erstgeborener wird große Dinge vollbringen, Maria. So ein frommer Junge.«

Kinder kamen wieder in Scharen in Jesus' Werkstatt und erinnerten ihn daran, was sein Vater zu sagen pflegte: »Wenn Gott am ersten Schöpfungstag eine Schar Kinder geschaffen hätte, wäre er heute noch nicht fertig damit, die Welt zu machen.«

Sie fragten und baten ihn mit großen Augen, sie zu lehren, wie man eine Säge, ein Schnitzmesser und ein Stemmeisen gebraucht. Sie konnten grausam zueinander sein und frech, aber sie waren begierig, zu lernen, und bereit, von vorne anzufangen. Sie wußten nicht schon vorher alles. Sie waren nicht eingebildet und vorlaut. Das Königreich Gottes gehörte ihnen.

Einmal, als die anderen gegangen waren, war der siebenjährige Schimon noch dageblieben. Er wackelte mit

den Zehen und rieb sich mit der rechten Ferse die linke Wade.
»Pst, pst, pst«, flüsterte er. »Jesus.«
»Ja?«
»Meine Schwester Rebekka«, erklärte er und öffnete seine großen dunklen Augen, »sie hat mir aufgetragen, dir zu sagen, daß sie dich gern hat.«
Rebekka war sechzehn und das hübscheste Mädchen im Dorf. Wenn Jesus daran gedacht hätte zu heiraten, hätte er sich Rebekka sicher zweimal angesehen.
»Danke, Schimon«, sagte er und fuhr mit seiner Arbeit an einem Joch fort.
»Sie hat mir zwei Pfirsiche gegeben, damit ich dir das ausrichte.«
Jesus fuhr dem Jungen über seinen Lockenkopf. »Immer froh, jemandem einen Gefallen zu tun.«
»Hast du keine Nachricht für meine Schwester?«
Jesus antwortete ohne zu zögern: »Nein, keine Nachricht.«
Schimon rollte mit den Augen, als würde er Qualen leiden. »Aber du mußt ihr doch was zu sagen haben.«
»Muß ich? Warum?«
»Weil sie mir dann noch zwei Pfirsiche schenkt.«
Jesus griff in einen Korb. »Hier.« Er gab Schimon die beiden Pfirsiche, die er zu Mittag hatte essen wollen. Sie verschwanden sofort im Umhang des Jungen.
»Jetzt die Nachricht, Jesus«, sagte er, »dann habe ich vier Pfirsiche.«
Er sah, daß der Mund des Zimmermanns fest geschlossen war, und bat flehentlich: »Darf ich ihr sagen, daß du sie liebst?«

»Nein.«
»Bitte, Jesus.«
»Nicht einmal, um dir einen Gefallen zu tun, Schimon.« Der Junge wurde frech. »Dann sage ich, daß du sie nicht liebst.«
Jesus hielt ihn fest, bevor er verschwinden konnte. »Auch das nicht.«
Schimon sah wirklich verwirrt aus, aber wahrscheinlich tat er nur so. »Entweder liebst du sie, oder du liebst sie nicht.«
Jesus ließ den Jungen los. »Keines von beiden«, erwiderte er.
»Dann liebst du sie wenigstens teilweise? Oder an manchen Tagen, an anderen wieder nicht? Ich verstehe das nicht.«
»Es gibt einige Dinge, die Kinder auch gar nicht verstehen sollen.«
»Ah«, sagte Schimon, als sei ihm plötzlich die Erleuchtung gekommen. »Du liebst eine andere.«
»Das tue ich nicht.«
»Gut«, rief Schimon und lief schnell weg, »meine Schwester wird sehr glücklich sein, wenn ich ihr sage, daß du keine andere liebst.«
Jesus fragte sich, ob Kinder wirklich so ganz für das Königreich Gottes geeignet waren.
Dann war Esra an der Reihe, ihn zu belästigen. Er flüsterte Jesus ins Ohr: »Meine Jedida, selbst in den übelsten Zeiten hat sie nicht ...«
»Nicht?«
»Hat sie nicht aufgehört, so zu sein wie Frauen ... sein sollen.«

Erwartete Esra Glückwünsche?
»Ah«, sagte Jesus.
»Sie ist gut wie ihre Mutter, verstehst du.«
Jesus nickte zustimmend.
»Das Mädchen wird fünfzig Söhne hervorbringen«, meinte Esra, »jeder so stark wie Samson. Ein ganzes Rudel Kinder für den glücklichen Vater.«
Jesus sagte, er würde für sie beten. Da wußte Esra, daß seine Sache zum Scheitern verurteilt war. Diese Taktik wandte er nämlich selbst an.

Doch auch wenn es so schien, waren die Verhältnisse in Nazareth nicht wieder normal und würden es auch nie mehr werden. Zuviel war in dem Dorf passiert. Es war, als seien ihm einige Glieder ausgerissen worden.
Mehr Mägen als Essen, das war die Wurzel all ihrer Probleme. Am Ende der Trockenheit hatten sie nur noch ein Quentchen Essen und brauchten es schaufelweise.
Väter und Mütter erinnerten sich an ihre Kinder mit schwarzen Zungen, mit kleinen Köpfen, die sie nicht stillhalten konnten, mit anklagenden Augen und sich abzeichnenden Knochen, daß es aussah, als hätten sie einen jungen Baum verschluckt.
Sie erinnerten sich daran, daß sie weniger zu essen hatten, als sie früher wegwarfen, daß sie den Jungen und Mädchen beigebracht hatten, Spione, Diebe und Aasgeier zu sein.
Sie erinnerten sich an das Haushalten mit der Brotkrume. Sie hatten jeden Krümel aufgehoben und alles, was wie ein Krümel aussah.

Sie erinnerten sich daran, wie in letzter Angst Überzeugungen abhanden kamen, Masken von ihren Gesichtern abfielen, von denen sie bis dahin nicht gewußt hatten, daß sie sie trugen.
Sie erinnerten sich daran – denn viele machten das immer noch –, wie sie nachts ihre Türen und Fenster verbarrikadiert hatten; und sie erinnerten sich an die mitleidlosen Gesichter und Blicke.
Wie sollte es möglich sein, weiterzuleben, als wäre all das nie geschehen?
Ein Nachbar, den man einmal verflucht hat, ist in gewisser Weise nie wieder ein Nachbar. Kein Wunder, daß es jetzt so viele Leute gab, denen man nicht mehr in die Augen schauen konnte. Der Versuch, einen Blick in Nazareth einzufangen, war wie der Versuch, Fliegen zu fangen – weg, bevor man noch in ihre Nähe kam.
Vielleicht hattest du sie angeklagt, Lebensmittel zu horten und dadurch dein Kind verhungern zu lassen. Du hast gesagt: »Durch eure Gier ermordet ihr meine Söhne und Töchter so sicher, als würdet ihr sie mit dem Messer erstechen.« Ob es stimmte oder nicht, spielte keine Rolle. Deine Nachbarn hatten nichts Nachbarschaftliches mehr.
Die Leute aus Nazareth begriffen, daß man sich nur bis zu einem gewissen Punkt auf andere verlassen kann. Andere können sich auch nur bis zu einem gewissen Punkt auf dich verlassen. Wenn dieser Punkt einmal überschritten ist, und sei es minimal, ist jeder allein und so mit sich beschäftigt, als wäre sein Kopf unter Wasser.
Du konntest die grausamen wilden Augen nicht verges-

sen, die dich angestarrt hatten. O ja, seine Augen sind im Moment noch recht sanft. Aber was ist mit diesen anderen Augen hinter seinen Augen? Du weißt, daß sie da sind. Du hast sie selbst mit deinen eigenen anderen Augen gesehen.

Seine Stimme war im Moment noch freundlich. Aber an anderen Tagen war sie schrill von Haß auf dich, und du konntest dich erinnern, wie du zurückgeschrien hattest. Es tat immer noch weh.

Und du weißt, und er weiß, daß es darauf hinausgelaufen war zu entscheiden, ob seine Kinder sterben sollten oder deine. Du hättest ihn und seine Kinder umgebracht, nur damit deine überlebt hätten.

Die Dorfbewohner hatten entdeckt, daß sich die Brutalität der sehr Reichen und der sehr Armen, zwischen denen, die alles haben, und denen, die nichts haben, nicht unterscheidet.

Sie würden nie wieder so wie früher sein, weil sie sich an all das erinnern konnten.

Mit dem Regen wurden erneut Übereinkünfte aufgenommen, Masken aufgesetzt, aber niemand gab sich Illusionen hin. Nicht mehr.

Der grausamste Schock war die Entdeckung, daß ihre Religion nicht aufrichtig war und es auch nie gewesen war. Sie war ebenfalls eine Maske, eine Übereinkunft. Wenn sie nach dem Regen beteten, durchschauten sie ihre eigenen Gebete. Sie hatten sich nie auf Gebete verlassen, nur auf den Regen. Ihre Gebete waren so leer wie Schaumblasen. Das einzige Mal, daß sie wirklich zu einem Gebet gestanden hatten, war, als sie nach Esras Gotteslästerungen Amen gesagt hatten.

Deswegen haßten sie Esra mehr denn je. Er erinnerte sie an den Tag, an dem Nazareth der Sünde verfallen war. Er erinnerte sie daran, daß die Heuschrecken mehr als nur Felder und Bäume auf dem Gewissen hatten, sie hatten auch sie auf dem Gewissen. Auf ewig, trotz aller scheinbaren Normalität, hatten die Männer und Frauen von Nazareth den Winter im Herzen.
Jesus sah das alles und verachtete sie deswegen nicht. Er hatte ihre Qual geteilt, war mit ihnen der Sünde verfallen. Und es schmerzte ihn um sie. Er liebte und bemitleidete sie um so mehr und fühlte, wie sehr sie ihn brauchten.
Er sehnte sich danach, ihnen in seinem eigenen Leben zu zeigen, daß Gott sich um sie kümmerte; er wollte ihnen mehr zeigen, als er ihnen bisher gezeigt hatte.
Aber sein Vater hatte ihm eine Aufgabe gegeben. Der erste Teil dieser Aufgabe war vielleicht der schwierigste: Warten.

14

Von dem Augenblick an, in dem Jedida geboren worden war, begann Esra, sich selbst leid zu tun. Die Hebamme rief ihn herein, und er sah ein großes Bündel mit einem groben roten Gesicht in den Armen seiner Frau.

Die meisten Säuglinge sind häßlich, aber dieser, das wußte er irgendwie, würde die Häßlichkeit nie überwinden.

Er war mehr denn je davon überzeugt, daß das Pech ihm treu war, und erklärte: »Sie ist nicht schön.«

Sarah hob das Baby zu seinem Gesichte: »Sie ist nur ein Spiegel, Mann. Was erwartest du? Das muß sie von deiner Familie haben.«

Esra liebte seine Tochter inniglich, aber stöhnte schon lange vorher über das Problem, das ihre Verheiratung darstellen würde. All die Jahre hatte er sich gefühlt, als schleppe er einen großen Eimer voll Sand mit sich herum.

Eine Zeitlang hatte er befürchtet, daß Jedida vollkommen teilnahmslos würde. Sie ließ den Kopf hängen, und er mußte zugeben, daß es trotz aller väterlichen Liebe mehr Spaß machte, nicht mit ihr zusammen zu sein, als das Gegenteil.

Nachdem Jesus sein letztes Angebot ausgeschlagen hatte – er hätte ihm obendrein eine gute Mitgift gege-

ben –, ging Esra im Schutze der Dunkelheit zu David, dem Heiratsvermittler, einem Mann mit einem dünnen Bart, der überwiegend vom Verkauf minderwertiger Kerzen lebte.
Er sagte Esra, was es kosten würde. Esra traf fast der Schlag.
»Rabbi«, sagte David beschwichtigend, »Rabbi. Trotz allem, Wunder zu wirken kostet Geld.«
Esra war ein bescheidener Mensch. »Davon habe ich keine Ahnung«, meinte er nur.
David beharrte darauf. »Willst du etwa ein preiswertes Wunder? Für wen hältst du Gott eigentlich? Und du nennst dich Rabbi!«
Esra stimmte dem Preis zu. Hatte er eine andere Wahl? Wenn er nicht zahlte, würde David nicht nur herumerzählen, daß er zu ihm gekommen, sondern auch, daß er zu geizig war, um die Gebühr zu zahlen.
Was Esra nicht wissen konnte, war, daß nur eine Woche vorher Schaphan, der Pflüger, David ebenfalls aufgesucht und ihn um ein ähnliches Wunder gebeten hatte. Sein Nebat hatte nicht nur seine Frau während der Geburt getötet, er war auch sonst immer eine Last gewesen. Für dieses Wunder waren die Kosten sogar noch höher als in Esras Fall.
Eine Woche später, nachdem er vorgegeben hatte, in der Zwischenzeit nicht geschlafen zu haben, flüsterte der Heiratsvermittler Esra zu, daß Nebat frei sei und dessen Vater in eine Ehe einwilligen würde.
Esra war ebenso skeptisch, ja zu sagen, wie Schaphan.
»Was?« hatte Schaphan geschrien, als würde er versuchen, ein Ochsengespann aufzuhalten, das außer Kon-

trolle geraten war. »Mir ist es ja egal, daß das Mädchen ein Gesicht hat, das aussieht wie mein Ellbogen. Aber der Vater! Ein Rabbi ohne Zähne, dem drei Finger fehlen und der nur anderthalb Augen hat! Ein Rabbi, der nicht einmal richtig beten kann. Wenn ich so ungerade pflügen würde, wie er betet, könnte ich mich aufhängen.«

»Du lehnst also ab?«

»Nein, ich stimme zu.«

Damit bewies Schaphan, daß es ihm nicht so sehr darum ging, eine Schwiegertochter zu bekommen, als seinen Sohn loszuwerden.

Jetzt war Esra an der Reihe, sich zu winden und das Gesicht zu verziehen und schließlich zuzustimmen.

Der Heiratsvermittler rief die beiden Väter zu einem Treffen zusammen. Dabei stand nicht so sehr im Vordergrund, eine Hochzeit zu arrangieren, sondern einen Waffenstillstand zu vereinbaren, einen Waffenstillstand zwischen zwei Parteien, von denen die eine sämtliche Waffen besaß. Schaphan forderte unbedingte Kapitulation, und sie wurde ihm gewährt.

Esra hatte nichts, um damit zu handeln. Man könnte genausogut behaupten, daß riesige Schulden einen großen Besitz darstellen, oder versuchen, ein Ei zu verkaufen, das letztes Jahr gelegt worden ist.

Esra ging betrübt nach Hause, um seiner Rippe die »guten Nachrichten« zu bringen. Sarah zeigte, daß auch sie zu prophetischen Gesten fähig war. Sie sprach kein Wort, sie trat nur nach ihm. Er rieb sich sein Schienbein und mußte zugeben, daß ihm Gerechtigkeit widerfahren war. Hätte sie es nicht getan, hätte er sich vermutlich selbst getreten.

»Du wirst heiraten, Jedida, mein Täubchen.«

Jedida war von der Nachricht so überwältigt, daß sie zwei Stunden lang vergaß zu fragen, wen sie eigentlich heiraten würde. Als er es ihr sagte, geriet sie außer Fassung und weinte.

»Mein Täubchen«, flehte Esra, »ich weiß, daß Nebat nicht der erste auf deiner Liste ist.«

Das stimmte. Er war auf gar keiner Liste, und deswegen bekam Jedida ihn auch.

Er fügte hinzu: »Es hätte für dich schlimmer kommen können«, und war erleichtert, als Jedida ihn nicht fragte, wie.

Praktisch zum erstenmal, seit sie verheiratet waren, hielt Sarah zu ihm. »Natürlich hätte es für dich schlimmer kommen können«, meinte sie, »für mich kam es damals ja auch schlimmer.«

Es überraschte die beiden, daß sich Jedida nach anfänglichen Tränen mit ihrem Schicksal abzufinden schien. Nicht länger die älteste Jungfrau am Brunnen sein zu müssen, war jedes Opfer wert, selbst eine Eheschließung mit Nebat. Außerdem hatte sie dieselben religiösen Anschauungen wie ihre Mutter: Sie kümmerte sich nicht so sehr um eine Auferstehung nach dem Tode, solange aus ihrem Körper andere Lebewesen hervorgehen würden. War nicht das die wirkliche Auferstehung, behauptete sie, das, was im Leben einer Frau am wichtigsten war? Falls es darüber hinaus noch eine andere Auferstehung gab, wäre diese nur ein Bonus.

Auf diese Weise kamen Nebat und Jedida in ein gemeinsames Joch. So hatten es die beiden alten Männer entschieden, die zwar erbitterte Feinde waren, jedoch von der Verzweiflung zur Zusammenarbeit gezwungen wurden. Sie wollten einen Enkel, bevor sich ihre Augen für immer schließen würden. Sie wollten nicht, daß der lange Weg mit ihnen enden sollte, sondern daß er sich durch ihre Kinder tausend Generationen fortsetzen würde.

Jesus hörte die Neuigkeit und sagte, daß er nicht erfreuter sein könnte. Er versprach, bei der Hochzeit Vorsänger zu sein.

Esra war ihm gegenüber nicht nachtragend. Jesus hatte einfach etwas Besseres verdient. Außerdem war seine Tochter schon eine alte Frau, die achtzehn Passahfeste gesehen hatte.

Monate später, an seinem großen Tag, kam Nebat kein Lächeln über die Lippen. Zu aller Anwesenden Überraschung stank er aber auch nicht. Er hatte sich überreden lassen, zum erstenmal seit seiner Geburt zu baden. Einmal abgesehen davon, daß er in einen Fluß fallen könnte, würde er es bis zu seinem Tod auch nicht wieder tun.

Bei dem Hochzeitsfest schien die ganze Natur aus den Fugen zu geraten.

Sarah war ein Stein, der weinte, Nebat ein Wolf, der wie ein Schaf aussah, die Braut, Jedida, war ein Schaf, das versuchte, wie ein Lamm zu wirken.

Dann war da Schaphan, der stolz war und zu meinen schien, daß er der Welt einen Gefallen getan hätte, und Esra, ein zahmer Esel neben einem wütenden Stier, der so wirkte wie einer, der glücklich auszusehen versucht, während ihm der letzte Zahn gezogen wird.

Die Hochzeit war keine großartige Angelegenheit. Schaphan trug nichts zum Empfang bei. Seine Einstellung legte nahe, daß er schon viel zuviel dadurch gegeben hätte, daß er in die Heirat seines Sohnes eingewilligt hatte.

Esras Einstellung war das genaue Gegenteil. Für Essen und eine Mitgift zu sorgen, nachdem man seine Tochter dem Sohn eines Pflügers gegeben hatte, war mehr, als man irgendeinem Juden zumuten konnte.

Die wenigen Gäste kamen mit ihren Geschenken und murmelten: »Das ist nur eine Kleinigkeit«, und so war es dann in jedem Fall auch. Die Zeiten waren hart gewesen, wie alle wußten.

»Es ist nicht die Gabe«, seufzte Esra, »es ist der Gedanke dahinter, der zählt.«

Der zählte jedoch nicht viel, da es ihn nicht gab.

Vor Achbor, dem Spitzel, hatten sie zu große Angst, als daß sie es gewagt hätten, ihn nicht einzuladen. Sie konnten sicher sein, daß er schlecht von dem Ereignis sprechen würde. Wäre er jedoch nicht dortgewesen, wäre der Bericht noch katastrophaler ausgefallen.

Natürlich war die Witwe Anna während der ganzen drei Tage zu Gast und aß und trank herzhaft und erinnerte alle daran, wie gut ihr geliebter Mann zu ihr in den Tagen seiner Mannbarkeit gewesen war.

Maria half bei der Verköstigung und schmuggelte etwas von ihrem eigenen Essen ein, um das wenige, was Esra und Sarah bereitstellen konnten, aufzufüllen.

Jesus sang im Haus des Rabbi. »Wundervoll«, sagte

Anna und stieß Maria an. Jesus war erleichtert, daß er nun nicht länger dazu gedrängt wurde, Esras Schwiegersohn zu werden.
Braut und Bräutigam trugen Kronen aus Myrrhe, als der Rabbi seiner Tochter Fruchtbarkeit und ein langes Leben wünschte. Zum Bräutigam sagte er: »Möge deine Quelle gesegnet werden. Mögest du mit der Frau deiner Jugend glücklich werden. Lasse sie dir ein liebliches Reh, eine anmutige Taube sein. Lasse ihre Zuneigung immer dein größtes Vergnügen sein. Und möge ihre zärtliche Liebe dich für immer in Entzücken versetzen.«
Jesus sagte am lautesten Amen.

15

Noch lange nach den Regenfällen beklagten sich die Handwerker, Händler und Bauern, die die Synagoge besuchten, ständig bei Gott und beieinander über die schwierigen Zeiten und verfluchten ihre Schuldner. Sie wußten nicht, wie sie sonst glücklich sein sollten.

Maria fertigte und verkaufte strapazierfähige Kleidung aus Leinen, um das Einkommen der Familie aufzubessern. Jesus, nie untätig, machte Werkzeug und Gerätschaften für die Bauern, die die Zahlungen aufschoben, als ob sie die einzigen auf der Welt wären, die essen mußten.

Eines Tages kam die Nachricht von einem großen Unglück auf dem See Genezareth. Ein Sturm, der für den See ungewöhnlich heftig gewesen war, hatte Dutzende von Booten zerschlagen, und einige der Fischer waren ertrunken.

Sie müßten jetzt Zimmerleute brauchen, dachte Jesus und beschloß, sein Glück zu versuchen.

Diesmal war er froh, wegzukommen. Nach seinen Kümmernissen brütete Nazareth, immer zurückschauend, gelähmt, in sich verschlossen.

Maria machte Jesus Reiseproviant zurecht und trug ihm auf, vorsichtig zu sein. Der See war, wie sie gehört

hatte, unsicher. Dinge, die sich nicht aussprechen ließen, sollten sich dort ereignen.
»Mach einen Bogen um Tiberias«, warnte sie ihn, »und sprich nicht mit Heiden.«
»Als ob ich das machen würde«, erwiderte er mit der Stimme eines Mannes, der um seiner Mutter willen vorgibt, immer noch ein Knabe zu sein.
Plötzlich sagte sie: »Was tust du eigentlich, daß du schon wieder fortgehst?«
»Ich übe«, antwortete Jesus.
Maria legte drei silberne Denare in seinen Beutel. Sie sagte nichts dazu, sie hatte sie genau für eine solche Gelegenheit gespart.
»Ich habe hart für sie gearbeitet« – sie begann ein Doppelkinn zu bekommen – »also gib sie nicht sofort weg.«
Sie kannte ihren Sohn.
Er sah von ihren abgearbeiteten Händen in ihre müden Augen. »Du arbeitest zu hart.«
Das war sein ewiger Vorwurf. Wenn sie nur könnte, würde sie die Morgensonne wie eine Türschwelle schrubben und den Mond und die Sterne abstauben, pflegte er zu sagen.
Er drückte sie an sich, und sie fuhr ihm mit den Händen über das Gesicht wie eine Frau, die blind ist.
»Der Herr achte auf uns beide«, sagte sie, »wenn wir nicht beieinander sind.«
Er wischte sich mit dem Handrücken die Tränen aus den Augen. »Die sich lieben, sind immer beieinander.«
Das war wahr. Trennungen, das wußte sie, hatten sie immer näher zusammengebracht. Josefs Tod hatte ihn wie eine ständig wachsende Eiche in sie gepflanzt. Her-

zen schaffen ihre eigene Ewigkeit. Es gibt natürlich auch Verletzungen; aber irgendwie sind Verletzungen und Liebe eins.

Er ließ den Esel zurück für den Fall, daß sie ihn brauchte. Er nahm nur Essen mit, sowie die wichtigsten Werkzeuge seines Handwerks und einen Wanderstab.

Er winkte seiner Mutter zu, aber diese winkte nicht zurück. Sie hatte genug von den Abschieden. Sie hielt die Hände ruhig und tat so, als sei nichts.

Er machte sich in bester Laune auf den Weg. Der Morgennebel dieses Frühlingstages hob sich. Er erreichte die Anhöhe, und mit dem Sonnenaufgang waren die letzten Nebelschwaden verschwunden. Ihm war, als sei er bei der Schöpfung dabei. Vor lauter Freude rief er: »Singet dem HERRN ein neues Lied; singet dem HERRN alle Welt!«

Nazareth war von Tulpen umgeben, und Lämmchenwolken sprenkelten den unendlichen Himmel, in dem, fast verloren, das dünne Augenlid des Mondes zu sehen war.

Auf einem abfallenden Pfad ging er nach Norden und kam in ein üppig grünes Tal, in dem noch der Tau lag und durch das ein Bach floß. Frauen wuschen Kleider und sangen. Kinder spielten vor den Hütten; ihre Stimmen und das Bellen der Hunde störte sanft die Ruhe des Morgens.

Nie hatte Jesus so sehr gefühlt, daß er lebte. Er war wie jemand, der sich von einer langen Krankheit erholt hat und anfängt, sich daran zu erinnern, wie es ist, gesund zu sein.

In den Monaten der Trockenheit war er an seine Grenzen gekommen. In seinem Kopf war das Bild eines Baumes, der gefällt wird. Du schlägst auf ihn mit der Axt und schlägst und schlägst. Zuerst scheint ihm das überhaupt nichts auszumachen. Dann seufzt er ein wenig, bebt, kreischt und stöhnt. Man hört sogar ein Krachen. Es ist jedoch noch nicht das entscheidende Krachen, das schicksalhafte Krachen, das dir sagt, daß alles vorbei ist. Dieses Krachen unterscheidet sich von jedem anderen Geräusch, obwohl es nicht notwendigerweise das lauteste ist. Es kann sehr weich sein wie ein Herz, das bricht. Aber wenn du es hörst, weißt du, daß du den Baum nicht mehr anfassen mußt. Er wird fallen, weil er schon jenseits ist. Sein eigenes Gewicht wird ihn jetzt niederreißen ... Bei allem, was in letzter Zeit passiert war, war er nie an diese Grenze gekommen. Nicht ganz. Man hatte nach ihm geschlagen, er hatte geseufzt, gebebt, hatte gekreischt, fürchterlich gestöhnt, und in ihm hatte es auch gekracht, aber nicht entscheidend. Er war niemals niedergerissen worden. Sein Vater, dem er vertraute, hatte darauf geachtet.

Kein Wunder, daß er sich jetzt so stark fühlte. Er atmete tief durch und ging weiter. Lämmer tollten über die Weide; durch das hauchdünne Gras mit Spitzen wie Federn oder wie Garben fuhr der Wind, und alle Blumen blühten. Krokusse in drei Farben, tiefblaue Iris und Hyazinthen in königlichem Purpur. Große Flächen waren mit rubinroten Anemonen bedeckt und mit Alpenveilchen mit roten Blüten und marmorierten Blättern. Vereinzelt sah man eine Feigendistel mit gelben Blüten.

Sein Herz erhob sich in Dankbarkeit zu Gott, und er fühlte sich überwältigt von seiner Gegenwart. Jede Blume und jeden Grashalm wollte er ihm entgegenstrecken, wollte sie seinem Vater zum Dank opfern.
Aus Ehrfurcht vor seiner Umgebung flüsterte er einen Psalm.

Lobe den HERRN, meine Seele!
HERR, mein Gott, du bist sehr herrlich;
du bist schön und prächtig geschmückt.
Licht ist dein Kleid, das du anhast.
Du breitest den Himmel aus
wie einen Teppich;
du baust deine Gemächer
über den Wassern.
Du fährst auf den Wolken
wie auf einem Wagen
und kommst daher auf den Fittichen
des Windes,
der du machst Winde zu deinen Boten
und Feuerflammen zu deinen Dienern.

Er befand sich bald in der Nähe von Sepphoris, der Hauptstadt des Gebietes. Es wurde von Herodes Antipas, dem Sohn des Monsters Herodes I., regiert. Er erinnerte sich an das Versprechen, das er seiner Mutter gegeben hatte, und warf auf Sepphoris nur einen flüchtigen Blick.
Die Landschaft wurde abwechslungsreicher; kahle Hügel, die Reviere von Schakalen, Weizenfelder und eine

weite grüne Ebene mit Kaninchen, die sich beim Geräusch seiner Schritte davonmachten.
Von einer entfernteren Wiese hörte er einen klaren melodischen Ruf, »Wit-we-wit«, der immer und immer wiederholt wurde. Dann erhob sich in niedrigem Flug auf flatternden Flügeln ein plumper sandfarbener Vogel mit dunklen Streifen in die Lüfte, eine Wachtel.
Später traf er auf eine große giftige Viper, die gerade einen ausgewachsenen Hasen verschlang. Neben ihr lag eine Turteltaube mit einem nur ganz leicht verletzten Flügel, aber trotzdem tot. Wie verschlagen die Schlange sein mußte, um in der Lage zu sein, flinke Kreaturen wie diese zu fangen. Wenn nur der Mensch die Schlauheit einer Schlange mit der Unschuld einer Taube vereinen könnte, dachte er bei sich.

Nach zwei Stunden zügigen Marsches kam er zu einem Hügel, an dessen Fuß Kana lag, nur ein kleines Dorf, eingeschlossen von dunklen Eichen, Terebinthen und Johannisbrotbäumen sowie Obstgärten. Es gab Oliven-, Apfel-, Aprikosen- und Granatapfelbäume und einen vereinzelten Mandelbaum mit rosa Blüten.
Seine Mutter war in Kana zur Welt gekommen, ihre Schwester, Maria Kleopas, lebte immer noch dort, in einem Haus, das von Ginster umgeben war, weißem, gelbem und wespenfarbenem.
Seine Tante freute sich, ihn zu sehen. Er gab ihr ein Geschenk seiner Mutter und wurde seinerseits sehr gastfreundlich aufgenommen. Der beste Wein wurde hervorgeholt.
Jesus traf seine Cousine Ruth wieder, ein vierzehnjäh-

riges Mädchen, das verlobt war und bald heiraten würde, sowie ihre Brüder Jakobus und Judas. Freunde von diesen, Philippus und Nathanael, waren ebenfalls zu dem Mahl eingeladen.
Sie aßen unter den Feigenbäumen und redeten und lachten bis in den Nachmittag. Sie wollten Jesus seine Reise zum See fast nicht fortsetzen lassen.

Der Pfad ging eine Weile aufwärts, an einem Berg mit zwei Gipfeln vorbei. Die Höhen waren grau, die niedereren Hänge braun mit einer Kante strahlend blauer Lupinen am unteren Rand.
Plötzlich erblickte er durch eine Schlucht den See. Das glänzende Wasser nahm ihm den Atem. Von allem, was er an diesem gesegneten Tag gesehen hatte, war das das Großartigste.
Immer noch tausend Fuß unter ihm, war er in einen weichen durchsichtigen Nebel gehüllt. Er war so blau, daß er gut ein Teil des Himmels hätte sein können. Die nördlichen Ausläufer schimmerten weiß, und ihm wurde klar, daß das die Spiegelung des Berges Hermon war.
Er wollte seiner Mutter, Esra, egal wem, einfach jedem zurufen: »Kommt und seht!«
Ein älterer Mann mit großen knollenartigen Auswüchsen in seinem Gesicht grub einen Graben.
Jesus sagte: »Wie wundervoll das ist.«
»Was?« wollte der Mann wissen und lehnte sich auf seinen Spaten.
»Der See, er ist wundervoll.«
»Danke, daß du mir das sagst, Sohn.«
Der Mann arbeitete weiter.

»Ich glaube daran, daß das wundervoll ist.«
»Stehst du da schon lange?« fragte der Mann mit dem Spaten schnaufend. Er legte den Spaten hin und sah den Fremden an. »Du bist ein Dichter oder ein Rabbi, oder hast du sonst einen Grund, deine Zeit zu verschwenden?«
Jesus bemerkte das Zwinkern des anderen. Er zeigte auf seine Werkzeugtasche. »Zimmermann.«
»Also arbeitest du tatsächlich für deinen Lebensunterhalt.«
»Wenn ich kann.«
»Du bist im falschen Gewerbe.« Der Mann wurde jetzt gesprächig. »Sieh mich an. Ich grabe Gräben, auch Gräber. Kann man gut davon leben, vor allem von Gräbern, das sind regelmäßige Einkünfte.«
»Da bin ich sicher.«
»Es ist nicht so leicht, hier zu sterben. Es macht wirklich Mühe, aber irgendwie scheinen die Leute es doch zu schaffen.«
Der Mann spuckte in die Hände und fing wieder an zu graben.
Jesus mußte sich zwingen, weiterzugehen.
»Auf Wiedersehen, Herr.«
Der Mann unterbrach seine Arbeit. »Hast du was gesagt?«
»Nur auf Wiedersehen.«
»Wiedersehen. Vergiß nicht, was ich dir gesagt habe. Grab Gräben.«
Trotz der Last auf seinem Rücken ging Jesus zügig. Gott war überall um ihn. Bevor er noch außer Hörweite des Mannes war, begann er zu singen:

Wohin soll ich gehen vor deinem Geist,
und wohin soll ich fliehen
vor deinem Angesicht?
Führe ich gen Himmel, so bist du da;
bettete ich mich bei den Toten, siehe,
so bist du auch da.
Nähme ich die Flügel der Morgenröte
und bliebe am äußersten Meer,
so würde auch dort deine Hand
mich führen
und deine Rechte mich halten.

Der Mann mit dem Spaten wischte sich den Schweiß aus dem Gesicht. »Kindskopf«, sagte er nur.

Der Pfad führte steil nach unten, vorbei an Zitronenbäumen und blühendem Oleander. Blaue Vögelchen, die so leicht wie Bienen waren, setzten sich, ohne diese umzubiegen, auf Grashalme. Flußschildkröten schauten ihn aus fließenden Bächen mit neugierigen Augen an. Er sah eine Haubenlerche.
Die Temperatur stieg mit jeder zurückgelegten Meile stark an. Die Luft wurde heißer, stickiger. Einen kurzen Augenblick vermißte er die frischen Winde seines Geburtsdorfes.
Er hielt sich Richtung Norden und achtete darauf, Tiberias zu umgehen. Herodes Antipas verbrachte hier den Sommer in einem Palast auf einem Hügel mit Blick über den See, hatte man ihm erzählt.
Oberhalb von Tiberias verlief eine Römerstraße. Sie ging in gerader Linie über die weite Ebene von Gene-

zareth. Felder mit Senfkorn, das schon schulterhoch war, blendeten die Augen, und das Herz wurde von dem Trillern der Teichrohrsänger verzaubert, die nicht zu sehen waren.
Er setzte seinen Marsch fort, immer nach Norden, auf der Straße, die um den See herumführte. Er sah nach unten, und die Dichte der Städte am Seeufer beeindruckte ihn, ebenso die Zahl der Menschen, die sich in ihnen und um sie herum bewegten.
Auf dem See waren viele Boote, aber ihre Segel hingen schlaff herunter, denn es war ein windstiller Tag.
Von den Höhen oberhalb von Magdala hatte er den besten Blick auf den birnenförmigen See, der sieben Meilen lang war, und auf die Braun-, Lila- und Rosatöne der Hügel von Gergesa. Am Fuß dieser Hügel lagen die kleinen griechischen Städte der Dekapolis. Jenseits von ihnen breitete sich die Wüste aus.
Die Straße schlängelte sich schließlich durch einen felsigen Engpaß zwischen der Ebene und den Abhängen. Von hier aus konnte er den Zufluß des Jordan in den See sehen. Das Wasser strömte schnell und war milchiggrün. Kormorane warfen sich auf Fische. Felsvorsprünge wurden von Rosenbüschen und dornigen Kapernbüschen geziert, und um den gesamten See zog sich ein breites Band von Maiglöckchen und roten Anemonen.
Er war nie in diesem Teil der Welt gewesen. Es war jedoch alles dermaßen in Einklang mit seiner Seele, daß er das Gefühl hatte, hier einmal in einer früheren Existenz gelebt zu haben. Es war, als hätte er die Tür eines unbekannten Hauses geöffnet, nur um festzustellen,

daß er genau wußte, wo sich alles befand: Tisch, Stühle, Betten, Lampen und Ziergegenstände. Er verspürte nicht so sehr Erwartung, mehr eine Art Nostalgie.

Eines Tages, das wußte er sicher, wenn das Warten vorbei war, würde er hier, an den blauen Wassern des Sees Genezareth, sein Schicksal meistern.

16

Auf dem letzten Abschnitt seiner Reise wanderte er auf einer sehr belebten Fernstraße. Er fand es aufregend, sich in einer vielfältigen Gesellschaft zu befinden, Kaufleute aus Phönizien, Ägypten und Damaskus, Juden aus so entfernten Orten wie Antiochia und Alexandria, von denen viele kein Aramäisch sprechen und es kaum verstehen konnten, und römische Legionäre. So viele Leute in wirklich seltsamen Kleidern, und fremde Sprachen, meist Griechisch und Latein.

Obwohl er schon zehn Stunden auf der Straße war, konnte er es sich nicht leisten, Zeit zu verschwenden. Er mußte sich sofort nach einer Arbeit umsehen.

Von den Städten am See wählte er Kapernaum. Ihm gefielen die Hügel oberhalb, deren Zitronen- und Orangenhaine in der Sonne funkelten. Er näherte sich dem Ort und sah Unmengen von Geranien und Hibiskus, um deren riesige Blüten vielfarbige Schmetterlinge flatterten.

Kapernaum mußte eine wohlhabende Stadt sein. Die Straßen waren voller Menschen. Es gab eine Reihe von beeindruckenden Regierungsbauten, und nach der Zahl der Soldaten zu urteilen, die zu sehen waren, eine große römische Garnison.

Er war gerade an einer Fischhandlung vorbeigehastet,

als der Eigentümer einen Eimer voll Fischköpfe, Gräten und Fischschuppen auf die enge Gasse warf. Jesus sah fasziniert zu, als sich die übelriechende Masse den gewundenen Weg hinunter in den See bewegte, wo sie ohne Zweifel die nächste Generation Fische ernähren würde.

Auf der Suche nach Kühle ging er zum Ufer. Die Büsche waren dichtbelaubt und vom Gesumm der Bienen erfüllt. Hunderte von Spatzen machten einen unglaublichen Lärm. Bunte Eisvögel saßen auf Ästen, die über den See hingen, oder schienen auf unsichtbaren Flügeln in der Luft zu stehen und sahen angespannt auf die Wasserfläche, bevor sie sich auf ihre Beute stürzten. Gelegentlich spießten sie einen Fisch auf und flogen mit ihm davon, um ihre Jungen auf den Schlammbänken des Ufers mit ihrer Beute zu füttern. Die Turmschwalben kreuzten und kreischten ebenfalls auf ihrem nicht enden wollenden Flug vom Wasser zu den Straßen der Stadt und wieder zurück.

Jesus ging am Ufer entlang und verspürte irgendwie ein Glücksgefühl. Kleine weiße und gelbe Kiesel knirschten unter seinen Füßen. Er holte immer wieder tief Luft. Es roch gut, trotz der Feuchtigkeit. Er schaute nach oben und sah Fisch, der auf den flachen Dächern der Basalthäuser zum Trocknen ausgebreitet lag. Jungen schlugen mit Palmwedeln und kreischten und versuchten so, Vögel und Fliegen fernzuhalten.

Er gab sich erneut einen Ruck. Durch Faulenzen würde er sein tägliches Brot nicht verdienen.

Er ging eine schmale Landungsbrücke entlang, an deren Seiten Fischer ihre Boote reparierten. Die Oberfläche der Brücke war mit einer dicken sandartigen Schicht Fischschuppen bedeckt, und der Fischgeruch war so stark, daß er sich beinahe übergeben mußte.

Die Boote waren wirklich in einem schlechten Zustand. Planken, Ruder und Segel hatten ziemlich was abbekommen. Wrackteile lagen überall herum und wurden noch immer angespült.

Jetzt kam das, was er nie mochte.

»Entschuldigung. Ich frage mich, ob ich mich nicht nützlich machen könnte.«

Er nahm seinen Beutel vom Rücken, zeigte seine Werkzeuge, breitete sie vor sich aus und murmelte etwas, daß er sich mit Holz auskannte und Dinge in Ordnung bringen konnte.

Die Fischer mit ihren dunklen, wettergegerbten Gesichtern machten sich gar nicht die Mühe zu antworten. Keiner wandte den Kopf.

Verlegen sammelte Jesus seine Sachen ein, entschuldigte sich noch mal und zog sich zurück. Er betete für sie. Sie mußten Sorgen haben, von denen er nichts wußte.

Wie hier erging es ihm am gesamten Ufer. Ein oder zwei ältere Männer sagten ihm freundlich, er solle morgen wiederkommen. »Morgen, wer weiß?«

Jesus wußte. Es war hoffnungslos. Aufwendige Reparaturen wurden ausgeführt, aber es gab nicht etwa zu wenige, sondern zu viele Arbeiter.

Seine Überlegung war also falsch gewesen. Er würde doch nicht am See bleiben. Er wischte sich über die Stirn und tröstete sich mit dem Gedanken, daß er am folgenden Tag in sein Dorf zwischen den Hügeln mit dem gewaltigen Himmel und der kühlen Brise zurückkehren würde.

Jesus saß am Ufer, aß die Reste seines Proviants und spülte sie mit kühlem klaren Wasser herunter.
Ein Boot bewegte sich auf das Ufer zu. Zwei Männer saßen an den Rudern und kamen kaum vorwärts.
Als sie etwas näher waren, sah Jesus, daß das Boot nahe der Wasserlinie leckgeschlagen war. Schon nach wenigen Ruderschlägen mußten die Ruderer es immer wieder leerschöpfen.
Schließlich am Ufer angelangt, sprang ein Mann aus dem Boot, gewaltig wie ein Felsen. Er hatte einen Turban auf dem Kopf, der unter einem vorspringenden Kinn befestigt war und bis auf seine breiten Schultern herabhing. Er war über sechs Fuß groß und etwa in Jesus' Alter, vielleicht auch ein oder zwei Jahre jünger. Er trug den Umhang eines Fischers, einen von denen, die man im Notfall schnell abwerfen kann.
Jesus hörte, wie er seinem kleineren Gefährten zuflüsterte: »Schnell, Andreas, versteckst du das Faß, ja?«
Zu spät. Ein aufmerksamer Zöllner war aus dem Nichts aufgetaucht.
»Er ist wirklich wie so ein verdammter Eisvogel«, stieß der größere der beiden hervor.
»Wie viele Körbe, Simon, Sohn des Jona? Diesmal die Wahrheit.«
»Hör zu, Levi«, sagte Simon und zog an seinem gelockten Bart, »wir hatten einen üblen Tag, das ist die Wahrheit. Wäre auch nur ein bißchen Wind aufgekommen da draußen, wir wären erledigt gewesen.«

»Wie viele?« wiederholte Levi, als hätte Simon nichts gesagt.
»Drei.«
Simons Ausflüchte waren so offensichtlich, daß Jesus lächeln mußte.
Levi spähte über den Rand des Bootes. »Das ist lustig«, sagte er, »ich kann vier sehen. Aber vielleicht hast du einen vollen Korb mit auf den See genommen, nur um mich durcheinanderzubringen.«
»Es sind vier«, sagte Jesus.
Simon sah ihn finster an, doch nur eine Sekunde lang, da Levi ins Boot gesprungen war, um sich genauer umzuschauen. Irgendwo konnte schließlich noch ein fünfter Korb versteckt sein.
Sofort hatte sich Simon herübergebeugt und Levi oben an seinem Gewand hochgehoben, als sei dieser ein Kleinkind. Er hielt ihn immer noch hoch und brüllte: »Wer hat dir erlaubt, da reinzuklettern?«
»Tut mir leid«, brachte Levi mit Mühe hervor. »Wirklich, doch ...«
»Na gut, Verräter«, sagte Simon und ließ ihn in den Sand fallen. »Wäre ich kein Jude, würde ich dich mit meinen bloßen Händen entzweibrechen und dich wie Asche in den Wind streuen. Es sind vier. Hör mir aber jetzt mal gut zu. Setz nie, nie wieder deine dreckigen Füße in mein Boot.« Er rieb die Hände aneinander, als wollte er sie von einer klebrigen Substanz befreien. »Jetzt muß ich den Rabbi kommen lassen, damit er ein zweites Mal seine Gebete über dem Boot spricht.«
Levi war mit den kleinen hastigen Schritten eines er-

schrockenen Huhns zurückgewichen. »Komm morgen in mein Büro«, sagte er aus sicherer Entfernung, »und zahl, was du schuldig bist.«
»Mögest du nur magere Töchter bekommen«, schrie Simon hinter ihm her und faßte sich an seine große rote Nase.
Er zog sein Boot aufs Land und holte die Körbe heraus. Andreas war in eigenen Geschäften verschwunden. Simon schimpfte vor sich hin über die verruchten Steuern, die anständige Leute zahlen mußten, und über Zöllner, die schlimmer waren als Schweine.
Als er Jesus sah, der immer noch dasaß und an seinem letzten Brotkanten kaute, fragte er unwirsch: »Über wen lachst du?«
»Ich habe nicht gelacht.«
»Widersprich mir nicht. Ich habe gesagt, du hast gelacht. Grins mich nicht an, ich kann das nicht leiden.«
»Das glaube ich gern«, erwiderte Jesus und versuchte das Gesicht nicht zu verziehen.
Ihm war klar, daß dieser Fischer trotz seiner aufbrausenden Art viel Humor hatte. Man mußte ihn nur an der richtigen Stelle erwischen, und er würde in Gelächter ausbrechen. Er hoffte bloß, daß er recht hatte.
»Wie kommst du dazu, diesem Abschaum in die Hände zu arbeiten?« fragte Simon und zeigte hinter Levi her. »Bist du sein neuer Gehilfe, oder was?«
»Ich habe ihn noch nie gesehen.«
»Noch nie?« Das brachte Simon nur noch mehr auf. »Warum, verdammt noch mal, hast du uns dann verpfiffen?«
»Weil ich, nun, weil ich dein Freund sein möchte.«

»Freund!« Simon spuckte das Wort förmlich aus. »Du hast dich ganz sicher wie einer benommen.«
»Davon bin ich überzeugt«, sagte Jesus leise. »Ich wußte, daß du nicht lügen wolltest.«
»Sie bestehlen uns jeden Tag, sie treten uns in den Staub. Wie kann man die belügen?«
»Gott belügen, meinte ich.«
Mit diesen Worten erhob sich Jesus, um eines der schweren Ruder aufzuheben, das aus seiner Halterung gerutscht war.
Simon streckte seine Hand aus und ergriff das andere Ende. »Läßt du wohl los, hörst du mich, Fremder?«
Seine Betonung ließ klar erkennen, daß er keinerlei Einmischung wünschte.
Um seinem Unmut Luft zu machen, zog Simon kräftig an dem Ruder. Zu seinem Erstaunen ließ der andere nicht los, ja, rührte sich nicht einmal von der Stelle. Für jemanden, der so dünn war, war er wirklich stark.
Sie standen da, jeder mit seinem Ende des Ruders in den Händen, musterten sich und fühlten Stärke, Knochen, Muskeln, auch die Willenskraft des anderen durch das Holz. Einen Augenblick lang schienen sie Teil eines einzigen lebenden Organismus zu sein.
Simon fragte sich, ob das der Hunger war, aber er fühlte sich durch den Kontakt nicht schwächer, sondern stärker. Der Mann hatte eine reine olivenfarbene Haut, bemerkte er jetzt, und Augen, die für weite Horizonte und was dahinter lag geschaffen waren.
Er spürte, daß es klüger war, ihn das Ruder zurückgeben zu lassen als zu versuchen, es ihm zu entreißen.

Als ihm danach war, und keine Sekunde früher, nahm Jesus seine Hände weg.

»Das ist schon besser«, sagte Simon, Mißmut in der Stimme.

Er beachtete Jesus nicht weiter, packte das Ruder weg, nahm zwei große Körbe mit Fischen, einen unter jeden Arm, als seien sie Wassermelonen, und ging in Richtung Hauptstraße davon.

Jesus nahm die beiden anderen Körbe und folgte ihm.

Simon war schon ein ziemliches Stück innerhalb der abendlichen Volksmenge, als er merkte daß jemand hinter ihm herging. Er drehte sich abrupt um.

»Was, zum Teufel, tust du eigentlich?«

»Ich helfe dir.«

»Ich hab' nichts für dich«, sagte Simon barsch.

»Nicht einmal ein freundliches Wort.«

»Doch«, erwiderte Simon, »die sind gratis. Wie viele willst du?«

Jesus zuckte mit den Schultern. »Eines genügt, wenn du es entbehren kannst.«

»Danke«, sagte Simon mit zusammengebissenen Zähnen. »Jetzt stell sie hin, verdammt, und laß mich in Ruhe.«

Jesus stellte die Körbe hin, lächelte freundlich und ging wieder in Richtung See.

Simon bückte sich, um die anderen beiden Körbe hochzuheben, und stellte fest, daß er mit vieren nicht fertig wurde.

»He, du«, brüllte er.

Jesus hatte das erwartet. Er drehte sich um und deutete mit einem Finger auf sich: »Ich?«

»Du kannst meine Fische nicht einfach hier stehenlassen«, rief Simon über die Köpfe der Passanten hinweg. »Jemand wird sie klauen.«

Jesus ging langsam zurück. »Oh, ich dachte, du hättest gesagt, ich soll sie hinstellen.«

»Heb sie hoch.« Er war es gewohnt, daß ihm gehorcht wurde.

Jesus tat es.

»Jetzt folge mir.«

Simon marschierte weiter, hörte aber keine Schritte hinter sich. Als er sich umdrehte, stand Jesus immer noch am selben Fleck.

»Was ist jetzt wieder los?«

»Wie kann ich dir folgen? Ich kenne nicht einmal deinen Namen.« Und um es dem anderen leichter zu machen, fügte er hinzu: »Ich heiße Jesus.«

»Und ich Simon«, sagte dieser zögernd. »Jetzt komm schon, um Himmels willen.«

»Gerne«, erwiderte Jesus und ging hinter ihm her.

Bei der Fischhandlung nahm Simon einen großen Fisch aus einem Korb und versuchte ihn Jesus in die Hand zu drücken.

»Besser heute einen Fisch«, sagte er, »als die Versprechung einer Schafherde für morgen.«

»Das ist nicht nötig«, entgegnete Jesus und wies den Fisch zurück.

»Du meinst, nicht genug«, sagte Simon etwas ungehalten und ärgerte sich, daß er aus dem Mann nicht schlau wurde.

»Zuviel. Ich will gar nichts.«

»Machst du eigentlich nie, was man dir sagt?« Er versuchte es wieder. »Für dich.«
»Ich bin mit einem Danke zufrieden.«
Simon wartete, und seine Hände zuckten. Schließlich sagte er: »Danke.«
Als er Jesus den Fisch erneut hinhielt, nahm dieser ihn. »Mach ihn dir zum Abendessen. Also, auf Wiedersehen.«

Als Simon eine Stunde später zu seinem Boot kam, um die Schäden zu begutachten, war der Mann immer noch da. Simon rülpste und murmelte etwas über die Kochkünste seiner Frau. Das Mahl hatte seine Laune jedoch verbessert.
»Hat der Fisch geschmeckt, Jesus?« fragte er fröhlich.
»Ich war nicht hungrig. Ich habe ihn weggegeben.«
»Du hast hoffentlich einen guten Preis für ihn bekommen«, sagte Simon und kicherte in seinen Bart.
»Ja. Ein wunderbares Dankeschön.«
Simon baute sich unmittelbar vor Jesus auf. »Man verschenkt nicht einfach Fische«, rief er.
»Du aber schon«, erwiderte Jesus, ohne die Stimme zu erheben.
Simon kicherte erneut, aber diesmal weniger überzeugend. »Du scheinst es ja nicht nötig zu haben, mehr kann ich dazu nicht sagen.«
Er tastete das Loch in der Seite des Bootes ab und versuchte sich eine Vorstellung von dem Ausmaß des Schadens zu machen. Plötzlich sagte er: »Wenn dein Bauch heute voll ist, ist er das morgen nicht mehr.«
Jesus lächelte. »Gott gab mir heute einen Fisch, wird er mir morgen nicht noch einen geben?«

Simon schaute einen Augenblick lang auf, um zu sehen, ob Jesus ihn wieder verspottete. »Glaub mir«, antwortete er, »an manchen Tagen gibt Gott Fisch, an manchen jedoch auch nicht.«
Simon wußte wirklich nicht, was er von diesem Fremden halten sollte. Er mochte ihn und mochte ihn auch wieder nicht. Auf jeden Fall hatte er keine Lust, mit ihm zu streiten. Dazu hatte er zuviel zu tun.
Er hatte Holz, einen Hammer und Nägel mitgebracht und versuchte jetzt, das Boot zu flicken.
Jesus sah ihm einige Minuten zu, bevor er sagte: »Das wird nicht lange halten.«
Simon sah nicht auf. »Du bist Seemann, oder was?«
»Zimmermann.«
Simon verfehlte einen Nagel und schlug statt dessen auf das Boot. Noch mehr Holz splitterte.
»Talentiert?« Im selben Augenblick, da er das fragte, verfluchte er sich. Er, der Fisch, ging glatt ins Netz.
»Die Leute sagen es.«
Das gefiel Simon. Auch er selbst war nicht zu Untertreibungen fähig. Der Mann gab nicht an, vielleicht hatte er es nicht nötig. Er war auf jeden Fall gut genug, um bescheiden zu sein.
»Was sagst du, Jesus?«
»Nichts. Meine Arbeit spricht für mich.«
Simon stand auf und streckte sich. »Wie lange«, er rülpste wieder, »brauchst du dazu, das zu reparieren?«
Jesus begutachtete den Schaden fachmännisch. »Ich könnte das in einem Tag oder so flicken. Für ordentliche Arbeit vier Tage, vielleicht fünf.«

Simon hatte genug von knappen Rettungen aus einem leckenden Boot. »Was verlangst du?«
»Was gerecht ist.«
Simon hob den Kopf und brach in Gelächter aus. »Das ist gut, wirklich. Gerecht ist, soviel du kriegen kannst.«
»Nein«, erwiderte Jesus. »Wenn meine Arbeit nichts taugt, verlange ich auch keinen guten Lohn.«
»Dann bist du vermutlich der einzige Zimmermann in Galiläa, der so denkt.«
Jesus zuckte mit den Schultern. »Wenn das so ist, ist das so. Aber ich kann es nicht glauben.«
»Schau«, erklärte Simon etwas unwirsch, »wenn ich zu dem Kaufmann, der meinen Fisch kauft, sagen würde: ›Ich überlasse das Euch, freundlicher Herr. Zahlt mir, was Ihr in Ordnung findet‹, dann würde er mir gar nichts geben. Er beschwindelt mich schon so genug.«
»Vielleicht«, wandte Jesus ein, »ist das so, weil er denkt, daß du versuchst, ihn zu beschwindeln?«
»Was ich«, entgegnete Simon mit einem weiteren ohrenbetäubenden Lachen, »nie tun würde.«
»Natürlich nicht«, sagte Jesus verlegen.
Ohne Vorwarnung packte Simon Jesus bei der Schulter. »Also gut, Zimmermann, repariere mein Boot. Ich zahle dir, was gerecht ist.«
Jesus zuckte ein wenig zusammen und sagte: »Ich weiß. Warum meinst du, wollte ich für dich arbeiten?«

17

Simon bot ihm an, bei ihm zu übernachten, bis er etwas anderes gefunden hätte, aber Jesus wollte ihm keine Umstände machen. Statt dessen wanderte er durch die Stadt, nachdem der letzte Purpurstreifen im Westen verblaßt war.

Er mochte den Ort, freute sich an den Sehenswürdigkeiten, Gerüchen und Geräuschen. Was er am meisten bewunderte, war das Wasser, das durch Aquädukte in alle Teile der Stadt geleitet wurde. Es war beruhigend zu wissen, daß man Wasser hatte, ohne wegen jedes Tropfens zum Brunnen wandern zu müssen.

Er wollte die Herberge am Ort ausprobieren. Sie war voll und laut. Als er die Tür aufmachte, mußte er beiseite treten, denn eine gelbe Wolke quoll an seinem Kopf vorbei. Der Gestank war überwältigend, als wären die Gäste schon eine Woche lang tot. Warum zahlen, nur um keine Luft zu bekommen? Er würde es unter freiem Himmel versuchen. Es war warm genug.

Er kehrte ans Ufer zurück, zu Simons Boot. Der Himmel war von Sternen übersät, und ein voller Mond spiegelte sich im See. Einige Fischer ließen ihre Boote ins Wasser. Vielleicht dachten sie, daß die Fische nachts törichter sind als die Menschen, oder hofften, daß sie von Levi nicht gesehen würden, oder waren einfach nur so arm, daß ihnen nichts anderes übrigblieb.

Am Ufer hatte man Feuer angezündet, über denen Männer, die ihr Tagewerk beendet hatten, Fische auf Stöcken brieten.

Es wehte noch immer kein Wind, und der Geruch von Essen hing in der Luft. Die Spatzen hatten ihr Gezwitscher eingestellt. Das Wasser spülte auf den Strand und war zum erstenmal an diesem Tag zu hören.

Er hatte gehofft, daß es jetzt kühler sein würde, aber der Schweiß lief ihm überall herunter.

Wie immer in der ersten Nacht, die er nicht zu Hause verbrachte, kam der Schlaf nur sehr allmählich. Er setzte sich auf und betrachtete die Sterne und ihre Spiegelungen auf dem See, die wie Glühwürmchen aussahen. Der Mond erschien ihm wie eine wertvolle Perle in der Muschel der Nacht, für die jeder Kaufmann jede Summe zahlen würde.

Er war völlig entspannt. Es war wunderbar, eine Arbeit, etwas zu tun zu haben. Wenn sie sagten: »Es gibt nichts«, war das, als würde einem gesagt, es gäbe kein morgen. Man fühlte sich einfach schlecht, als wäre man ein Apfel, den man gerade in der Mitte durchgeschnitten hatte. Das war es. Als würde sich die untere Hälfte des Körpers von der oberen trennen und sich allein auf den Weg machen.

So hatte er sich gefühlt, als er vor einigen Stunden am Ufer entlanggegangen war, als er seine Werkzeuge ausgebreitet hatte und sie schweigend wieder hatte einsammeln müssen.

Dann sagte Simon: »Repariere mein Boot«, und er

wußte, daß für ihn wieder ein morgen kam. Das konnten diese Worte für einen tun. Du weißt, daß du dich darin zurechtfindest. Du hast heute gearbeitet, dein Magen ist gefüllt, du bist ein Mensch. Du hast eine Zukunft. Für einen weiteren Tag zumindest. So Gott will …

Es fiel ihm ein, daß er zu lange verwöhnt worden war. Es war ein leichtes Leben gewesen, bis die Heuschrekken kamen und das Dorf kahlfraßen. Von da an hatte es geheißen: »Keine Arbeit.« Zwei kleine Worte hatten ihn mehr gelehrt als Rabbi Esra in vielen Jahren. »Keine Arbeit« war eine Bibel für sich. Sie unterrichtete dich über dich selbst, über Demütigung, Furcht, Angst, Vertrauen, Verzweiflung, Liebe und Haß.

»Keine Arbeit« hatte für ihn auch neue Verbindlichkeiten geschaffen. Er war jetzt mit all jenen verwandt, die Entbehrung litten. Er gehörte zur Brüderschaft des Mangels. Er, Jesus von Nazareth, war einer der Habenichtse, der Enteigneten. Deswegen kannte er sich aus. Er wußte, was passiert, wenn du die Worte »Keine Arbeit« hörst. Du beißt die Zähne so fest zusammen, daß du Angst bekommst, sie nicht wieder auseinanderzukriegen. Worte, die du sagen willst, fallen nach hinten in deine Kehle wie Kiesel in einen Brunnen ohne Boden. Worte, die niemals wieder zum Vorschein kommen werden. Du lachst ein kleines hohles Lachen, der beste und einzige Ersatz für Tränen.

Er wollte zu diesem, seinem Volk sprechen, zu seinen Brüdern und Schwestern. Sie wußten, was es bedeutete, ausgehöhlt zu werden; sie hatten diese gewaltige Leere erlebt. Sie würden, wie er, auf jeden Fall dazu bereit sein, als Bettler vor Gott aufzutreten.

Er war ebenfalls mit diesen Fischern verwandt, die ihre morschen Boote ins Wasser ließen und bei den Feuern kochten und tanzten. Was hatte Simon gesagt? An manchen Tagen Fisch, an manchen Tagen keiner. Diese Fischer wußten, was es bedeutete, Tag und Nacht für nichts zu arbeiten. Ihnen war ihre Existenzgrundlage von einem Sturm zerstört worden, der so launenhaft war wie Heuschrecken und Trockenheit. Auch sie waren bereit für Gott.

Vor seinem inneren Auge konnte er Simon sehen. Er war sehr direkt, aber eigentlich auch sehr rücksichtsvoll. Wie viele große und kräftige Männer war er besonders vorsichtig. Er wollte niemanden verletzen. Auch als er Levi gepackt und hochgehoben hatte, hatte Jesus nie Sorge gehabt, er könnte ihm weh tun. Er ging auf dich wie ein Löwe los, nur um dich zu lecken wie ein Kätzchen.

Simon war so unschuldig wie ein Kind. Er erinnerte Jesus an den kleinen Schimon, das frechste Kind in ganz Nazareth. Er heckte auch immer etwas aus und log wie Schimon und machte herausfordernde und spöttische Gesten wie dieser und brachte dich doch nur zum Lachen.

In seiner Vorstellung hatte Simon nur noch die Größe von Schimon, obwohl er seinen buschigen schwarzen Bart behalten durfte.

»Hast du zwei Pfirsiche gestohlen, Simon?«

»O nein, Herr«, sagte Simon beleidigt, während das Fruchtfleisch auf seinen Lippen und in seinem Bart klebte und die beiden Kerne auf seinen Handflächen lagen.

Simon hatte Levi angelogen, weil er das Gefühl hatte, daß dies seine Pflicht sei. Es war eine Frage des Prinzips und des Patriotismus, auch der Hingabe an Gott. Levi vertrat die Fremden, die Simons Volk besteuerten und ausbluten ließen. Aber er erwartete auch nie, daß man seinen Lügen glaubte. Er wäre erbost gewesen, hätte sich Levi täuschen lassen. Das hätte bedeutet, daß Levi die Beleidigung entgangen war.
Es gab etwas unendlich Liebenswertes, Anrührendes an diesem großen Fischer. Was wäre, wenn Simon wie der See selbst Anteil an Jesus' Schicksal hätte?
Jemand versuchte Jesus' Aufmerksamkeit auf sich zu lenken. Er erschrak. Warum sollte irgend jemand nach ihm rufen?
Er erkannte die Gestalt einer Frau. Sie trug ein langes Gewand und eine Haube auf dem Kopf.
»Es tut mir leid«, sagte er freundlich, ohne zu wissen, was sie wollte, »hast du mich für jemand anderen gehalten?«
»Nein, du, Lieber«, antwortete die Frau. »Wie wäre es mit ein paar schönen Stunden?«
Er wollte ihr gerade sagen, daß er sich schon sehr wohl fühlte, als ihm klar wurde, was vor sich ging. So lief das bei solchen Frauen also. Es unterschied sich ziemlich von dem, was er nach den Predigten von Rabbi Esra erwartet hatte. Esra sprach lyrisch über die honigsüße Stimme der Verführung, über das weiche Bett der Hure, das mit Aloe, Zimt und Myrrhe parfümiert und mit dem feinsten Leinen aus Ägypten bedeckt sei.
Was Jesus im Mondenschein sah, war eine arme, kno-

chige junge Frau in einem zerrissenen Gewand, die sich kaum ausdrücken konnte.

Esra hatte seine Weisheiten aus einem Buch und kannte sich einfach nicht aus.

Deswegen fand Jesus die Situation interessant. Er hatte noch nie vorher allein mit so einer sonderbaren Frau gesprochen.

Sie hob den Rocksaum, und er faßte sie sanft am Arm, um ihr zu verstehen zu geben, daß sie aufhören sollte.

»Danke«, sagte er, »aber nein.«

Die Frau lachte ein freudloses Lachen und entfernte sich enttäuscht. Sie reagierte genau wie er, wenn er die Worte »keine Arbeit« hörte. Vor der Trockenheit wäre ihm das entgangen, aber jetzt erkannte er die Verwandtschaft mit der Frau. Auch sie war leer.

Er rief hinter ihr her: »Bitte, kann ich dir irgendwie helfen?«

Es war das Bitte, das sie zum Stehenbleiben veranlaßte.

Als sie sich zu ihm umdrehte, rutschte ihr die Haube vom Kopf: sie war ein Mädchen, ungefähr so alt wie seine Cousine Ruth. Und sie war sehr dunkelhäutig, langhaarig und hübsch, soweit er das im Mondlicht beurteilen konnte, mit den reifen Formen einer Frau. Sie sah jedoch verbittert aus.

»Niemand kann mir helfen.« Diese Worte waren vom Grund des Brunnens nach oben gekommen und hatten sich durch ihre zusammengebissenen Zähne gepreßt.

»Setz dich trotzdem zu mir.« Er machte neben sich Platz.

Sie setzte sich seufzend. Sie war erschöpft.

Er löste die Spannung, indem er sagte: »Es ist heute nacht sehr warm.«
»Wie gewöhnlich.«
»Lebst du hier?« fragte er.
»An der Küste.«
»Bethsaida?«
»Magdala.«
»Davon habe ich gehört.«
»Du hast es wahrscheinlich auch gerochen.« Ihre Stimme hatte etwas Ätzendes, wenig anziehend bei einem so jungen Menschen.
Magdala war bekannt als ein Ort, in dem Farben hergestellt wurden. Eine gemein stinkende Rauchsäule hing ständig über dem Ort, und wenn der Wind aus Südwesten wehte, verschmutzte sie den Nordteil des Sees.
Das Mädchen roch nach billigem Parfüm, ein Zeichen ihres Berufs wie Sägespäne für seinen.
»Obwohl da auch eine Menge Malven wachsen«, sagte sie, und ihre Stimme wurde einen Moment lang weicher. »Ich liebe …«
Sie konnte nicht weitersprechen.
Er kam ihr zu Hilfe. »Ich bin aus Nazareth.«
»Ich glaube, ich habe davon schon einmal gehört.« Nach einer kleinen Pause fragte sie: »Wo ist das?«
»Einen Tagesmarsch westlich von hier. Wir sind für gar nichts berühmt.«
Sie entspannte sich und schlief fast ein.
»Bist du von zu Hause weggegangen?« wollte er wissen.
»Ja.«
Er fragte nicht weiter, saß einfach nur da und be-

trachtete die Sterne. Als er wieder zu ihr hinübersah, zuckten ihre Nasenflügel bei dem Geruch von Essen.

»Hast du schon gegessen?«

»Heute noch nicht.« Die Frage brachte etwas in ihr in Bewegung, erinnerte sie daran, daß sie sich ihren Lebensunterhalt verdienen mußte. Sie stand auf. »Ich seh mich besser nach etwas zu essen um.«

Er zögerte, bevor er fragte: »Hast du Geld?«

Sie zögerte ebenfalls und schlug die Augen nieder. »Noch nicht«, antwortete sie.

Er nahm ehrfurchtsvoll ihre Hand, und sie setzte sich wieder.

»Warte hier, bitte. Ich werde dir etwas zu essen besorgen.«

Sie wünschte, er würde nicht immer bitte sagen. Beleidigungen konnte sie eher ertragen.

Er ging den Hügel hinauf und kam nach wenigen Minuten mit Brot, Oliven, gebratenem Fisch in Palmblättern und einem Gefäß voll Wein zurück.

Das Mädchen wehrte sich gegen die Zudringlichkeiten eines stämmigen jungen Mannes. Er machte sich über sie lustig.

»Was ist mit dir los, Maria? Liebst du mich heute nacht etwa nicht?«

Jesus war über die Entdeckung schockiert, daß das Mädchen denselben Namen hatte wie seine Mutter, so schockiert, daß er noch größeres Mitleid empfand.

Der Mann bemerkte Jesus in seiner Nähe, murmelte einen Fluch und ging weg. Er dachte wohl, zu spät gekommen zu sein. Maria von Magdala war es nicht wert, daß man um sie stritt.

Außerdem war er früher oder später ohnehin wieder an der Reihe.

Maria sagte nichts zu dem, was passiert war. Das war so normal wie das feuchte Wetter.

Sie aß mit Heißhunger und spülte das Essen mit dem süßen Wein herunter.

Anschließend redeten sie. Nicht viel. Es war keine lange Geschichte.

Ihre Mutter, die sie verehrt hatte, war gestorben. Sie war das letzte Kind gewesen. Ihr Vater war verrückt, war es schon immer. Der Alkohol und die Religion waren daran schuld. Der Alkohol brachte ihn zur Religion. Er schlug sie jede Nacht, bis sie es nicht mehr ertragen und auch nicht einsehen konnte, warum sie es länger ertragen sollte. Jetzt sorgte sie für sich selbst, wie, darüber brauchte man kein weiteres Wort zu verlieren.

»Das tut mir leid.«

Sie musterte ihn, konnte aber keine Herablassung entdecken.

»Es ist schrecklich«, sagte sie. »Gefährliche Bestien, das sind die Männer.« Sie drehte den Kopf zur Seite. »Die meisten jedenfalls.«

Ein langes Schweigen folgte.

Sie geriet dadurch nicht in Verlegenheit. Normalerweise mußte sie die Männer, mit denen sie zu tun hatte, stundenlang unterhalten. Die Worte verbargen die Leere, die zwischen ihnen herrschte. Hier war das Schweigen ein Bund, eine Art des Zuhörens, des Teilens von etwas Wichtigem ohne Worte.

Jesus genoß das Schweigen ebenfalls. Er dachte, daß dieses Mädchen nichts hatte. Nur das minimale Kapital ihrer Jugend und ihrer Schönheit. Wenn das einmal verbraucht war, und es würde schnell verbraucht sein, sehr schnell, würde sie nichts haben. Nicht einmal mehr sündigen konnte sie dann. Und er fühlte, daß auch sie mit ihm verwandt war.

In seinem Geist leuchtete Gott. Der Geist des Allmächtigen leuchtete in der Ewigkeit des Geistigen. Ebenfalls nicht zu leugnen war sein Drang auf seine Bestimmung zu. Aber die Gestalt, die seine Bestimmung annehmen würde, war immer noch in Dunkelheit gehüllt. Wenn sie Gestalt annahm, und er hatte das Gefühl, daß das jetzt bald geschehen würde, würden diese leeren Leute wie Maria von Magdala ihren Anteil daran haben und auch Simon und die anderen Fischer am See.

Schließlich sagte sie aufgrund des geteilten Schweigens mit mehr Selbstvertrauen: »Du bist anders.«

Er sah sie an, als wollte er fragen: Bin ich das wirklich?

»Du begehrst mich nicht und urteilst auch nicht über mich. Die meisten Männer tun entweder das eine oder das andere. Einige tun beides.«

Ihr Kopf fiel auf ihre Brust. »Das ist doch nicht gerecht, oder?«

Er hob mit seiner Hand ihren Kopf.

»Maria«, sagte er sanft.

Es war das erste Mal, daß er sie bei ihrem Namen genannt hatte. Für das Mädchen, das sich selbst verachtete, war es wie ein Bad oder ein Segen.

»Ich urteile nicht über dich, weil das nicht nötig ist. Du urteilst über dich selbst.«

Als wollte sie das bestätigen, sagte sie mit rauher Stimme: »Ich bin voll von bösen Geistern.«
Er war nicht schockiert. Im Gegenteil, er lächelte. »Keine bösen Geister haben so viel Glück.«
Das begriff sie nicht. »Warum?«
»Weil sie dann auch ganz von dir erfüllt wären.«
Sie sprang auf. »Ich muß dich schlafen lassen. Ich habe noch zu arbeiten.«
Bevor er sie zurückhalten konnte, war sie in die Nacht entwischt.

18

Er wurde von einem krähenden Hahn geweckt. Doch dieser klang anders als alle, die er jemals gehört hatte. Er öffnete seine Augen. Simon, der Fischer, stand über ihm, den Mund weit aufgesperrt, und machte dieses lächerliche Geräusch.
»Aufgewacht, Zimmermann«, schrie er. »Zeit, daß du anfängst, wenn ich für mein Geld auch was sehen soll.«
Er hatte Material mitgebracht, Holz, Nägel, Teer und ein kleines Kohlebecken.
Simon zeigte mit dem Finger auf einen Korb. »Da ist Essen für dich drin. Nimm dir selbst. Ich hab noch woanders ziemlich viel zu tun.«
Als er sah, daß sich Jesus nicht bewegte, sagte er: »Na los, Mensch, hörst du nicht?«
Er trat Jesus mit dem großen Zeh freundschaftlich in die Seite, bevor er ging.
Jesus streckte sich aus und bemerkte, wie der Morgen seine Augen öffnete. Die Sonne war noch nicht aufgegangen, aber über den Bergen jenseits des Jordan war schon ein breiter, zart orangefarbener Schimmer. Dunst lag über dem Wasser, und er sah eine Schar rosa Pelikane, einige Reiher und unzählige Enten mit weißen Köpfen, die nach Futter tauchten.
Wasser rieselte wie Seide nahe seinen Füßen. Wenn er

zu den Felsen am Ufer sah, konnte er zarte Blumen mit rosa Sternen erkennen, und weiter in der Höhe die bunte Ebene von Ghor, von der sich der Frühnebel wie Dampf von einem großen Pudding hob.

Er arbeitete hart unter der sengenden Sonne und wäre auch guter Laune gewesen, hätte es nicht die Moskitos gegeben. Sobald er zu schwitzen begann, gingen sie auf ihn los, groß, fett und hungrig und erbarmungslos wie ausgelassene Kamele. Surr, surr, surr. Wenn das der Frühling ist, dachte er bei sich, wie muß es dann erst im Sommer sein, und zerquetschte einen auf seiner Stirn.

Mittags machte er eine Pause. Er saß in dem spärlichen Schatten. Zu seiner Rechten, vorbei an den wohlhabenden Städten und Dörfern, erhob sich Tiberias vom Seeufer zu den darüberliegenden Hügeln.

Sein marmorner Palast in einem Wäldchen aus Eukalyptusbäumen war eine Beleidigung. Antipas gab hier ausschweifende Feste. Gerüchte über Gotteslästerung und Zügellosigkeit kursierten.

Die Stadt selbst lag oberhalb von einem Friedhof. Gläubige Juden setzten nie einen Fuß hinein, und die es doch taten, galten als unrein.

Jesus war wie jeder junge Jude mit Geschichten über Herodes aufgewachsen. Herodes der Große, der Vater von Antipas, ein Idumäer, hatte von Rom den Titel »König der Juden« empfangen. Ein Grund mehr für die Juden, die Römer zu hassen. Herodes dachte sich nichts dabei, seine Frau, seine Söhne, die er als seine Rivalen ansah, abschlachten zu lassen; sogar Säuglinge waren

vor ihm nicht sicher, wenn sie seinen Thron zu bedrohen schienen.
Jesus schmeckte sein Essen nicht mehr.
Nach einem kurzen Mittagsschlaf arbeitete er den ganzen Nachmittag. Er hatte Salzwasser über Gesicht und Hände verteilt, um die Moskitos abzuhalten.
Gegen Abend ging er wieder zu dem Eßkorb. Zwei Jungen überraschten ihn. Sie ergriffen ein Netz und warfen es über ihn. Er zögerte, sich zu befreien, aus Angst, es zu beschädigen.
Die Jungen, beide mit kurzen Haaren, lachten und sprangen um ihn herum. Einer sagte: »Jetzt haben wir dich.«
»Was habe ich denn getan?« fragte Jesus.
»Du hast das Essen von unserem Freund geklaut«, antwortete der jüngere der beiden, der ungefähr fünfzehn war. »Stimmt das nicht, Jakobus?«
»Sicher, Johannes«, bestätigte der andere, der vielleicht zwei Jahre älter war. »Großer Fisch, was?«
Jesus stand ruhig da und amüsierte sich. Durch das Netz sah er Johannes direkt in die Augen.
Der Junge sah zurück und blieb wie angewurzelt stehen. Er wußte nicht mehr, wer eigentlich ins Netz gegangen war. Er fühlte sich unterlegen.
Mit heiserer Stimme wollte er wissen: »Kenne ich dich?«
»Du hast mich immer gekannt.«
Johannes geriet wegen der Rätselhaftigkeit der Antwort ganz durcheinander. Er hatte das Gefühl, daß der andere recht hatte, konnte sich aber nicht erklären, warum.
Jesus setzte sich, woraufhin Jakobus sagte: »Er ist doch

nur ein kleiner Fisch. Was meinst du, werfen wir ihn zurück ins Wasser?«
Johannes antwortete nicht.
In diesem Augenblick kam Simon zusammen mit Andreas.
»Er ist kein Dieb, ihr Halunken«, brüllte Simon. »Er arbeitet für mich. Laßt ihn weitermachen.«
Zu Jakobus sagte er leiser: »Du hast einen wirklichen Menschen gefangen.« Und lauter zu allen: »Nächstes Mal, Freunde, wenn ihr jemandem einen Streich spielen wollt, nehmt eure eigenen Netze. Und laßt euch gefälligst euer Haar wachsen.«
Nur Jakobus lachte. »Ist das der Dank dafür, daß wir unseren Vater gebeten haben, dir ein Boot zu leihen?«
Simon fluchte noch immer leise und begann Jesus aus dem Netz zu befreien. Johannes half ihm dabei.
»Ich wette, du hast den Zöllner heute übers Ohr gehauen, Simon«, meinte Jakobus. »Er war doch nicht da, als ihr an unsere Brücke kamt, oder?«
»Wir haben ihm gesagt, daß wir vier Körbe voll gefangen haben«, wagte sich Andreas vor.
»Und wie viele waren es?« fragte Jakobus.
Mit einem Blick in Richtung Jesus erwiderte Simon etwas ungehalten, als hätte man ihn bei einer Sünde erwischt: »Du hast es doch gehört, es waren vier.«

Die Sonne war untergegangen, und Jesus hatte die Arbeit für den Tag beendet, als Maria Magdala seinen Namen rief. Sie hatte ihm Brot, Nüsse, Datteln und Wein mitgebracht.

»Ich habe den ganzen Tag Fische ausgenommen, um das zu kaufen«, sagte sie zur Erklärung.

Er bezweifelte das nicht. Der Fischgeruch überdeckte sogar ihr Parfüm.

Er dankte ihr aus ganzem Herzen.

Es war noch nicht richtig dunkel, und einige Leute flüsterten, als sie vorbeigingen. Maria sagte: »Es tut mir leid, aber ich muß weg.«

»Aber du bist ja gerade erst gekommen.«

Sie schlug die Augen nieder. »Ich schade deinem Ruf.«

»Ruf?« Er nahm ihre Hand und drängte sie, sich neben ihn zu setzen. »Bin ich eine so herausragende Person?« wollte er wissen und lachte.

Er teilte mit ihr die Speisen, die sie gebracht hatte. Sie aßen und sprachen sehr wenig.

Maria nahm seine stille Großzügigkeit an. Die meisten Männer, die sie kannte, hatten Herzen, die so groß waren wie der Schatten um die Mittagszeit.

Wieder machte sie die Erfahrung, daß sie keine Worte brauchte. Sie waren Freunde. Hier gab es keine peinlichen Pausen zu füllen. Die Ruhe war erfrischend. Es war, als würde man neben einem sprudelnden Bach sitzen.

Von Zeit zu Zeit sah sie ihn an, und er lächelte. Sie hatte das Gefühl, daß er bereit war, immer für sie da zu sein.

Wenn du reden wolltest, würde er dich nicht warten lassen. Er mußte sich nicht erst von sich und seinen Überlegungen befreien. Seine Verfügbarkeit war unmittelbar und vollkommen. Sie hatte ein bereits fertiges Bild im Kopf: Sie stand vor einer Tür, einer sehr wichtigen Tür und hatte Angst, anzuklopfen, als die Tür von innen aufging.

Es war nicht seine Schuld, daß sie ihm nicht ganz vertrauen konnte.

»Ich werde dich in Ruhe lassen«, sagte sie und stand abrupt auf.

Heute war er darauf vorbereitet. Er war augenblicklich auf den Beinen und nahm ihre Hand.

»Bleib, bitte bleib.«

»Ich kann nicht«, sagte sie widerstrebend. Sie schämte sich, und zum erstenmal, seit sie ihr Zuhause verlassen hatte, hatte sie das Gefühl, daß es falsch war, sich zu schämen. In seiner Gegenwart war sie kein Straßenmädchen, sondern sie selbst, Maria von Magdala, das Kind ihrer Mutter, ein Kind Gottes.

»Ich werde dich bezahlen.«

Einen Augenblick lang sah sie entsetzt aus. »Mich bezahlen? Wofür?«

Seine Stimme klang entschuldigend. »Dafür, daß du heute nacht nicht arbeitest. Hier«, er nahm eine Münze aus seinem Beutel, »ein Denar.«

Sie versuchte, ihre Scham zu verbergen, die tiefste Scham, die sie je empfunden hatte. Sie hatte an ihm gezweifelt.

»Ein Denar?« sagte sie den Tränen nahe. »Für nichts?«

»Tut mir leid«, erwiderte Jesus. »Ich bin so ungeschickt. Ich meine es gut. Wenn du mir doch nur helfen könntest ...«

»Natürlich.«

»Ich dachte, wenn du hier schlafen würdest«, er deutete auf den Sand im Schatten des Bootes, »könnte ich aufpassen. Niemand wird dich stören, das verspreche ich.«

Maria dachte einen Augenblick nach und legte sich dann zu seinen Füßen nieder. Sie konnte sich dieses ungeheure Vorkommnis selber nicht erklären, aber sie fühlte Frieden in sich, einen Frieden, den sie nicht mehr empfunden hatte, seit ihre Mutter gestorben war.

Fast noch bevor ihr Kopf den Boden berührte, schlief sie. Der harte Zug um ihren Mund verschwand. Sie verlor für eine Zeitlang die Verschlagenheit des wilden Tieres und ihr Mißtrauen der Welt gegenüber. Sie war wieder ein Kind.

Am nächsten Morgen wachte sie selbst auf und war ausgeruht und wie gereinigt nach einer Nacht ohne Träume und ohne bittere Erinnerungen.

Er saß noch genau dort, wo er am Abend zuvor gesessen hatte. Nichts hatte sich verändert, außer daß er jetzt einen Strauß Malven in der Hand hielt.

Er begrüßte sie mit einem Lächeln, und sie lächelte zurück. Ohne ein Wort nahm sie seine Blumen und preßte sie an sich.

Er bot ihr die Reste des Essens vom Vorabend an, und sie nahm sie dankbar.

»Heute abend, willst du heute abend wiederkommen?« fragte er.

Sie schüttelte den Kopf. »Nein.«

Das klang endgültig.

»Magst du mich nicht, Maria?« Er sagte das halb traurig, halb im Schmerz.

»Dich mögen?« Instinktiv streckte sie die Hand aus, zog

sie aber wieder zurück, noch bevor sie seine berührt hatte. »O ja.«
»Dann traust du mir nicht.«
»Das tue ich so sehr« sagte sie, »daß es mir angst macht.«
Er lächelte. »Das ist eine seltsame Anschauung.«
»Was ich fühle, ist seltsam.«
Ein guter Schlaf, ein Gespräch mit jemandem, dem sie traute, und ein Essen hatten ihren ausgezehrten Wangen Farbe gegeben.
Sie stand auf.
»Du hast doch gesagt, Jesus, daß dein Dorf für nichts berühmt ist.«
Er zuckte mit den Schultern. »Das ist betrüblich.«
»Was mich angeht, werde ich es immer hochachten. Deinetwegen.«
Sie wollte mit diesen Worten gehen, sie hatte sich das so vorgenommen. Es gelang ihm jedoch noch zu sagen: »Und ich werde mich immer deinetwegen an meine erste Reise an den See erinnern, Maria von Magdala.«
Sie schien bei diesen Worten zu wachsen, drehte sich aber nicht um, damit er ihre Tränen nicht bemerkte. Sie sah Simon kommen, eilte davon und drückte ihre wertvollen Blumen an sich.
»Wer war das?« fragte Simon, obwohl er es wußte.
»Eine Freundin.«
»Und sie hat die Nacht hier verbracht?«
»Ja. Ich habe auf sie aufgepaßt.«
Simon stellte den Korb mit dem Essen auf den Boden. »Ein Mann wird an seinen Freunden gemessen.«

»Danke, Freund«, erwiderte Jesus und beendete mit einem Lachen das Thema.
Es beeindruckte ihn, daß Simon trotz seiner Schroffheit keine Affäre aus der Geschichte machte. Er war einfach in Sorge, daß Jesus in Schwierigkeiten geriet, ohne es zu wissen.
Jesus sagte: »Ich habe früher mit dir gerechnet.«
»Warum die Eile?«
»Willst du nicht fischen?«
Simon schnaubte irritiert: »Heute doch nicht.«
Für Jesus' ungeschulten Blick war es ein idealer Tag zum Fischen. Klarer Himmel, leichte Dünung, mäßige Brise.
Simon deutete in Richtung des Palastes von Tiberias. Ein Banner wehte von den Zinnen.
»Antipas?« fragte Jesus. »Hält er sich gerade dort auf?«
»Der Heide ist schon seit einer Woche da. Seine Herrschaft haben entschieden, sich aufs Wasser zu begeben.«
»Und?«
»Wir anderen Elenden müssen dann verschwinden, ist es nicht so? Damit wir seinen wertvollen Gästen nicht in die Quere kommen.«
Jesus war sprachlos.
Simon sagte, obwohl er wußte, daß das unnötig war: »Jetzt beeil dich mit den Reparaturen.«
Er drehte sich um und stapfte nach Hause.

19

Verdrossene Gruppen von Fischern hatten sich am Ufer versammelt, unter ihnen Simon und Andreas, Jakobus und Johannes. Jesus hörte viele gehässige Kommentare, besonders am späteren Morgen, als eine Barke zu Wasser gelassen wurde. Antipas selbst war an Bord mit mehreren zweifellos ranghohen Gästen.
Acht kräftige Männer mit glänzenden schwarzen Körpern, die mit weißen Lendentüchern bekleidet waren, ruderten das Boot vom Ufer weg. In tieferem Wasser, bei der ersten Brise, wurden die Segel gesetzt.
Jesus sah einige Minuten zu und war empört über die stupide Gleichgültigkeit der Fischer. Als er es nicht länger ertragen konnte, drängte er sich zu den Männern durch, die er kannte.
»Warum findet ihr euch damit ab?« wollte er wissen.
Simon antwortete mit einer Gegenfrage: »Hast du eine bessere Idee?«
»Aber ihr lebt doch vom Fischen.«
Andreas, ein ruhiger, heiterer Mensch, der Jesus sehr an seinen Vater erinnerte, sagte: »Besser einen Arbeitstag als das Leben zu verlieren. So denken wir.«
Nur Simon bemerkte, daß Jesus zitterte und Mühe hatte, seine Wut zu unterdrücken, während er zusah, wie die Barke sich immer weiter entfernte. Der Zimmer-

mann erinnerte ihn an den See: Die meiste Zeit vollkommen ruhig, dann, von einem Augenblick zum anderen, ohne jede Warnung, zieht ein Sturm auf, und er beginnt zu kochen.

Was als nächstes geschah, war unheimlich. Während Simon noch nachdachte und Jesus auf das Wasser starrte, verwandelte sich der See.

Erst brachte eine Brise die Oberfläche in Unruhe, dann kamen mit einem Heulen Sturmböen aus dem Norden, die durch eine Spalte in den Bergen des Libanon peitschten. In wenigen Sekunden verwandelten sich die Wellen, die nur eine Handbreit hoch gewesen waren, in Brecher, die sich aufbäumten wie Pferde und die Höhe von Häusern hatten.

Die Barke war sofort in Schwierigkeiten. Der Mast brach, das Hauptsegel wurde in Fetzen gerissen und die Takelage fiel wie ein toter Vogel.

Schwere schwarze Wolken rasten tief über den Himmel und brachten einen Regen mit sich, der den Zuschauern wie nasse Laken um die Köpfe schlug, auf das Wasser, den Sand und die Felsen peitschte und ihnen die Sicht nahm.

Als der Regen nachließ, sahen sie, daß sich die Ruderer wieder in die Riemen legten. Das Boot war jedoch leck und weit vom Ufer entfernt.

Auf jedem Felsen und Felsvorsprung entlang des westlichen und nördlichen Seeufers standen Männer und tanzten und jubelten. Ihre Gewänder und Bärte flatterten im Wind und wurden von der Gischt naß.

In besessenem Eifer drängten sie den Sturm, noch kräftiger zu blasen. Sie freuten sich an seiner Wildheit,

lachten und schlugen sich gegenseitig auf die Schulter, als sei das das unterhaltendste Schauspiel, das sie jemals gesehen hatten.
Jesus wußte nicht, was er tun und was er davon halten sollte. Auf dem See starben Menschen.
Jakobus und Johannes riefen sich gegenseitig Worte aus der Schrift zu.

Verwandele sie in wirbelnden Staub,
o Herr.
Wie Spreu vor dem Wind.
Verfolge sie mit deinem Sturmwind.
Und versetze sie mit deinem Orkan
in Schrecken.

Simon, der stolz darauf war, ein weltgewandter Mann zu sein, und den nichts so leicht überraschte, wurde von dem, was als nächstes passierte, ziemlich aus der Fassung gebracht. Jesus wandte sich an die kleine Gruppe von Fischern, die sich freuten, und richtete jetzt seinen Zorn auf sie.
Johannes, der den Stimmungswandel spürte, rief Jesus zu: »Warum machst du so ein langes Gesicht?«
»Wünsche nie einem anderen«, sagte Jesus mit lauter Stimme, »was du dir nicht selbst wünschst.«
Jakobus erwiderte: »Lächerlich. Das sind unsere Feinde.« Ein anderer Fischer stimmte zu: »Sie sind schlimmer als die Samariter.«
Jesus rief wiederum etwas, aber alles, was Johannes mitbekam, war: »Gottes Kinder«. Der Rest verlor sich im Wind.

Johannes sah Tränen des Mitleids in Jesus' Augen. Er wollte ihn trösten und nahm seinen Arm.
Jesus schüttelte ihn ab und sagte unter Tränen: »Was für einem Gott dient ihr denn?«
Johannes, den die Zurechtweisung wütend machte, antwortete: »Dem Gott Israels.«
Jesus rief in Johannes' Ohr: »Der Gott Israels liebt nicht nur Israel. Wenn, wäre er der Liebe Israels nicht wert.«
Johannes verstand es bloß annähernd. »Was?«
»Wir wurden nur erwählt, um von einem Gott Zeugnis abzulegen, der die gesamte Menschheit liebt.«
Seine Worte wurden vom Wind in Stücke gerissen, aber Simon verstand gut genug, was Jesus sagte. Er hörte es, und eine großartige und schreckliche Wahrheit dämmerte ihm: Jesus' Gott war anders als sein Gott. Sein Verstand begann fieberhaft zu arbeiten.
Wenn du recht hast, Zimmermann, haben wir alle unrecht. Dann hat ganz Israel unrecht. Du willst, daß wir unsere Feinde lieben. Ist es das? Unmöglich. Wir können nur hoffen und beten, daß sich unsere Feinde eines Tages bekehren lassen und unsere Freunde sein werden. Aber für unsere Feinde beten und sie lieben, solange sie noch unsere Feinde sind ... Das verstößt gegen den gesunden Menschenverstand, gegen die Bibel. Wer bist du bloß?
Wind und Wellen nahmen an Stärke zu und machten jedes Gespräch unmöglich. Aber den Fischern gelang es immer noch, ihrem Jubel Ausdruck zu verleihen. Sie ballten die Fäuste und hoben sie dankbar zum Himmel.
Wenn du recht hast, Zimmermann, und wir übrigen

unrecht, dann muß sich alles, aber auch alles verändern. Ist dir das klar? Wir müßten die Heiden, die draußen auf dem See in Gefahr sind, lieben und für sie beten. Sogar Antipas? Das ist ein großer Gedanke, Zimmermann. Zu groß für jeden Verstand. Der Verstand ist nicht groß genug, um ihn fassen zu können. Welches Recht hast du, Zimmermann, solche großen Gedanken aufzubringen? Sei still, oder du wirst noch verrückt. Bleib bei deinem Holz und beim Reparieren, und bring mich nicht mit deinen großen Gedanken durcheinander.

»Schaut ... Der Kiel ist ganz sicher gebrochen ... Sie gehen unter ... Ich denke, sie gehen unter ... Komm schon, Wind. Wüte, wüte ...«

Die Welt ist einfach, Zimmermann. Bring sie nicht durcheinander. Freunde und Feinde. Du liebst deine Freunde und haßt deine Feinde. Das ist so präzise und einleuchtend wie der Unterschied zwischen Land und See, fruchtbarer Erde und Wüste. Wenn du einmal damit anfängst, die Grenzen zu verschieben und sie zu lösen, geraten wir durcheinander, verstehst du das? Alles gerät uns durcheinander. Wir brauchen Grenzen und Zäune, damit wir gerade denken und Pläne machen können und wissen, wer wir sind. Gerade jetzt sind wir eine Familie. Das Band zwischen uns ist hergestellt und vollkommen klar, steht außer Frage. Was würde passieren, wenn jeder zu uns kommen wollte, in unsere Häuser, in unsere Familie, und vorgeben würde, zu unserer Familie zu gehören? Was dann? Bevor wir noch wüßten, wo wir sind, wären wir keine Familie mehr. Wir wären einfach Pöbel. Vergrößere deine Familie, beseitige ihre

Grenzen, und es gibt keine Familie mehr. Du hast sie zerstört. Das können wir nicht riskieren.
»Komm schon, Wind, stärker, stärker.«
Du kannst deine Familie lieben. Deine Feinde mußt du hassen. Wenn du nicht haßt, wirst du genauso verrückt, wie wenn du nicht liebst. Das ist normal. Dein Verstand würde aus den Fugen geraten. Die Mauern aus Verbindlichkeiten wären nicht mehr da, um ihm Festigkeit zu geben. Feinde und Haß sind nötig, um die Idee der Liebe und der Familie am Leben zu erhalten.
Komm, Wind, stärker, stärker, stärker.«
Ich bin nur Fischer, ein praktischer Mensch, ohne jede Ausbildung. Also gib mir darauf eine Antwort: Wenn ich meine Feinde lieben soll, ist damit dann auch der Mann gemeint, der meine Frau vergewaltigt und meine Kinder ermordet? Antworte. Für mich, und ich bin nur ein einfacher, ungehobelter Mann, ist es nicht Zügellosigkeit, solche Leute zu hassen. Meine Verantwortung, meine von Gott gegebene Pflicht ist es, solche Leute zu vernichten, wenn ich kann. Sonst bin ich nicht einmal ein Mann. Was für ein großer Gedanke ist es, der dich davon abhält, ein Mann zu sein? Die zu lieben, die dich hassen, bringt nichts Gutes mit sich. Es führt nur dazu, daß sie dich noch mehr verachten und daß du noch verbitterter wirst. Nur ein heiliger Haß kann reinigend wirken. Sagt das nicht die Bibel?
»Sie ziehen noch mehr Wasser ... Nicht mehr lange und, gluck, gluck, Exitus Antipas.«
Und, nur nebenbei Zimmermann, da ich mich einfach auf meinen gesunden Menschenverstand verlassen muß, was ist mit solchen Schweinen wie Antipas? Was

mit den Römern, die unser Land genotzüchtigt und unsere Kinder ermordet haben? Willst du etwa, daß ich aufhöre, sie zu hassen? Wenn wir das tun, sind wir keine Juden mehr, sondern Römer und Teil ihres Reiches. Denkt nach. Ist es das, was du wirklich willst? Willst du ein Ende mit Israel machen? Siehst du nicht, daß es der Haß gegen die Römer, nicht die Liebe der Römer ist, was uns befähigt, verpflichtet, den Bund mit Gott aufrechtzuerhalten?

Jesus riß Simon aus seinen Gedanken, indem er sich direkt vor ihn stellte und mit feurigen Augen der gesamten Gruppe zurief: »Friede! Friede!« Sie konnten ihn nicht hören, aber sie konnten es von seinen Lippen ablesen.

Johannes hörte auf zu jubeln und zu winken und zog Jakobus am Arm, damit dieser auch aufhörte. Die ganze Gruppe hörte auf. Und dann beendeten, einer nach dem anderen, angefangen bei dem, der am nächsten stand, alle am Ufer das Geschrei, die Luftsprünge und das Tanzen. Wie Jesus starrten sie auf das Wasser, kleinmütig und schweigend.

Simon sah, daß Jesus Qualen litt.

Ich glaube, Zimmermann, daß du leidest, wenn irgend jemand leidet. Du würdest lieber selber leiden, als jemand anderen leiden zu sehen, oder etwa nicht?

Jesus' ganzer Körper war angespannt durch die Qual, die er litt. Er betete und wünschte das Boot wieder ans Ufer zurück.

Es war nur dreihundert Meter vom sicheren Hafen entfernt, aber es dauerte eine halbe Stunde, bis es ihn erreichte. Eine halbe Stunde, während der die Männer bewegungslos am Ufer standen und ihren eigenen Gedanken nachhingen.

Der Wind hatte aufgehört, der Sturm hatte sich so schnell gelegt, wie er gekommen war.

»Das war keine Kleinigkeit«, gab Jakobus zu. »Das hätte auch uns erwischen können.«

Johannes sagte: »Vor ein paar Tagen hat es uns erwischt.«

Die Barke erreichte das Ufer, und Jesus sank erschöpft auf die Knie.

Die Fischer murmelten: »Das war knapp«, und zerstreuten sich.

Bald waren nur noch Jesus und Simon am Ufer. Simon half Jesus auf die Beine und sagte: »Du bist schon ein komischer Vogel, weißt du das, Zimmermann? Erst gerätst du völlig außer dich wegen dieser Leute, weil sie uns unser Brot nehmen, und dann willst du, daß sie gerettet werden.«

»Ist es so seltsam«, erwiderte Jesus und begann sich zu erholen, »das Böse zu hassen und sich um den Übeltäter Sorgen zu machen?«

»Das würden so manche behaupten.«

Aber Simon dachte bei sich: Verdammt. Ich war mir meiner Sache so sicher, Zimmermann. Jetzt hast du einen weiteren Zweifel gesät, einen anderen von deinen großartigen Gedanken. Du sagst, daß Liebe und Haß bleiben, daß sie beide nötig sind. Nur müssen wir alle Menschen lieben und alle Übeltaten hassen. Also gibt es Grenzen, und die Pflichten bleiben kristallklar. Aber es sind nicht Pflichten dem Volk, der Familie oder der Sippe gegenüber. Es sind Pflichten dem gegenüber, was

richtig und falsch ist, ungeachtet, was das Volk, die Familie oder die Sippe tut. Ist das genug, Zimmermann? Kann es eine Familie oder ein Königreich geben, wo nur zählt, was richtig oder falsch ist? Blut ist doch sicherlich immer noch das letzte Band? Wir Juden sind eine blutsverwandte Familie. Sagt das nicht auch die Bibel? Oder weist uns die Bibel in die Richtung, in die du willst, daß wir gehen sollen?
Jesus fragte: »Simon, was denkst du?«
Simon flüsterte: »Ich überlege noch.« Dann kam er brüllend wieder zu sich. »Ach, zur Hölle! Komm schon, Mann, reparier endlich das Boot.«

20

Am Sabbat besuchte Jesus die Synagoge. Sie war nicht wie die anderen Gebäude aus schwarzem Basalt, sondern aus funkelndem Kalkstein.

Für einen Provinzler wie ihn war es ein Erlebnis. Nachdem er die beeindruckenden Steinstufen hinaufgestiegen war, fand er sich in einem gewaltigen griechisch anmutenden Saal wieder mit verzierten Säulen – Trauben, Datteln, sogar eine Schüssel voll Manna in Stein gehauen.

Das Reinigungsbecken war ein Kunstwerk. Die Sitze waren aus Marmor. Die Lade, die die Gesetzesrollen enthielt, war mit erlesenen Mosaiken geschmückt: Sterne, Weinreben, Trauben, Eier, der Pfeil eines Soldaten. Auf einem der Steine auf dem Fußboden fand sich ein römischer Doppeladler, auf anderen die Wappenschilder von David und Salomo, das eine ein Stern mit sechs Spitzen, das andere ein Stern mit fünf.

Er verglich den Prunk dieser Synagoge mit der in Nazareth, die klein und schmutzig war, nur einen Lehmboden besaß und ein paar mitgenommene hölzerne Bänke.

Er war früh dran und setzte sich hin. Der Hassan, das Faktotum, begrüßte die gutgekleideten Besucher und bemühte sich besonders um den Vorsitzenden der Syn-

agoge, einen ältlichen gutmütigen Mann mit dem Gesicht und den Manieren eines Gelehrten.
Jakobus und Johannes betraten den Raum und setzten sich auf die andere Seite. Johannes winkte Jesus zu, und dieser gab den Gruß zurück. Warum schüttelte Johannes weiterhin seinen Kopf und fuchtelte immer noch mit den Armen?
Bald wußte es Jesus.
Der Synagogendiener näherte sich, räusperte sich und flüsterte ihm ins Ohr.
Jesus verstand nicht, was der Mann sagte. Der Schammes war so freundlich, es lauter zu wiederholen: »Du sitzt auf dem falschen Platz, junger Mann.«
Jesus sprang auf. »Tut mir leid.«
»Dieser Platz«, sagte der Schammes, »ist für«, er räusperte sich wieder, »jemand Wichtigen, verstehst du?«
Verlegen ging Jesus dahin, wo seine Freunde, die Fischer, saßen. In Esras Synagoge war jeder gleich wichtig, außer daß sich vielleicht Esra für weniger wichtig hielt. Den Armen, schloß Jesus, würde das Himmelreich gehören, aber sie sollten sich nicht auf bestimmte Plätze setzen.
Die Gemeinde hier war unsicherer als die zu Hause. Es wurde nicht so viel gehustet, geredet und mit den Füßen gescharrt. Es wurden keine Geschäfte gemacht, und es wurde auch nicht getratscht. Das war alles sehr verdächtig.
Nach der Schriftlesung und den Segensgebeten rief der Vorsitzende denjenigen nach vorne, der den Text aus Levitikus lesen und erklären sollte. Der Glückliche

stand auf einem steinernen Podest und sprach. Dann ein weiterer und noch einer.
Jesus bot sich an, etwas beizutragen, was sein gutes Recht war, aber der Vorsitzende übersah absichtlich seine Hand zugunsten von vornehmeren Gläubigen.
Der Gottesdienst zog sich in die Länge. Nur Spreu und kein Weizen, war Jesus' Urteil. Der Vorteil, der darin bestand, sich in diesem schönen, kühlen und großen Raum aufzuhalten, war verloren. Die trockenen Formeln, die langwierigen Auslegungen forderten ihren Preis.
Jetzt war der Vorsitzende an der Reihe. Er wurde von dem Schammes mit einer Verbeugung zur Gesetzeslade geleitet und betete vor ihr. Betete, betete und betete. Es war ein ewig dauerndes Gebet. Er betete, als müßte er befürchten, tot umzufallen, wenn er aufhörte.
Als schließlich sein Gebet in Predigt überging, gab er seine Auslegung des heiligen Textes und jeder Tradition, die auf ihm aufbaute. Eine Unterscheidung folgte auf die nächste, und jede war genauer als die vorhergehende, so daß bald alle vollkommen nebulös waren.
»Es gibt zwölf Arten, die Sache zu betrachten«, sagte er an einem Punkt seiner Rede und fuhr fort, jede einzelne zu erklären. Es war auf eine fürchterliche Weise faszinierend, als würde man einen Hund beobachten, der Flöhe sucht.
Jesus war geneigt, das Gebäude dafür verantwortlich zu machen. Es ermutigte zu Unaufrichtigkeit. Der Vorsitzende und seine Gehilfen, ohne Zweifel fähige Leute, solange es nicht um Religion ging, waren gezwungen, wegen des Gebäudes ein Spektakel zu veranstalten. Sie

mußten dem großartigen Schmuck gerecht werden. Es war das Gebäude, nicht Gottes Wille, das ihnen vorschrieb, wie sie zu predigen und sich zu verhalten hatten. Auf einem Abhang, unter freiem Himmel, würde der Vorsitzende nie diese komplizierten und leeren Phrasen gebraucht haben. Was hatte er für einen Grund, sie zu benutzen, außer das Gebäude erwartete es von ihm.

Jesus sah gelangweilt und von der Hitze mitgenommen, wie sich der Vorsitzende vor seinen Augen in einen Hahn verwandelte, einen roten, violetten und schwarzglänzenden Hahn, der auf einem Misthaufen krähte.

Das Thema, das behandelt wurde, war Reinigung. Wie man Becher und Teller zu reinigen hatte, das Ritual der Worte und Handlungen, die symbolische Bedeutung hinter den Worten und Handlungen, die verschiedenartige Auslegung dieser Bedeutung nach den Schulen des Hillel und Schammai und, Wunder über Wunder, wie der Vorsitzende die Unterschiede miteinander in Einklang brachte.

Jesus dachte nach. Wenn der Vater einer Familie alle Regeln befolgte, die Gott einmal aufgestellt haben soll, müßte jeder flüchten, einschließlich des Hundes. Besser hungern, auf der Straße, in einer Höhle oder in den Bergen leben als diese geistige Abhängigkeit tolerieren. Die Predigt kam Jesus vor wie entferntes Bienengesumm. Er gab sich wirklich Mühe, wach zu bleiben, aber er hatte eine harte Woche hinter sich, und die Luft hatte die Konsistenz von Bratfett. Zu Simons Erheiterung nickte er immer wieder ein. Jedesmal, wenn er sich aufsetzte, wurde er sehr rot und mußte feststellen, daß der Vorsitzende immer noch redete, ein Blinder, der eine lange Reihe von Blinden durch ein Labyrinth führt. Im Geiste war er wieder in seinem Haus, das klein, doch kühl war, und hörte seiner Mutter zu, wie sie in einfachen direkten Worten zu Gott betete. Er war in seiner eigenen Synagoge und hörte seinem geliebten Esra zu, der so liebenswert unverschämt war und über eine fast heilige Despektierlichkeit verfügte. Wäre bloß Esra jetzt da, ein Mann des Volkes, der Gott sagte, was er wirklich dachte, und der so betete, wie die Leute beteten, wenn sie wissen, daß ihre Nachbarn nicht zuhören. Er versuchte alles, um wachzubleiben. Er zählte die Verwendungsarten von Olivenholz, biß sich in den Daumen, von innen in die Backe und auf die Zunge. Er ballte die Fäuste, preßte die Fingernägel tief in die Handflächen und wackelte mit den Zehen. Es nützte nichts. Alles wurde rosa, grau, schwarz, leer, als er endlich einschlief und zehn Minuten am Stück leise schnarchte.

Simon freute sich. Der Zimmermann war doch ein Mensch. Soviel zu einem Mann, der eine neue Vision der Menschheit vortrug.

Johannes stieß Jesus an, um ihn aufzuwecken, gerade als der Hassan die Schriftrolle wieder in die Lade legte. Die Rolle war mit einem prächtig bestickten Tuch bedeckt, auf das wertvolle Juwelen genäht waren. Auf ihr saß eine Art Baldachin, an dem silberne Glöckchen wie an einem Diadem befestigt waren. Die Glöckchen klingelten, als der Hassan die Rolle stolz vor sich hertrug und nach rechts und links Segenssprüche aussprach.

Da geschah das Unvorstellbare. Eine Maus rutschte auf dem Tuch herunter und sprang. Sie landete mit einem Plumps auf den Fliesen, huschte unter einen der steinernen Sitze und verschwand hinunter in ein Loch.
Tiefstes Schweigen herrschte, bevor die Versammlung in Unruhe ausbrach. Die Entrüstung hätte nicht größer sein können, wenn ein Löwe durch ein Fenster gesprungen wäre. Die Feierlichkeit, die monumentale Zurschaustellung von Korrektheit, die zwei Stunden gedauert hatte, wich dem Chaos, und alles wegen einer kleinen grauen Maus. Das vergoldete Dach hallte eine Vielzahl kontroverser Meinungen wider.
»Eine Ratte ... Nein, eine Maus, das konnte man am Schwanz sehen ... Laßt den Rabbi entscheiden ... war sie in der heiligen Schriftrolle? Möglicherweise ... Sicherlich ... Die Schriftrolle ist unrein ... Wie kann das reine Wort der Thora unrein sein? Nicht die Thora, das Pergament, auf das es geschrieben ist ... Das ist Gottes Urteil über uns ... Was haben wir nur getan, um das zu verdienen? Wir haben nicht lange und inbrünstig genug gebetet ...«
Der Hassan war im Schockzustand. Er war öffentlich entehrt worden. Nach diesem Vorfall gab es keine Möglichkeit mehr für ihn, an seinem Amt festzuhalten.
Der Vorsitzende, dessen Würde auf dem Spiel stand, verlangte Ruhe.
»Roll sie auf«, befahl er. »Roll die heilige Gesetzesrolle auf.«
Der Hassan gehorchte.
»Hat diese Kreatur, Hassan, am Wort Gottes genagt?«

Mit zitternden Fingern breitete der Hassan die Schriftrolle aus und untersuchte sie. »Ich kann keine Nagespuren entdecken, Rabbi«, meldete er.
Der Vorsitzende, der für seine Ordentlichkeit bekannt war, fragte: »Auch keinen ... Mäusedreck?«
Der Hassan entdeckte einen solchen Fleck und versuchte ihn mit seinem Ärmel wegzuwischen. Das wurde bemerkt und würde ebenfalls gegen ihn sprechen.
»Da ist Mäusedreck«, rief jemand aus, und jemand anderes sagte: »Ich habe es auch gesehen.«
Die Versammlung geriet wieder in große Unruhe.
»Brauchen wir jetzt eine andere Gesetzesrolle? Diese war doch schon so teuer ... Und die Hülle? Die Edelsteine und die Glöckchen können wir doch sicher wiederverwenden?«
Die Maus hatte, ohne es zu wollen, der Haarspalterei ein ganz neues Feld eröffnet.
»Wieviel Mäusedreck?« wollte der Vorsitzende wissen.
Diesmal sammelte der Hassan den Dreck sorgfältig in sein Taschentuch und meldete eine endgültige Zahl: »Sieben, Rabbi.«
»Sieben«, wiederholten alle. Einige meinten: »Das ist eine heilige Zahl, uns wird schon nichts passieren.« Andere waren pessimistischer: »Das ist Lästerung, ein Hohn unserer heiligen Zahl.«
»Was haben Rabbi Hillel und Rabbi Schammai darüber gesagt?« fragte jemand.
Der Vorsitzende war trotz seiner großen Gelehrsamkeit nicht sicher, ob die beiden die Frage jemals erörtert hatten. Um seine Unkenntnis zu verbergen, mußte er Festigkeit und Weisheit an den Tag legen. Schließlich

würde das, was er jetzt entschied, in Zukunft gängige Praxis werden, kam es ihm in den Sinn.

»Die heilige Schriftrolle ist nicht länger heilig«, sagte er in bestimmtem Ton. »Es ist unsere Pflicht, sie zerstören zu lassen.«

»Zerstören«, kam es aus dreihundert Kehlen.

Es dauerte eine Weile, bis sie den Ernst der Entscheidung begriffen hatten.

Jemand sagte: »Bindet einen Stein an ihr fest, und werft sie in den See.«

Der Vorsitzende setzte sich über ihn hinweg. Sein Name und nur seiner sollte mit diesem Fall in Verbindung gebracht werden.

»Durch Feuer. Feuer ist heilig.«

»Natürlich.« Jeder sah es vor sich.

»Aber nicht heute«, fuhr der Vorsitzende fort. »Wir dürfen den Sabbat nicht entweihen.«

»Nein, nein, nein, nicht am Sabbat.«

»Der Hassan wird sie«, sagte der Vorsitzende und war froh, die Angelegenheit so glatt erledigt zu haben, »aus der Synagoge schaffen. Durch den Hintereingang.«

Das war wirklich Verbannung.

Aus purem Übermut, der Art, die Esra so sympathisch gemacht hatte, als er ein Junge war, stand Jesus auf und fragte mit feierlicher Stimme: »Hast du dir überlegt, Rabbi, daß die Lade selbst entweiht sein könnte?«

»Die Lade?« Der Vorsitzende wurde weiß und war sehr bestürzt.

»Könnte nicht … Mäusedreck«, Jesus machte vor dem schrecklichen Wort eine ebenso lange Pause wie der Vorsitzende, »in der Lade selbst sein?«

Der Vorsitzende bedauerte es, daß er diesen jungen Mann nicht schon früher gebeten hatte, zum Gottesdienst beizutragen. Er hätte schwören können, er sei eingeschlafen. Statt dessen war er offensichtlich ein Mann Gottes.

»Hassan«, brüllte er.

Der glücklose Hassan, der elender aussah als jede Maus, war schon an der Tür der Lade. Er steckte seinen Kopf hinein und untersuchte jeden Quadratzentimeter.

»Nichts«, meldete er.

»Zwei Zeugen«, sagte der Vorsitzende erleichtert, denn er hatte sich schon gefragt, ob die ganze Lade hätte verbrannt werden müssen. »Ich möchte, daß zwei Zeugen bekunden, daß es keinen Mäuse ... dreck in der Lade Gottes gibt.«

Es entstand ein verrücktes Gedränge, diese heilige Aufgabe zu erfüllen. Anschließend vier wichtige Persönlichkeiten, daß ihre Namen als Zeugen für die Unversehrtheit der Lade registriert wurden.

Jesus war glücklich, daß sein Sabbat nicht vollständig verschwendet war.

Die Gemeinde zog aus der Synagoge, angeführt von ihren bedeutendsten Mitgliedern, und redete über den unaussprechlichen Skandal mit der Maus.

Andreas faßte Jesus am Ellbogen und flüsterte: »Du hattest recht, Jesus. Auch Gott wäre bei dieser Predigt eingeschlafen.«

21

Außerhalb der Synagoge war Simon weniger zartfühlend als sein Bruder.
»Ich hab gesehen, wie du ein Nickerchen gemacht hast, Zimmermann. Waren die Gebete zu lang für dich, oder was?«
Jesus hätte fast gesagt, er habe keine Gebete gehört. Jedenfalls nicht die Art von Gebeten, bei denen es Gott nicht für eine Zeitverschwendung gehalten hätte, zuzuhören.
»Lange Gebete, langes Leben«, zitierte Simon eine Redensart der Rabbiner.
»Wer will schon so lange leben?« fragte Jesus und gab schließlich zu, daß das endlose Gerede über Reinigung ihm nicht gefiel.
»Zu schwierig für dich, Zimmermann?«
»Nein, zu einfach.«
Simon kicherte und hielt das für einen Scherz.
»Wirklich, Simon. Es schreckt die Leute von der Religion ab.« Simon, der wegen der Ereignisse in der Synagoge noch ganz aufgeregt war, sagte: »Wie stellst du dir dann Religion vor?«
»Gott lieben und seinen Willen tun«, antwortete Jesus und wollte damit die Diskussion beenden.
Bevor er jedoch entkommen konnte, hielt ihn Simon fest

und forderte ihn auf, sich im Schatten einer Feige neben ihn zu setzen.
»Was wir gerade gemacht haben, war unsere jüdische Art, Gott zu lieben und ihm zu gehorchen.« Er sah Jesus scharf an, als der Hassan auftauchte und die einst heilige Schriftrolle hinter der Synagoge deponierte. »Stimmst du mir nicht zu, Zimmermann?«
Jesus schüttelte den Kopf. »Das war nur eine Übung, die Leute in Sicherheit zu wiegen.«
Simon hatte die Vorahnung, daß Jesus jetzt eine weitere seiner großen Ideen entwickeln würde. Wie brachte er es bloß fertig, so viele große Ideen in seinem Kopf unterzubringen?
Er sagte unfreundlich: »Was ist falsch an der Sicherheit?«
»Unser Gott ist kein Gott der Sicherheit«, antwortete Jesus. »Fühlte sich Abraham sicher, als ihn Gott aus seinem Land und von der Seite seiner Familie rief? Tat das Moses, als ihm Gott befahl, in die Wüste zu gehen?«
Simon schluckte. »Jeder würde denken, daß Gott gefährlich ist.«
»Wie ein Feuer«, gab Jesus mit einem abwesenden Ausdruck in den Augen zurück. »Er ruft uns die ganze Zeit zu seltsamen Aufgaben an fremde Orte, in denen wir oft keinen Halt haben.«
Simon kicherte wieder, jetzt jedoch eher verlegen. »Das klingt ziemlich extrem.«
»Ja, Gott ist extrem, unberechenbar und großartig. Wie eine Rose in der Wüste.«
»Kein Wunder«, meinte Simon und wollte den anderen

lächerlich machen, »daß dich das Gerede über dreckige Tassen und Teller langweilt.«
»Dreckige Tassen und Teller spielen keine Rolle. Das Herz eines Menschen ist wichtig. Und nur was aus dem Herzen eines Menschen kommt, kann ihn beflecken.«
Simon versuchte sich zu verteidigen. »Das war es sicher auch, was der Rabbi meinte.«
»Seltsam, daß er es dann in zwei Stunden nicht schaffte, das Notwendige zu sagen. Die Wahrheit ist einfach und sollte einfach vorgebracht werden.«
Simon nahm Jesus bei der Hand und zog ihn auf die Füße.
»Ich bin zu dem Schluß gekommen, Zimmermann, daß du unter deinem friedlichen Äußeren etwas von einem Rebellen hast.«
»Nein, nein. Ich sage nur, was ganz offensichtlich ist.«
»Das meine ich ja«, erwiderte Simon.
Dieser Sabbat war alles andere als ein Tag der Ruhe für Simon. Er gab dem Zimmermann die Schuld. Erst sein großer Gedanke, daß man seine Feinde lieben sollte, und jetzt diese ebenso große Idee, daß die Religion keine bequeme Sicherheit bietet.
Am Ende dieses erschöpfenden Tages beschloß er, mit ihm nie mehr über Religion zu sprechen.
Am nächsten Morgen kam er doch wieder auf dieses Thema, als er Jesus den Essenskorb reichte.
»Ich denke, du solltest den Rabbinern mehr Respekt entgegenbringen.«
Jesus ignorierte das und fuhr fort, am Boot zu arbeiten.
»Hast du mich gehört, Zimmermann?«
»Ich bringe dein Boot in Ordnung.«

»Bring mich in Ordnung«, sagte Simon. »Bin ich etwa nicht wichtig?«
Jesus sah ihn genau an. »Bist du leck?«
»Überall.«
Es begann zu regnen, zuerst nur spärlich.
»Was kann ich für dich tun, Simon?«
»Du könntest damit anfangen, deinen Mund zu halten.«
Ihm wurde klar, daß er sich widersprach, und er fügte etwas eingeschnappt hinzu: »Was hat dir an dem Gottesdienst gestern nicht gefallen?«
Jesus, der noch immer hämmerte, antwortete: »Mir kommt es vor, als wollten einige Rabbiner um das Wort Gottes einen Zaun bauen und noch einen und noch einen. Anschließend sind sie glücklich, wenn sie dir hier und dort ein Loch zeigen können, durch das du dich hindurchzwängen kannst, natürlich nur unter der Voraussetzung, daß du ihre Anweisungen bis zum letzten Buchstaben befolgst. Ich ziehe es vor, ohne Zäune und Löcher zu leben. Gib mir die Nägel.«
Simon tat ihm den Gefallen. Es regnete jetzt stärker, riesige Regentropfen. Simon sagte über das Geprassel hinweg: »Was ist dann mit der Religion? Ich meine jetzt keine Teller und Becher, sondern den Tempel und die Opfer. Ist dir denn nichts heilig?«
»Für mich«, antwortete Jesus und schlug einen Nagel ein, »ist alles heilig.«
Der Regen lief Simon in die Augen, und das brachte ihn nur noch mehr auf. »Das genügt nicht, Zimmermann. Einige Sachen sind besonders heilig.«
»Da gebe ich dir recht«, sagte Jesus, »die Armen, die Sanftmütigen und die Niedergeschlagenen.«

Simon schnalzte mißbilligend mit der Zunge. »Ich dachte an religiöse Dinge.«
»Was könnte religiöser sein als jemand, der vom Geist Gottes erfüllt ist?«
»Wenn du so denkst, bedeutet das das Ende von Gottes Gesetzen«, meinte Simon.
»Das stimmt«, räumte Jesus ein.
Simon schnappte nach Luft. Das hatte er nicht erwartet. »Das stimmt?«
»Natürlich. Wenn du in Liebe und eingedenk Gottes handelst, wozu brauchst du dann noch Gesetze? Du kannst sie gar nicht mehr brechen oder halten. Es gibt sie einfach nicht. Mehr Nägel, bitte.«
»Und die Religion, ist das auch ihr Ende?«
»Eine herzlose Religion«, sagte Jesus, ohne die Stimme zu heben. »Eine Religion, die so glatt ist wie die Hauptbücher von Levi: Haben, so viel; Soll, so viel.«
»Ich frage mich, warum du dir dann überhaupt die Mühe machst, in die Synagoge zu gehen, Zimmermann. Vielleicht um zu schlafen?«
Jesus beantwortete den Seitenhieb mit einem Lächeln. »Nein, wie du gehe auch ich, weil ich Hoffnung in meinem Herzen trage. Ich gehe, weil ich mit meinem Volk eins sein will, weil ich mit ihm in Freude die Liebe Gottes feiern will.«
»Verdammt noch mal, dieser Regen«, brüllte Simon. »Nun gut, Zimmermann, du hast also die Gesetze und die Religion abgeschafft, was machst du mit unserer Tradition?«
Der Regen peitschte herunter, daß man kaum etwas sehen konnte. Jesus kümmerte sich nicht darum.

»Unsere einzige wahre und unveränderliche Tradition«, antwortete er, »ist, daß Gott uns aus unserer Vergangenheit in eine Zukunft ruft, die niemand kennt.«
»Nicht einmal du?« sagte Simon sarkastisch. »Ich möchte dich warnen. Laß das nicht die Rabbiner hören, oder du wirst aus dem Haus Israel geworfen.«
Zum erstenmal unterbrach Jesus seine Arbeit. »Warum?« fragte er unschuldig. »Weil ich den Gesetzgeber vor das Gesetz stelle?« Er faßte Simon am Bart, so daß diesem das Regenwasser in den Nacken lief. »Immer noch leck?«
»Ich sinke«, sagte Simon mit einem Grinsen. »Ich weiß nicht, Zimmermann. Du scheinst dir deiner Sache wirklich sehr sicher zu sein.«
»Nein.« Jesus beugte demütig den Kopf. »Ich bin mir Gottes sehr sicher.«
Als Simon nach Hause ging, um wieder trocken zu werden, hämmerte Jesus immer noch.

Levi, der Zöllner, war der nächste, der in Jesus' Bann geriet. Er war davon beeindruckt, daß er aus dem unausstehlichen Schurken Simon, dem Sohn des Jonas, einen ehrlichen Mann gemacht hatte.
Es stimmte, Simon hatte versucht, Jesus zu widerlegen. »Niemand hier zahlt den vollen Betrag. Auch Levi erwartet das nicht. Es gehört einfach dazu, man nimmt es nicht so genau mit der Wahrheit. Außerdem könnte ein Fischer, der seinen ganzen Fang angibt, nicht mehr konkurrieren. Er wäre ruiniert. Nur ein Idiot würde das tun.«
Jesus hatte gesagt: »Dann ist Gott auch ein Idiot.«

Jetzt wartete Levi abends nicht einmal mehr auf Simon. Es war Teil der Routine, daß Jesus abends zum Zollhaus ging. Levi sagte dann: »Wie viele?« und trug, was auch immer Jesus angab, in seine Bücher ein. Warum? Das wußte er nicht. Noch schwerer zu verstehen war, warum Simon einen Mann beschäftigte, der für ihn nicht lügen wollte. Vielleicht hatte ihn Jesus auf die eine oder andere Art in der Hand.

Als er begriff, daß Simon mit nichts durchkam, tat dieser Levi leid. Eines Abends, als Jesus den Fang des Tages mit fünf Körben angab, zwinkerte Levi ihm zu und meinte: »Sagen wir doch vier.«
»Es sind fünf«, beharrte Jesus.
Levi mußte lachen, weil sein Gegenüber so bescheuert war. Er kapierte nicht, wenn ihm jemand einen Gefallen tun wollte. »Begreifst du nicht, Mann, ich erlaube dir, nur vier anzugeben.«
»Danke für die Freundlichkeit«, sagte Jesus. »Aber auch Zöllner haben nicht die Macht, fünf Körbe voll Fisch in vier zu verwandeln.«
»Gott ist auf die Erde gekommen«, flüsterte Levi, als Jesus gegangen war. »Endlich habe ich einen Mann gefunden, der bei den Steuern nicht mogelt.«
Obwohl Simon nicht länger versuchte, Levi zu täuschen, verabscheute er ihn noch immer.
Jesus schlug mit einem angedeuteten Lächeln, das man oft an ihm sah, vor: »Warum betest du nicht für ihn?«
Simon zog ein Gesicht. »Ich habe es versucht. Ich bin dafür nicht geboren, sowenig wie eine Kuh zum Fliegen.«

»Versuch es noch einmal, Simon. Verwandle dich in ein Ärgernis für Gott und sei unerträglich, bis er ja sagt.«

»Du weißt, daß ich den Mann nicht ausstehen kann.«

»Das habe ich bemerkt. Aber Gott läßt seine Sonne genauso auf Levi scheinen und seinen Regen genauso auf ihn fallen wie auf dich.«

»Gott kann für so was wie ihn keine Ausnahmen machen«, sagte Simon, »aber ich kann nicht bis zum Tag des Jüngsten Gerichts warten.«

»Er ist vielleicht dein Feind«, erwiderte Jesus. »Aber es ist nicht nötig, daß du seiner bist.«

Am nächsten Abend meldete Jesus Levi den Fang des Tages und wurde zu einem Becher Wein eingeladen. Jesus war im Hinterzimmer und nicht zu sehen, als Simon in Levis Amtsstube im Zollhaus auftauchte. Er war sehr erregt.

Levi kam mißtrauisch nach vorne und hatte Angst, daß Simon auf seine alten ungehobelten Gewohnheiten zurückfallen würde.

»Ja?« sagte Levi.

Hinter seinem Rücken zog Simon eine gewaltige Flunder mit einem riesigen Kopf und einem stacheligen Rückgrat hervor.

»Für dich«, sagte er und drückte sie Levi in die Hand.

»Aber ... aber«, stotterte Levi. »Warum gibst du mir die?«

»Weil ...« begann Simon. »Verdammt«, stieß er ganz durcheinander hervor, »weil du mein Feind bist.«

22

Die Reparaturen am Boot dauerten drei Tage länger als geplant. Wie Jesus gesagt hatte: »Wir alle machen Fehler.«

Simon war heilfroh, sein Boot wiederzuhaben. Er ließ es sofort zu Wasser, um mit Jesus und seinen Freunden seine Seetüchtigkeit zu erproben.

Jesus saß ganz vorne und hielt eine Hand ins Wasser. Es war unerträglich schwül.

In einem Anfall von Übermut machte sich Simon von hinten an Jesus heran und hob ihn hoch.

»Brauchst du eine Erfrischung, Zimmermann? Kein Problem.«

Er wuchtete Jesus über Bord.

Das Wasser war eiskalt, und es verschlug Jesus im ersten Moment den Atem. Simon begriff nicht, warum er so prustete und mit den Armen um sich schlug. Schließlich gelang es Jesus, seinen Kopf über die Wasseroberfläche zu bekommen und zu rufen: »Ich kann nicht ...«

Dann ging er wieder unter.

Anfänglich meinte Simon, einen wirklich guten Scherz gemacht zu haben. Als ihm klar wurde, daß es alles andere als das war, warf er sein Gewand ab und sprang in den See. Es spritzte gewaltig. Wenige Augenblicke später hielt er Jesus schon über Wasser.

»Komm schon, Zimmermann«, rief er, »es wird wirklich Zeit, daß du schwimmen lernst. Du bestehst nur aus Theorie, weißt du das?«
Jesus hatte zuviel Wasser geschluckt, um streiten zu können.
»So ist's recht«, meinte Simon, und es machte ihm Spaß, zur Abwechslung selbst einmal die Oberhand zu haben. »Streck dich aus, versuche flach auf dem Wasser zu liegen, hörst du mich? Du mußt mir vertrauen, das ist das ganze Geheimnis.«
Jesus schlug immer noch wild um sich, wie die meisten Anfänger.
»Hab keine Angst«, rief Simon. »Mach nicht so einen krummen Rücken wie eine Ente. Bleib auf dem Wasser, Mann.«
Jesus machte einige vorsichtige Schwimmbewegungen, und Simon, der jetzt zufrieden war, beendete die erste Lektion. Er half Jesus dabei, ins Boot zu klettern, und warf ihm eine Decke über.
»So, Zimmermann«, sagte er dann, »etwas hast du wenigstens bei deinem Aufenthalt bei uns gelernt.«
»Eines Tages«, erwiderte Jesus, und seine Zähne klapperten vor Kälte, »eines Tages werde ich dir beibringen, auf dem Wasser zu wandeln.«
Simon sah ihn zweifelnd an und überlegte, ob das wieder eine von Jesus' absurden Ideen war.
»Ich freu' mich schon drauf«, sagte er schließlich.

Zurück am Ufer, wollte Simon einen Pfosten einschlagen, an dem er sein Boot vertäuen konnte. Jesus hielt

ihn fest, während Simon den schweren hölzernen Hammer schwang.
Beim dritten Schlag traf er daneben, und der Hammer krachte auf Jesus' linkes Handgelenk.
Jesus ließ den Pfosten los und sank zur Seite. Er wurde aschfahl, atmete schwer, aber das einzige Geräusch, das zu vernehmen war, war ein kaum hörbares Stöhnen.
Simon war wütend darüber, was ihm passiert war. Er warf den Hammer so weit er konnte in den See. Dann wartete er traurig, bis Jesus in der Lage war, seine Hand zu ihm auszustrecken, so daß er sie anschauen konnte.
Knochen schienen keine gebrochen zu sein, aber die Quetschung war beachtlich, und die Schwellung würde sicher eine gute Weile anhalten.
In dem Augenblick, in dem Simon Jesus' Hand nahm, begann Blut aus einer Hautabschürfung zu sickern.
»Hast du mich für Levi gehalten?« brachte Jesus mühsam hervor und zitterte vor Kälte und Schmerz.
Simon hob Jesus' dreckige und schwielige Hand an seine Lippen und küßte sie. Das war mehr als eine Geste des Mitgefühls, es war eher eine Huldigung. Anschließend hatte er den Geschmack von Blut – fast salzig – im Mund.
Es durchfuhr Simon wie ein Schwert: Ich habe sinnlos sein Blut vergossen. Ich kann es schmecken. Sein Leben liegt auf meiner Zunge.
Trotz seiner Reue fühlte er auf eine unbestimmbare Art, daß der Unfall etwas von einem Band hatte, von einer Verheißung auf schönere Dinge, und etwas von

einer Gemeinschaft zwischen ihnen herstellte. Er würde sich Mühe geben, den Zimmermann nicht wieder zu verletzen.

Simon blickte auf Jesus hinunter, und was er sah, brach ihm beinahe das Herz. Obwohl er so stark war, war Jesus fast wie ein Kind, hilflos und wehrlos, und seine Güte reichte ihm bis in das Mark seiner Knochen.

In einem Augenblick der Einsicht wußte Simon, daß man mit ihm machen konnte, was man wollte; man konnte ihn herausfordern, ihn verhöhnen, ihn in den See werfen, ihn mit einem Hammer verletzen, sein Blut vergießen, und er würde es einem nie zum Vorwurf machen. Er tadelte nie jemanden und war überhaupt nicht nachtragend. Er hatte nicht einmal den Instinkt, der ihn zur Vergeltung befähigt hätte, was bedeutete – und darüber sollte Simon in den folgenden Jahren noch oft nachdenken –, daß er nicht die Gabe des normalen und ungehobelten Menschen besaß, zu überleben.

Sogar seine Wut war unschuldig, wie Simon jetzt sah. Es war eine reine, unbefangene Wut, ohne Selbstmitleid und ohne jede Unbeherrschtheit. Da sie sich vollkommen auf das fehlerhafte Verhalten richtete, war sie für den Verursacher selbst harmlos. Er war ein Mann, der die Ungerechtigkeit haßte, nicht weil sie ihn vielleicht bedroht oder irgendwie berührt hätte, obwohl die Möglichkeit dazu vorhanden gewesen wäre, sondern einfach weil solche Dinge in Gottes Welt nicht vorkommen sollten.

In letzter Konsequenz war es nicht das, was Jesus über die Feindesliebe sagte, sondern die Tatsache, daß er keine Feinde hatte, was Simon überzeugte. Der Unfall bewies Simon, daß Jesus so groß war wie seine Ideen. Größer. Weil sie für ihn nicht nur Ideen waren.

Simon kannte sich so gut, daß er nicht nur laut aufgeschrien hätte und herumgesprungen wäre, sondern den Verantwortlichen angefallen und ihm die Sache ewig lange nachgetragen hätte. Der Schmerz hätte ihn den anderen verfluchen lassen.
Jesus jedoch schrie nicht. Sein Schmerz ließ ihn nicht fluchen. Nichts Häßliches war in ihm verborgen, nicht einmal das Häßliche, was Schmerz sonst immer ans Tageslicht bringt.
Simon hatte das Gefühl, daß man den ganzen Tag auf Jesus einhämmern könnte und er einen deswegen trotzdem nicht hassen oder als seinen Feind betrachten würde. Sogar wenn du einen Nagel durch seine Hand schlagen würdest, würde er sagen: »Macht nichts, ist doch nicht deine Schuld.«
Simon schloß daraus, daß es bei Jesus keinen Unterschied zwischen Worten und Taten gab. Er ist einer, der Wort hält, er ist eins mit seinem Wort. Und sein Wort ist gut. Gottes Wort ist sozusagen Fleisch geworden in diesem Zimmermann aus Nazareth.
»Mach dir keine Sorgen«, sagte Jesus und sah auf. »In meinem Beruf mußt du dich mit so was abfinden.«

23

»Schau«, sagte Simon und stellte Jesus seine füllige Frau Timna vor, »hier bette ich mein Haupt.«
Simon bestand darauf, daß er bei ihnen blieb, bis seine Hand besser geworden war. In den nächsten Tagen verbrachte Jesus viel Zeit mit Simon, Timna und Timnas Mutter, die bei dem jungen Paar lebte.
Er schloß Simon mehr und mehr in sein Herz. Er mochte seine Großzügigkeit, seine aufbrausende Art, die sehr kindlich wirkte, und seine Begeisterung für alles. Wenn Simon Timna, die gerade mit ihrem ersten Kind schwanger war, einen Kuß gab, klang das so, als würde ein Riese seinen Fuß aus dem Schlamm ziehen. Wenn er kaute, meinte man, man könnte die Funken fliegen sehen.
Andreas lebte ganz in der Nähe. Er war drei Jahre älter als Simon, hatte aber trotzdem nichts dagegen, von ihm die Anweisungen zu empfangen. In der Familie machte man oft den Witz, daß Simon, sobald er auf der Welt gewesen war, gesagt haben sollte: »Andreas, hörst du jetzt.«
Andreas war nicht verheiratet. Simon erzählte Jesus im Vertrauen: »Er hat drei Mädchen gefragt, ob sie ihn heiraten wollen.«
»Und haben sie nein gesagt?« flüsterte Jesus zurück.

Simon schlug Jesus auf die Schulter und rief: »Natürlich nicht. Sie haben ihn nicht mal gehört.«

Eines Abends, sie saßen alle am Ufer um ein Feuer herum, sang einer der Fischer:

> Unsere Zeichen sehen wir nicht,
> kein Prophet ist mehr da,
> und keiner ist bei uns, der etwas weiß.

Nachdem der Sänger geendet hatte, herrschte tiefes trauriges Schweigen.
Jakobus brach das Schweigen: »Was war es, was Maleachi gesagt hat? ›Siehe, ich will meinen Boten senden, der vor mir her den Weg bereiten soll.‹«
»Wo ist er denn dann?« fragte jemand, und Andreas murmelte in seinen Bart: »Wir warten jetzt schon eine lange Zeit, Bruder.«
Simon rief über das Feuer: »Was meinst du, Zimmermann?«
Jesus schien mit der Antwort zu zögern, sagte aber schließlich: »Ich denke, wir sollten … warten.«
»Wie lange?« wollten einige wissen.
»Bis Gott uns braucht.«
Alle, die um das Feuer saßen, wurden sich plötzlich bewußt, daß der Zimmermann ihre Einstellung verändert hatte. Es war eine ähnliche Erfahrung wie die, als ihr Boot gekentert war. Das Meer und der Himmel tauschten die Plätze. Es spielte keine Rolle mehr, was sie wollten, nur noch, was Gott wollte.

»Schließlich wählten wir nicht Gott«, fuhr Jesus fort, »sondern er wählte uns.«
»Aber was tun wir denn jetzt für ihn«, wollte Jakobus wissen.
»Wir legen wie immer Zeugnis von ihm ab.«
»Was für eine Art von Zeugnis können wir schon ablegen?« meinte Jakobus, »wenn wir nicht einmal Herren in unserem eigenen Land sind?«
»Und wenn wir nicht mal darauf hoffen können, es einmal zu werden«, fügte Johannes ungehalten hinzu.
»Gott ist mit uns, und er weiß das«, erwiderte Jesus. »Wenn wir in unserem eigenen Land wie im Exil leben, so tut er das auch. Man kann ihn überall finden, und wenn es sein Wille ist, daß wir für ihn durch unser Leiden und unsere Entbehrungen Zeugnis ablegen, dann soll es so sein.«
Johannes war alles andere als zufrieden. »Wenn er unser Gott ist, sollte er sich besser um uns kümmern.«
»Johannes«, sagte Jesus sanft, so daß es sich nicht wie ein Vorwurf anhörte. »Er ist nicht unser Gott.«
Daraufhin entstand allgemeines Gemurre.
»Natürlich ist er das ... Wir beten doch nicht Baal an ... oder Zeus oder den Kaiser ... wir haben den Namen Gottes am Leben erhalten, niemand sonst hat das getan ...«
»Das ist wahr«, meinte Jesus, als wieder Ruhe eingekehrt war, »ohne uns hätte Gott in der Welt keinen Namen. Aber er ist nicht unser Gott. Nicht in dem Sinne, daß er uns gehören würde.«
Ein frecher Jüngling rief aus: »Dann sind wir wohl das einzige Volk der Erde, das einen Gott anbetet, der nicht ihm gehört.«

Jesus wartete, bis sich das Gelächter gelegt hatte, bevor er erklärte, daß er das nicht für einen Witz, sondern für einen Ausdruck der tiefsten Wahrheit hielt.

»Wir allein beten einen Gott an, der sagt: ›Ihr gehört mir, aber ich gehöre nicht euch. Ich bin der Gott aller.‹«

Jemand murmelte: »Wäre Gott Jude, würde er wissen, wie scheußlich wir uns fühlen.«

Die Gruppe wurde jetzt nachdenklicher. Eine Zeitlang hörte man nur das Plätschern der Wellen und das Knacken der Dornen im Feuer.

Dann erhob Johannes seine dünne und jugendliche Stimme. »Willst du damit sagen, Jesus, daß unser Gott und der Gott aller Menschen gleich sind?«

Jesus zögerte nicht. »Ja, gleich.«

Simon wurde von dieser Entwicklung ganz durcheinandergebracht; er war entsetzt. Das war offensichtlich eine andere der großen Ideen des Zimmermanns.

»Nach allem, was wir durchgemacht haben«, sprudelte es aus Simon heraus, »nach all dem jüdischen Blut, das vergossen worden ist, sollen wir mit dem Rest der Menschheit nur gleich sein?«

»Nur gleich mit den Römern?« rief jemand unter dem brüllenden Gelächter der anderen aus, und ein Witzereißer schrie: »Ich würde gerne Pontius Pilatus beschneiden, das kann ich euch sagen.«

Zwei oder drei aus der Gruppe standen auf und gingen weg. Sie waren äußerst ungehalten über Jesus' Respektlosigkeit, die Juden mit den Heuschrecken, den Ungläubigen, gleichzusetzen. Sie weigerten sich, noch einmal Essen und Feuer mit ihm zu teilen.

»Der Ruhm Israels«, fuhr Jesus mit demselben unbekümmerten Ton fort, »besteht darin, daß wir den Glauben an Gott am Leben erhalten haben, der alle Menschen geschaffen hat und der deswegen gleichermaßen der Vater aller Menschen ist. Er ist nur unser Gott und der wahre Gott, wenn er der Gott aller ist.«
Jakobus war ebenfalls ziemlich durcheinander. »Aber sind wir nicht die Söhne Abrahams? Gibt uns das nicht die Rechte des Erstgeborenen?«
»Und waren nicht alle Völker unter Abraham gesegnet?« fragte Jesus zurück. »Gottes Wille allein zählt, nicht unser Fleisch. Gott könnte jederzeit die Sterne dort oben nehmen und das«, er griff in den Sand und ließ eine Handvoll durch seine Finger rinnen, »und so viele Söhne Abrahams erschaffen, wie er wollte.«
Simon war immer noch sehr erregt. Er konnte es nicht aus seinem Kopf bekommen, daß die Juden seit Abraham durch die Hölle gegangen waren und daß sie unter den Philistern, unter den Babyloniern, den Griechen und jetzt den Römern gelitten hatten. Warum? Warum das alles?
Äußerst durcheinander, sagte er: »Ist es nicht etwas Besonderes, von dem gesegneten Gott erwählt zu werden?«
Jesus nickte. »Unsere Füße, unsere müden, blutigen Füße betraten als erste den Pfad zu Gott, den alle Menschen betreten müssen. Erwarten wir etwa, daß wir dafür noch zusätzlich belohnt werden? Ist es nicht genug, daß wir es taten?«
Jetzt nickte Simon halb zustimmend.
Jesus fuhr fort: »Wir sind erwählt worden, richtig. Er-

wählt dazu, mehr als alle anderen für die Wahrheit zu leiden. Aber was denkst du, Simon?«
Simon schreckte zurück. Jesus fragte immer ihn, nur ihn, was er dachte, als würde er dem besondere Bedeutung beimessen. Doch was konnte er schon antworten?
Was Jesus sagte, dachte er, ist nicht möglich. Ist es möglich? Das ist schließlich nicht nur eine von Jesus' großen Ideen. Es ist die größte, die eine, in der alle anderen ihre Wurzeln haben. Wäre Gott der Vater aller Menschen gleichermaßen, würde das erklären, warum wir unsere Feinde lieben müssen. Sie sind dann ebenfalls Gottes Kinder, Angehörige der Familie.
Und sprach nicht Jesaja oft von Israel als einem Licht für die Ungläubigen, mit dem Gottes Erlösung auch die Enden der Erde erreichen könnte? »Denn ich bin Gott, und es gibt keinen anderen.«
Aber bedeutet das, daß alle Menschen Juden werden müssen? Würden sich Leute wie Antipas und Pontius Pilatus und der Kaiser selbst unter das Gesetz stellen und in den Tempel gehen müssen?
Simon war ziemlich verwirrt, und seine flüchtigen Einsichten verblaßten wieder.
Er wurde sich bewußt, daß Jesus immer noch auf seine Antwort wartete.
Simon zuckte mit den Schultern. »Ich weiß nicht«, sagte er, »vielleicht.«
Und bei sich dachte er: Warum hackt der Zimmermann immer auf mir herum? Was kann ich schon wissen? Und wo im Namen des Himmels hat er all sein Wissen und all seine Weisheit her?

An einem anderen Abend saßen die Fischer wieder um das Feuer. Johannes sang ihnen mit seiner kindlichen Stimme ein trauriges Lied von Israels größtem Dichter Jesaja vor. Er begleitete sich selbst auf einer kleinen Harfe.

Tröstet, tröstet mein Volk!
spricht euer Gott.
Redet mit Jerusalem freundlich,
und prediget ihr,
daß ihre Knechtschaft ein Ende hat,
daß ihre Schuld vergeben ist.

Die Männer hörten aufmerksam zu und stimmten in den Refrain ein:

Alles Fleisch ist Gras, und all seine Güte
ist wie eine Blume auf dem Felde.
Das Gras verdorrt, die Blume verwelkt;
denn des HERRN Odem bläst darein.
Ja, Gras ist das Volk!

Johannes' Stimme war wieder zu hören; sie liebkoste die Nacht:

Alle Täler sollen erhöht werden,
und alle Berge und Hügel sollen
erniedrigt werden,
und was uneben ist, soll gerade,
und was hügelig ist, soll eben werden;

denn die Herrlichkeit des HERRN
soll offenbart werden,
und alles Fleisch miteinander
wird es sehen;
denn des HERRN Mund hat's geredet.

Simons Stimme war beim Refrain deutlich herauszuhören.

Alles Fleisch ist Gras, und all seine Güte
ist wie eine Blume auf dem Felde.
Das Gras verdorrt, die Blume verwelkt;
denn des HERRN Odem bläst darein.
Ja, Gras ist das Volk!

Der Gesang erzählte den Fischern von der Unterdrükkung und den Entbehrungen, die sie erleiden mußten. Diese konnten nicht ewig dauern. Im gesamten Heiligen Land entwickelte sich aus diesem Gefühl eine Stimmung, und aus dieser Stimmung waren schon seltsame Bewegungen hervorgegangen.

Geistesgestörte und Heilige zogen allein durch die Wüste. Zeloten oder Messer-Männer – eine Gruppe frommer jüdischer Meuchelmörder mit Dolchen unter ihren Gewändern – hofften, den Staat Israel wiederherzustellen, indem sie die Waffen gegen die stärkste und disziplinierteste Besatzungsarmee erhoben, die die Welt je gesehen hatte.

Die Fischer waren, jeder einzelne, gegen solche Extreme. Doch keiner bezweifelte, daß es sich in diesen Zeiten entscheiden müßte. Gott würde bald einschreiten

und die Knechtschaft Israels beenden. Er würde seinen Messias senden.
Das Licht des Feuers und das Licht der Sterne – ein guter Zeitpunkt, um zu träumen und Pläne zu schmieden.
Der Messias sei einfach eine Bewegung, meinte einer. Eine soziale oder politische Bewegung. Andere, die meisten, sagten, der Messias sei eine Person, ein großer Krieger wie David, der die Wohlfahrt Israels wie in alten Zeiten wiederherstellen würde.
An jenem Abend war auch ein Fischer anwesend, der nach Galiläa zurückgekehrt war, nachdem er in einer religiösen Gemeinschaft in der Gegend des Toten Meeres gelebt hatte.
Für junge Leute wie Thomas war es ziemlich in Mode, sich in Gruppen auf die »letzten Tage« vorzubereiten, wenn die Himmel wie eine Schriftrolle aufgerollt werden und die Sünder wie Blätter von den Weinreben fallen würden. Der Teufel ließ alle dunklen Kräfte aufmarschieren. Die Gerechten mußten sich ebenfalls organisieren.
Thomas mit seinen scharfen Gesichtszügen und dem verklärten Ausdruck in seinen Augen erzählte, wie er versucht hatte, dem bevorstehenden Zorn zu entkommen. Er war der Gemeinschaft, die Qumran hieß, beigetreten und hatte dort zwei Jahre lang gelebt.
Sie fragten ihn, wie es gewesen war.
Er berichtete, daß die Gemeinschaft alle Arbeit und allen Besitz teilte. Mahlzeiten, denen religiöse Waschungen vorangingen, wurden gemeinsam und schweigend eingenommen. Sie heirateten nicht. Sie studierten eif-

rig die Schrift und sehnten sich nach dem Tag, an dem Gott seinen Bund mit den Erwählten erneuern und Israel ein für allemal vollenden würde.
Die Fischer waren beeindruckt und fragten Thomas eine Stunde lang aus. Johannes sagte: »Diese sogenannte religiöse Schweigsamkeit gefällt mir nicht. Ich warte auf einen kriegerischen Messias, und wenn der kommt, werde ich ihm bis in den Tod folgen.«
»Pst«, machte Simon. »Nicht so laut.«
Nachts waren Stimmen sehr gut zu hören. Antipas hatte seine Spitzel überall und Rom seine Spione.
»Das ist mir egal«, entgegnete Johannes mit seiner hohen und jugendlichen Stimme.
Jesus faßte ihn am Arm und flüsterte: »Alle Bäume des Libanon könnten einem Zorn wie deinem nicht Nahrung geben, Johannes.«
Jemand bemerkte, daß Jesus das, was Thomas erzählt hatte, nicht kommentiert hatte.
»Der Weg Qumrans ist nicht Israels Weg«, sagte er einfach. »Wir Juden glauben natürlich an das Vergnügen. Außerdem sind die Erwählten für alle da, nicht nur um ihrer selbst willen.«
»Es war aber ein Vergnügen«, erwiderte Thomas, »allein in der Wüste zu sein, nachzudenken und zu beten.«
Simon erklärte unter allgemeiner Zustimmung: »Es gibt Zeiten, da würde ich am liebsten alles hinter mir lassen, das kann ich euch sagen.«
»Gott hat die Welt geschaffen«, warf Jesus etwas boshaft ein, »und sie ist keine Schriftrolle, auf der eine Maus herumspaziert ist. Sie ist heilig.«
»Nicht immer«, widersprach einer.

»Das ist wahr. Aber die Welt, in der Menschen sind, ist der Ort, an dem man Gott suchen muß.«
Einige sagten ja, andere wiederum nein.
»Die Königsherrschaft Gottes findet sich hier und jetzt unter jenen, die ein gewöhnliches alltägliches Leben in seiner Gegenwart führen, mit all seinen Freuden und Sorgen. Wir müssen unsere Herzen ändern, um Gott demütig und mit Respekt zu dienen und alle wie uns selbst zu lieben.«
Simon blickte über das flackernde Feuer hinweg zu Jesus. Es war, als würde er einer Stimme aus einem brennenden Dornbusch lauschen.
»Gibt es jetzt nichts Entscheidendes?« wollte Jakobus wissen. »Sind all diese Hoffnungen und Sehnsüchte auf den und nach dem Messias nichts als ein Traum?«
»Jetzt ist der entscheidende Augenblick«, antwortete Jesus. »Alle unsere Augenblicke sind entscheidend.«
Jemand rief aus: »Das ist zu glatt.«
»Ist es das?« meinte Jesus. »Gott kommt zu allen Zeiten, so geheimnisvoll und so öffentlich wie ein Sonnenaufgang. Er ist hier, aber man sieht ihn nicht immer, weil er zu offensichtlich ist.«
Simon ließ den Becher herumgehen, und Johannes fragte: »Soll es keinen Donner und keine Blitze geben?«
»Das Königreich Gottes«, entgegnete Jesus, »liegt auch darin, daß wir einen Becher Wein miteinander teilen. Warum sich nach etwas Lauterem und Leuchtenderem umsehen?«
Er hob den Becher, der zu ihm gelangt war, und brachte eine Art Trinkspruch aus: »Gottes Reich, hier und jetzt.«

Er gab allen das Gefühl, daß diese einfache Geste irgendwie bedeutungsvoll war. Sie tranken, und noch nie hatte der Wein ihnen so gut geschmeckt.

Sie redeten noch eine Stunde lang. Schließlich war Johannes eingeschlafen, und sein Kopf ruhte in Jesus' Schoß.

»Daraus«, flüsterte Jesus Jakobus zu, »besteht das Königreich des Schlafs.«

Die Nacht wurde kühl. Es war Zeit, heimzugehen.

»Faulpelze«, sagte Jakobus und stieß Johannes an, damit er aufwachte.

»Wo bin ich«, fragte Johannes gähnend.

»Du bist in Sicherheit«, antwortete Jesus.

24

Es kam die Zeit, da Jesus Kapernaum verlassen mußte. Er war hier glücklich gewesen. Er hatte die grünen Gärten, das frische sprudelnde Wasser und später auch die Entspannung genossen. Hier fühlte er sich wie zu Hause.

Er hatte Freundschaft geschlossen, nicht nur mit Simon, einem Baum der Rechtschaffenheit, einem Löwen, der Stroh fraß, sondern auch mit Simons Frau und seiner Schwiegermutter, mit Salome, der Mutter des Jakobus, mit Johannes, mit Johanna, der Frau eines der Hofmeister des Antipas, und mit einer frommen Dame, die Susanna hieß.

Sie würden ihm alle fehlen, wie ihm das Schnarchen von Simon fehlen würde, das die Deckenbalken durchzusägen drohte.

Er bedauerte einzig und allein, daß Maria von Magdala nicht zurückgekommen war. Sie war eine feine junge Frau, aus der noch viel werden würde. Sie brauchte Hilfe. Er hatte sich nach ihr erkundigt, aber niemand konnte ihm etwas sagen. Sie hatte offensichtlich den Bezirk verlassen.

Jesus brach früh auf.

Bevor er ging, hielt ihn Simon in einer gewaltigen Umarmung.

»Auf Wiedersehen, Zimmermann.«
»Auf Wiedersehen, Fischer.«
Ich habe Heimweh, dachte Simon. Es ist verrückt. Ich bin doch nicht derjenige, der geht. Aber es ist trotzdem so.
Er sah Jesus nach, als dieser den Pfad hinaufstieg, den Beutel mit den Werkzeugen über die Schulter geworfen. Auf dem Gipfel des Hügels drehte sich Jesus um. Die Sonne schaute gerade über den östlichen Bergen hervor, und ihre Strahlen fielen zuerst auf ihn. Er schien den Sonnenaufgang aufzufangen und hinunter auf Simon zu reflektieren. Jesus sah dort oben aus wie zitterndes flüssiges Gold. Sein Winken war wie Wasser, so sehr glänzte es. Dann war er verschwunden und mit ihm, für den Augenblick jedenfalls, der Sonnenaufgang.
Noch Tage später lebte Simon wie im Traum, so daß Timna immer wieder zu ihm sagte: »Was ist nur los mit dir? Du bist schweigsamer als Andreas.«
Warum mußte er weggehen? Wenn er gesagt hätte: »Komm mit mir«, wäre ich ihm bis ans Ende der Welt gefolgt. Ich wäre für ihn sogar auf dem Wasser gewandelt.
Vom ersten Augenblick an, in dem er mir die Hand gab, war es, als würde er mich kennen, mich besser kennen als ich mich selbst. Ich wollte ihn eigentlich abschrekken. Versuchte mich zu benehmen wie ein stachliger Kaktus, nahm ihm das Ruder aus der Hand. Ein kleiner Hinweis, daß ich mit ihm nichts zu tun haben wollte. Die ganze Zeit versuchte ich ihn runterzumachen, und er spielte mit mir, wie eine Katze mit einer Feder spielt. Glücklicherweise hielt er das Ruder fest und damit

auch *mich.* Als ob er gewußt hätte, daß ich ihn wollte und ihn dringend brauchte.
Jetzt weiß ich, daß er mir beistehen würde, was auch immer passiert. Er würde mich nie im Stich lassen. Er ist der einzige, dem ich jemals begegnet bin, für dessen Vergebung oder Freundschaft es keine Grenzen gibt. Wenn du ihn brauchst, egal wann oder wofür, ist er für dich da. Es ist schon seltsam, wenn du das Gefühl hast, daß deine eigenen Grenzen so eng sind wie die Sandalen an den Füßen.
Was hatte er mir über seine Reise hierher erzählt? Er hatte eine Viper gesehen, die einen ausgewachsenen Hasen verschlang. So fühle ich mich. Ich habe etwas schrecklich Großes verschluckt, und es dauert eine Weile, bis das verdaut ist.
»Iß auf«, flehte Timna. »Du hast dein Essen noch gar nicht angerührt. Ich weiß nicht, warum ich mir solche Mühe mache.«
Wie konnte ich ihm bloß mit dem schweren Hammer auf die Hand schlagen? Ein Unfall? Auch für Unfälle braucht man eine Erklärung. Wollte ich ihn, ohne nachzudenken, vorsätzlich verletzen? Warum? Um ihn länger hier zu halten? Oder weil ich ihn auf einer tieferen Ebene – wage ich es zu sagen? –, weil ich ihn hasse? Warum hasse ich ihn? Vielleicht weil er so gut ist, daß er eine Gefahr für mich darstellt? Vielleicht weil er mich in gewisser Hinsicht in sich verwandelt? Ja, vielleicht hasse und liebe ich ihn.
»Erwarte nicht von mir, daß ich es dir wieder warm mache.«
Schließlich habe ich schon früh bemerkt, daß er immer

der erste war, wenn etwas gemacht werden mußte, und der letzte, wenn der Lohn verteilt wurde. Es zeigte sich an Kleinigkeiten. Er gab sofort seinen Platz am Feuer denen, die neu dazukamen. Er bot sich immer an, Essen für alle zu kochen, und nahm sich natürlich stets zuletzt. Manchmal nahm er gar nichts, wenn es nur wenig gab, verbarg das dann aber gut.

Das ging mir zuerst auf die Nerven, als sei dabei etwas Unanständiges. Ich fuhr ihn an, daran erinnere ich mich: »Zimmermann, mußt du dir immer zuletzt nehmen?« Er wurde rot. »Wenn sonst noch jemand es mag«, erwiderte er, »kann er es gerne nehmen. Andernfalls ist es mir egal.« Ich sagte zu ihm, Idiot, der ich war: »Das ist besser. Kein Grund, gefräßig zu sein.« Er biß sich auf die Lippe, der Arme, und entgegnete: »Tut mir leid.« Ich versuchte mich mit ihm zu versöhnen und machte es dadurch nur noch schlimmer, glaubt mir. Ich sagte: »Gefällt es dir, dich selbst zu quälen, oder was?« – »Nicht wenn jemand anders das auch will«, antwortete er. Ich glaubte, er macht Witze, um mir die Peinlichkeit zu ersparen. »Ernsthaft, Zimmermann.« Er schüttelte entschieden den Kopf und sagte: »Ich meide das Leiden, wo immer ich kann.« – »Freut mich zu hören«, entgegnete ich und hoffte, daß die Sache damit erledigt sein würde. Aber er war noch nicht zu Ende. Er faßte mich am Arm und erklärte augenzwinkernd: »Du wirst schon dem Leiden sagen, daß es mich meiden soll.«

»Was ist los mit ihm?«

»Ich weiß nicht, Mutter. Vielleicht macht ihn irgendwas krank.«

»Man könnte denken, daß er das Kind bekommt.«

»Laßt mich bitte in Ruhe, ihr beiden.«
»Dann schleich nicht herum und seufze wie ein Täubchen«, sagte Timna zu ihm.
Am nächsten Sabbat war Simon zum erstenmal in der Synagoge unzufrieden mit den Lehren des Rabbi. Herzlos und leer. Seine Gebete waren nicht wie die von Jesus. Sie gingen nicht weit genug. Blinder Wächter und stummer Wachhund.
Der Vorsitzende hielt eine lange umständliche Rede, um für Spenden für eine neue Schriftrolle zu bitten. Simon stand auf. Das hatte er noch nie getan. Andreas dachte, daß er augenblicklich nicht ganz zurechnungsfähig sei, und versuchte ihn dazu zu bewegen, sich wieder zu setzen.
»Willst du eine Spende geben, Freund?« fragte der Rabbi mit dankbarer Stimme.
»Ich habe nichts gegen eine weitere Schriftrolle«, sagte Simon. »Ich habe etwas gegen uns, das ist alles.«
Der neue Hassan ging ungehalten nach vorne. »Vielleicht warst du nicht da, als der Rabbi die alte Schriftrolle für unrein erklärt hat?«
»Ich war hier«, sagte Simon. »Der Rabbi hat sich geirrt.« Er setzte sich.
Niemand verpflichtete sich an diesem Tag zu Spenden. Simons Eingreifen könnte damit zu tun gehabt haben oder der freche Zwischenruf von Johannes: »Wir hätten unser Geld zum Fenster rausgeworfen, Rabbi, wenn die Maus zurückkäme.«
Es gab so viele Erinnerungen. Zum Beispiel, als Jesus zu Levi zum Abendessen gegangen war. Bei seiner Rückkehr sagte er: »Siehst du nicht, wie widerlich er

ist?« Er antwortete: »Das sehe ich wirklich nicht. Haß entdeckt überall einen Holzsplitter, Liebe übersieht ganze Baumstämme.« Ich hatte das Gefühl, daß er mich in meine Schranken verwiesen hatte. Dann meinte er: »Leute wie Levi sind schon sehr verletzt, warum sollte man sie noch mehr verletzen? Achte sie, und es besteht die Möglichkeit, daß sie sich selbst achten. Solange sie das nicht tun, wird sich nichts ändern. Verachte sie, und du machst sie verabscheuungswürdig. Ich bin dazu nicht fähig.«

Ich erinnere mich, wie gut ich mich dabei fühlte, den Fisch Levi in die Hand zu drücken und ihm dabei in die Augen zu schauen. Er dachte wirklich, ich würde gleich über ihn herfallen.

Levi sah von seinen Büchern auf. »Ja?«

Simon sagte: »Fünf Körbe, Herr.«

Der Arme, dachte Levi, so ist doch etwas an dem Gerücht. Er ist nicht mehr er selbst. Er hat wirklich »Herr« gesagt.

»Ich habe dir immer falsche Zahlen genannt«, meinte Simon.

Levi wußte nicht, was er damit anfangen sollte. Steuereinnehmer können mißtrauisch werden.

Simon zog plötzlich zwei riesige Fische aus seinem Gewand, gab sie Levi, wischte sich die Hände an seinem Bart ab und drückte Levis Hand. Er brach sie dabei fast, zur Abwechslung jedoch einmal unabsichtlich. Seine Augen schienen woanders zu sein.

»Neuigkeiten?« fragte Levi.

»Neuigkeiten?«

»Über ...?«

»Nein«, sagte Simon, »hast du welche?«
Levi schüttelte den Kopf.
»Na dann, auf Wiedersehen, Levi.«
»Nun«, sagte Levi, »äh, ich denke, hm, auf Wiedersehen, Simon.«
Zimmermann, Zimmermann, o Zimmermann.
Er hatte sich um alle gekümmert, sogar um Leute wie Levi. Er liebte alle ohne Ausnahme. Es ist unheimlich. Eine verwirrende Mischung aus Zufriedenheit und Unzufriedenheit, wenn du mich fragst. Er ist ein Mann leidenschaftlicher Gefühle, jeder sagt das, aber keines dieser Gefühle ist zerstörerisch. Er weiß nicht, wie er sich wehren muß, ich schon. Er ist unfähig, jemanden herunterzumachen. Er bringt jede Unterhaltung auf eine Ebene, daß das, was wir anderen sagen, im Vergleich trivial klingt. Er verknüpft Anfänge und Enden, daß sie eine Einheit bilden und einfach wunderschön sind.
»Was ist, Simon? Bin ich nicht schön? Es ist das erstemal seit Tagen, daß du mich wieder wahrnimmst.«
»Natürlich bist du schön, Timna.«
»Du könntest mich wenigstens anschauen, wenn du das sagst.«
Ihm war es vollkommen egal, was aus ihm wurde. Er erinnert an einen Krug, aus dem alles Wasser ausgegossen ist, so daß kein Raum mehr für ihn bleibt, nur für Gott und andere. Er wird mit allem fertig, aber fasse jemanden etwas rauh an, quäle jemanden, und du siehst, was mit ihm passiert. Als würde er den Schmerz aller anderen ebenfalls verspüren. Es war seltsam, wirklich.

Ein Wunderheiler, ein Mann, der die Lippen des Friedens geküßt hat. Wie macht er das bloß? Ja, er ruht in Gott. Deswegen kann er sich um alle kümmern. Deswegen kann er allen das Gefühl geben, daß sie wichtig sind, und alles wichtig erscheinen lassen. Er macht Gott lebendig, wenn er dich bei der Hand hält oder wenn er mit dir ein Glas Wein trinkt. Er zeigt dir, daß niemand ohne Hoffnung zu sein braucht, nicht einmal ich.

»Wenn das Feuer am Strand aus ist, gehe ich fischen, Timna.«

»Es ist wirklich langsam Zeit, daß du mal wieder etwas Nützliches tust. Bekomme ich keinen Kuß?«

Vielleicht wollte er wirklich fischen, vielleicht auch nicht. Als die anderen gegangen waren, blieb er beim Feuer sitzen.

Warum wärmt dieses Feuer nicht mehr?

Er setzte sich dorthin, wo er ihn einmal nachts hatte sitzen sehen, unter den Sternen. Timna hatte gesagt: »Er ist noch nicht da. Wo ist er nur?« Simon hatte nach ihm gesucht. Er hatte ihn mit untergeschlagenen Beinen bei dem erlöschenden Feuer gefunden, wie er auf den See hinausschaute. Er hatte jedoch nichts gesehen, sondern geschlafen und auch wieder nicht geschlafen. Er war irgendwo, irgendwo weit weg, irgendwo jenseits von allem. Simon hatte ihn nicht aufgeschreckt, hatte ihn nie gefragt, was er getan hatte. Er hätte es ihm ohnehin nicht sagen können. Worte sind nicht für alles zu gebrauchen.

Jetzt verbrachte Simon die Nacht am Strand. Er dachte nach. Einmal wäre Johannes fast über ihn gefallen. Er

hatte etwas gesagt. Er erinnerte sich nur noch daran, weil es seine eigenen Gedanken gewesen waren: »Warum mußte er fortgehen?«
Was tat der junge Johannes nachts am Strand? Konnte er ebenfalls nicht schlafen?
Ist es das, was wir dem Zimmermann zu verdanken haben, daß er alle Fischer hier mit Schlaflosigkeit geschlagen hat?
Simon schüttelte den Kopf, und Johannes ging weiter. Er überließ Simon seinen Gedanken.
Ein Fischer, der nachdenkt. Etwas Ungeheuerliches. Wie ein Hund, der redet.
Daran ist er schuld, er mit seinen großen Ideen. Er schien jedoch auch zurückhaltend zu sein, sie zu verbreiten. Nicht daß er Angst vor ihnen gehabt hätte oder nicht bereit für sie gewesen wäre, sondern weil die Zeit für sie noch nicht reif war. Weil er wartete. Aber auf was?
Und wer war dieser Mann, der einfach aufgetaucht war? Wer kam so einfach aus den Hügeln bei Kapernaum und brachte das Leben aller durcheinander?
Ein Zimmermann aus der tiefsten Provinz, der in seinem eigenen Dorf nur einen Hungerlohn bekam und zum Schluß auch nicht mal mehr den. Ein Mann, der ein Ziel hatte und dieses so stur verfolgte, als würde er auf einem schmalen Brett laufen. Aber welches Ziel? Ein Mann, der sich – irrsinnigerweise? – für alles verantwortlich fühlte, so daß ich zu ihm sagen mußte: »Immer mit der Ruhe, Zimmermann. Du kannst es nicht mit der ganzen Welt aufnehmen.« Und doch ging ihn irgendwie alles an. Ein Mann, den du nie überhattest –

und, um ehrlich zu sein, du hattest alle irgendwann einmal über, auch deine Frau und dich selbst –, weil er dich nie überhatte. Er fand Freude an den seltsamsten Orten.
Wenn er von Gott sprach, so schlicht und überhaupt nicht unbeholfen, war es, als würde man einem Vogel zusehen, wie er von der Spitze eines Maulbeerbaums losfliegt. Als er mein Boot reparierte, war es in gewisser Weise so, als würde er die gesamte Welt reparieren.
Wie kann ich diesen Mann, in dem der Geist Gottes zum Vorschein kommt wie ein klarer Quell, besser beschreiben als mit den Worten: Gott kam zum See von Galiläa. Gott sei dafür gedankt.
Am nächsten Morgen fand sich Simon bei der Asche des Feuers, die Hähne krähten, die Hunde rumorten, und er sah auf einen grauen Tagesanbruch.
»Hast du etwas gefangen?«
»Nichts, Timna.«
»Simon, du bist nicht mehr du selbst, seit der Zimmermann weg ist.
Er hat dir doch nicht etwas gestohlen?«
Alles.
»Nein«, antwortete er. »Natürlich nicht.«
In der Nacht vor seinem Aufbruch sagte er zu mir: »Ich habe Glück.« – »Wieso, Zimmermann?« Er nahm meine Hand. »Schon vor Sommeranfang habe ich meine Hand auf der ersten reifen Feige.« – »Wohin willst du gehen?« – »Zurück nach Nazareth.« – »Was wirst du dort machen?« Er lächelte sein rätselhaftes Lächeln und antwortete: »Warten.«
Das werde ich auch tun, warten, bis wir uns wieder-

sehen. Falls wir das jemals tun. Ein Mensch ohne Forderungen …

Wie sehr das zutraf, entdeckte er zwei Wochen nach Jesus' Abreise. Erst dann bemerkte Simon zu seinem großen Schrecken, daß Jesus Kapernaum verlassen hatte, ohne bezahlt worden zu sein.

25

Seine Mutter war froh, daß sie ihn zurückhatte. Sie hatte sich schon Sorgen gemacht, da sie ihn früher erwartet hatte.

»Schau dir nur deine Hand an«, sagte sie. »Was ist passiert?«

»Ich hatte eine Auseinandersetzung mit einem Hammer.«

»Und du hast verloren«, entgegnete sie. Sie rümpfte die Nase. »Du riechst nach Fisch.«

Sie erkundigte sich, ob er gut verdient habe, und er mußte zugeben, daß er mit noch weniger zurückgekommen war, als er mitgenommen hatte.

Er verbrachte viel Zeit damit, ihr von Kapernaum zu erzählen, von seinen neuen Freunden und seinen Gefühlen für die Stadt. Sie freute sich über seine Begeisterung.

»Du hast hoffentlich nicht mit Heiden gesprochen?«

»Das ließ sich nicht vermeiden«, antwortete er. Er hatte sogar etwas Griechisch gelernt.

»Es ist ein Wunder, daß dir die Zunge nicht aus dem Mund fällt«, sagte sie, einen milden Vorwurf in der Stimme. »Ich dachte, nur Sklaven und Ungläubige würden fremde Sprachen lernen.«

Nach außen hin hatte sich Nazareth fast nicht verändert. Es gab Anzeichen dafür, daß sich Bäume und Halme wieder vor Überfluß biegen würden. Weiße Regenwolken waren am Himmel zu sehen. Die Natur hatte bereut.

Für Jesus ging die Arbeit wie vorher weiter. Es war nur nicht zu übersehen, daß man ihm seit seiner Rückkehr mit einer gewissen Kühle begegnete. Es wurde nicht geredet, wenn er in der Nähe war; die Leute mieden seine Gesellschaft.

Am auffälligsten war, daß die Bauern ihre Rechnungen sofort bezahlten, als würde er Unglück bringen.

Keine Kinder kamen in seine Werkstatt. Nun, fast keine.

»Pst.«

»Ja, Schimon?« Er lächelte erleichtert. »Hast du eine Nachricht für mich?«

»Nein. Meine Schwester mag dich nicht mehr.«

»Oh!« Er konnte nicht sagen, ob es ihn freute oder ob es ihm leid tat.

»Ich denke, sie mag dich noch, Jesus, aber mein Vater sagt, daß sie das nicht darf.«

»Nicht darf? Warum?«

»Weiß nicht.«

»Wo sind alle deine Freunde?«

»Sie können nicht kommen.«

»Warum nicht?«

»Ihre Väter erlauben es nicht.«

»Hat es deiner erlaubt?«

»Hat er nicht.«

Dann kam auch Schimon nicht mehr.

An dem Tag, an dem Esra ihn bat, beim Bäumefällen zu helfen, war Jesus froh, Gesellschaft zu haben.
Der Rabbi war in einem schrecklichen Zustand. Er hatte ein Tuch über den Schultern, trotz der Hitze. Seine Hände und Arme waren knochig wie Blumen, die verblüht sind, sein Gesicht war von einem Spinnennetz von Runzeln überzogen, und seine Augen waren entzündet, als hätte er schon seit Tagen nicht mehr geschlafen.
»Ein vertrockneter Baum, das bin ich«, keuchte Esra. »Alter ist wirklich nicht das Schönste.«
»Danke, daß du mich warnst, Rabbi. Ich werde versuchen, es zu vermeiden.«
Jesus lachte, bis er den Zorn Esras bemerkte.
Kein Wunder, daß Esra nicht zufrieden war.
»Seine Frau hat sich nicht geändert«, murmelte er. »Man muß ihr nur ein Scherflein schuldig bleiben, und sie wird so wütend wie eine Bärenmutter, der man die Jungen wegnimmt.«
»Jede Münze, die ich ihr gebe, mein Sohn, bekommt Flügel und fliegt davon.«
Seine Rippe widersprach ihm immer noch, besonders in Fragen der Religion. Wie die Sadduzäer war sie gegen »diese neumodischen Ideen wie Auferstehung«.
»Weißt du, was sie gestern zu mir gesagt hat? ›Was ist das nicht für ein schrecklicher Gedanke, wenn wir dieses Leben einmal hinter uns haben, wieder von vorne anfangen zu müssen. Gott kann einfach nicht so grausam sein.‹«
Jesus konnte das Lachen kaum unterdrücken.
»›Was ist das Leben‹, sagt meine Rippe zu mir, ›anderes als der Atem in der Nase. Wenn der Atem stoppt: Vor-

bei ...‹«, Esra blies auf seine Handfläche, »›... und auf Wiedersehen, Esra, mein Lieber.‹ Warum habe ich die Schlampe nur geheiratet?«

»Vielleicht hast du sie geliebt, Rabbi?«

»Das ist keine Entschuldigung.«

Er fuhr damit fort, daß Sarah die Seele einer Ziege habe und ihn wie Dreck aus Babylon behandle. Er freue sich schon darauf, in den Himmel zu kommen, damit er seiner Rippe ständig sagen könne, daß er immer recht gehabt habe.

»Wenn du recht hast, wird es ihr nicht so viel ausmachen, Rabbi.«

»›Was‹, frage ich sie, ›hast du gegen Gott?‹ – ›Daß es dich gibt‹, antwortet sie.«

Jesus schüttelte den Kopf, um nicht in großes Gelächter auszubrechen. »Zumindest glaubt sie an Gott, Rabbi.«

Esra bezweifelte das. »Ich vermute, daß sie immer noch die Götter der Berge anbetet. Auf einen einzigen Gott kann sie sich keinen Reim machen. Außerdem, sagt sie, ist Gott langweilig. Es sei so, als würde man die ganze Woche lang nur Pflaumen essen.« Er zog die Augenbrauen hoch. »Und das erzählt sie mir, dem Dorfrabbi? Ich möchte sie steinigen, aber sie macht mir das Abendessen.« Esra unterbrach sich, um nachzufragen: »Warum lachst du?« »Ich lache nicht, Rabbi, ich habe mich verschluckt.« Er trank ein wenig Wasser.

»Ah«, seufzte Esra und wurde nachsichtiger, »trotz allem hat sie im Gegensatz zu allen anderen die ganzen Jahre zu mir gehalten.«

Er entfernte sich für eine Weile, um eine Vogelfalle auf-

zubauen. Seit der Trockenheit hatte er Schwierigkeiten, über die Runden zu kommen.
Als er zurück war, zog er über Nebat, seinen Schwiegersohn, her. Er trank zuviel wie sein Vater und schlief morgens zu lang.
»Und die Ehe, Rabbi?«
Esra schnaubte angeekelt. »Als würden sich eine Hirschkuh und ein Ziegenbock paaren. Ich hätte gütig zu ihr sein und sie an die Löwen verfüttern sollen.«
»Jedida?«
»Sie ist nicht ohne Schuld, mein Sohn. Immer noch keine Anzeichen, daß der Enkel kommt, meine Seele ...« Er machte eine beredte Geste, seine Hand zeigte eine große Leere. »Und obendrein wird sie ihrer Mutter immer ähnlicher, schimpft wie ein Rohrspatz. Bald wird sie mit ihrer Zunge ebenfalls Walnüsse knacken und Steine aus der Wand schlagen können.«
Während Esras sämtlicher Tiraden hatte Jesus das Gefühl, daß diese nur die Einleitung für etwas anderes waren.
Beim Mittagessen sagte Esra: »Und du, mein Sohn?«
»Ich habe meinen Ausflug nach Kapernaum sehr genossen.«
»Ah, ja«, meinte der Rabbi und sog an einer Honigwabe.
»Ich dachte ...«
»Sprich, Rabbi.«
Die zitternde Hand des Rabbi verriet, daß er sich endlich dem eigentlichen Thema näherte.
»Ein Wort trifft einen Weisen härter als hundert Pfeile einen Toren.«
»Jaa?«

»Gerüchte, mein Sohn. Leute in diesem stinkenden Dorf sind begieriger darauf als auf Leckerbissen. Die, die mit Fingern auf andere zeigen.«
»Worüber?«
»Über deinen Umgang in Kapernaum.«
»Das waren ehrbare Leute, Rabbi.«
»Der Zöllner, war er einer dieser ehrbaren Leute?«
»Er brauchte mich.«
»Vielleicht«, räumte der Rabbi ein. »Und das kleine Flittchen aus Magdala, mit dem du die Nacht verbracht hast?« Esra wartete. »Ich habe natürlich kein Wort davon geglaubt.«
Jesus sah nach unten. Esra wartete wieder, aber nichts passierte.
»Hast du so viele Nägel zwischen den Lippen, mein Sohn, daß du kein Wort herausbringst?«
Der junge Mann hatte ein weites Herz, aber auch Herzen müssen manchmal für einige geschlossen werden. Es war eine Qual für Esra, fortzufahren, doch er fühlte sich verpflichtet.
»Es hat keinen Wert, eine Schlange zu verfolgen, nachdem sie gebissen hat, mein Sohn.«
»Ich bin nicht gebissen worden, Rabbi.«
Der Rabbi schloß seine anderthalb Augen. »Weißt du nicht, was die Leute sagen? ›Jesus, der Sohn der Maria, nimmt sich eine Hure für den Preis eines Laibes Brot.‹«
»Ich habe so etwas vermutet.«
»Nebat erwähnte ... Ich meine, es wird gesagt, du hättest an den Feuern von Kapernaum damit geprahlt. Sogar hier in Nazareth, das kann die alte Anna beschwören, hättest du die Nächte nicht zu Hause verbracht

und seist manchmal erst bei Sonnenaufgang zurückgekehrt.« Er distanzierte sich von dieser Behauptung. »Das sagt sie.«
Jesus biß sich auf die Lippe, verteidigte sich aber immer noch nicht. Er konnte nicht. Das war bei ihm eben so.
Esra zog das Tuch enger um sich wie eine zusätzliche Haut, so als wollte er nicht zerfallen. Bei dieser Geste wußte Jesus, daß der alte Mann das Tuch mitgebracht hatte, um sein dünnes Blut bei seiner eisigen Aufgabe zu wärmen.
Jesus sprach, nicht um sich zu verteidigen, das war nicht seine Art, sondern um Esra zu verteidigen, um diesen kleinen Rabbi zu trösten, der gebetet und schlaflose Nächte verbracht hatte, um hierfür die Kraft zu finden.
»Sie brauchte mich, diese Frau, von der du sprichst.«
»Bist du so anders«, sagte Esra, »daß du von Satan nicht ins Verderben geführt wirst?«
»Ich bin so vorsichtig wie nur möglich.«
»Aha«, rief Esra aus, aber ohne Überzeugung. »Als die Welt nur ein Staubkorn war, besaß Jesus von Nazareth schon die Weisheit, ist es das? Der Ruhm ruht auf Jesus von Nazareth. Die Sonne bleibt für diesen neuen Josua, Jesus von Nazareth, stehen.«
Jesus hätte das von jedem anderen besser ertragen, aber dieser Mann liebte ihn. Es war hart und auf andere Weise auch leichter. Er konnte sehen, daß Esra einfach Angst hatte, etwas Wertvolles zu verlieren.
Jesus war nicht böse. Eher traurig und verletzt.
»Ich habe getan, was ich tun mußte.«
»Während der Dürre, als du in die Ebene gegangen

bist«, sagte Esra und trieb sich selbst an wie ein störrisches Maultier, »hast du den Sabbat entweiht.«
Das erschreckte Jesus. »Ich habe den Sabbat gebrochen, Rabbi, weil ich mußte. Ich habe ihn nicht entweiht.«
»Ich weiß«, gab der Rabbi zu und schüttelte sorgenvoll den Kopf. »Es war ein Fehler von mir, es so auszudrükken. Ich meinte, vielleicht ...« er zögerte »... hast du es genossen, den Sabbat zu brechen.« Seine Stimme war nur noch ein Flüstern. »Könnte es sein, daß du es genießt, dich Gott zu widersetzen?«
»Nein, nein, Rabbi«, fuhr Jesus auf, und er fühlte Mitleid mit seinem Lehrer, der sich gezwungen hatte, ihm diese Frage zu stellen. »Ich habe deswegen gelitten und leide heute um so mehr.«
»Und du hast es nicht genossen?«
»Ich habe mich Gott nicht widersetzt. Ich bin sein Diener, Rabbi. Ich bin ihm nur als Diener von Nutzen.«
Esra sah in die aufrichtigen braunen Augen von Jesus. Sie wichen seinem Blick nicht aus. Es war nicht der Schatten der Unaufrichtigkeit in ihnen, keine Halbwahrheit, nicht einmal die leiseste Verwässerung der Wahrheit, der Tropfen Wasser, der im Wein nicht zu bemerken war.
Die Klatschmäuler in diesem unseligen Dorf hatten einen zweiten Jesus erfunden, einen Jesus, der nie existiert hatte.
Esra zitterte, weil er ein so schlechtes Gewissen hatte. Wie hatte er es nur fertiggebracht, so mit Jesus, mit seiner aufrechten Seele zu sprechen? Wie hatte er nur seine Zunge dadurch beschmutzen können, daß er so gemeine Gerüchte über ihn wiederholt hatte, ihn, der

sich seit den Tagen der Kindheit an seinen Schöpfer erinnert hatte?
Er beugte sich vor und faßte Jesus bei der Hand. Alter und Jugend trafen sich, Vergangenheit und Zukunft, der federleichte Knochen und das kraftvolle Fleisch. Ihre alterslosen Herzen waren eins.
Die Spannung zwischen ihnen wurde von dem Zwitschern eines Vogels gelöst. Jesus half Esra auf die Füße, und gemeinsam gingen sie zu dem Netz, um es zu untersuchen. Esra hoffte auf eine fette Wachtel oder auf eine Waldtaube.
Es war ein Spatz.
Sanft befreite ihn Jesus von dem Netz.
»Seine Flügel?« fragte Esra.
»Nicht gebrochen.« Jesus streichelte den Vogel und beruhigte ihn.
»Das ist nicht einmal ein Mundvoll«, sagte Esra. »Was sollen wir mit ihm machen?«
Der Vogel war ruhig in Jesus' Händen. »Überlaß das mir«, antwortete er. Er küßte den Vogel auf den Kopf und rief mit der Freude der Versöhnung: »Die Taube des armen Mannes, Rabbi«, und warf ihn in die Luft.
Während sich der Vogel im Zickzack in die Freiheit bewegte, sagte Jesus: »Auf daß immer Friede zwischen dir und mir sei, Rabbi.«
Esra erwiderte zögernd. »Ich hoffe, ich habe dich nicht verletzt, mein Sohn. Nicht zu sehr?«
»Besser eine Wunde von einem Freund als ein Kuß von einem Feind.«
»Oh, ich habe nie beabsichtigt, dich zu verletzen«, sagte Esra, und Tränen liefen ihm über die dunklen faltigen

Wangen. »Ignoriere mich einfach. Ich bin nur noch soviel wie ein verbogener Nagel.«

Er breitete seine Arme aus und drückte Jesus an sich und schluchzte wie David für Absalom: »Jesus, mein Sohn. Oh, mein Sohn.«

Es war jedoch Esra, der sich wie ein Kind in den starken Armen des Menschensohns vorkam.

26

Ruhige Monate folgten. Esra verbreitete, daß Jesus in allen Punkten unschuldig war. Die Bauern ließen mit ihren Zahlungen wieder auf sich warten, und die Kinder kamen zum Unterricht in seine Werkstatt.
Jesus dachte nicht weiter an den Zwischenfall. Es war sein Anteil an den Qualen, die das Dorf erdulden mußte.
Eines Tages, als die Regenfälle des Winters nachließen, steckte Schimon seinen Kopf durch die Tür der Werkstatt. »Ein Besucher, Jesus. Er ist bei dir zu Hause.«
Jesus ging nach Hause und fand dort Johannes, den Sohn des Zebedäus, in Unterhaltung mit seiner Mutter. Er umarmte ihn herzlich und gratulierte ihm dazu, daß er mindestens ein Zoll gewachsen war, seit sie sich zuletzt gesehen hatten.
Johannes brachte den Lohn, den Simon Jesus schuldete. »Es tut ihm leid wegen der kleinen Verspätung«, sagte Johannes und übergab das Geld.
Jesus lachte. »Danke ihm in meinem Namen. Wie geht es ihm?«
»Seine Frau ist im Kindbett gestorben«, berichtete Johannes.
»Und das Baby?«
»Das Baby auch. Es wäre ein Junge geworden.«

Maria, die Simon oder seiner Frau nie begegnet war, begann zu weinen, und Jesus sagte, wie leid ihm das tue, wie aufrichtig leid.

»Simon schluchzte drei Tage lang«, fuhr Johannes fort. »Es war, als würde man einen Felsen sehen, der in der Mitte einen Riß bekommt.«

»Möge der Gott allen Trostes ihn trösten«, sagte Jesus, »und seine Trauer in Freude verwandeln.«

»Er gab mir eine Nachricht für dich mit.«

»Ja?«

»Ich verstehe sie nicht, aber er meinte, du würdest sie verstehen. Er ließ sie mich ein dutzendmal wiederholen. Sie lautet: ›Jetzt, da meine geliebte Timna meinem Netz entschlüpft ist, bin ich frei, auf dem Wasser zu wandeln.‹«

Jesus lächelte dankbar über die Herzlichkeit der Nachricht und über das Vertrauen, das Simon ihm entgegenbrachte.

Johannes hatte die umständlichere Route nach Jerusalem gewählt. Er war geschäftlich dort, er mußte einen neuen Vertrag aushandeln, der die Lieferung von Fisch an die besseren Häuser der Stadt betraf.

Er blieb eine Woche bei Jesus und Maria, saß stundenlang in Jesus' Werkstatt – er nannte sich sein »neuer Lehrling« – und wanderte mit ihm zu den umliegenden Dörfern. Die ganze Zeit über redete er und fragte.

Maria verhätschelte Johannes und war ganz begeistert von ihm. »So ein netter Junge, wie einer von der Familie.«

Schließlich eiste Johannes sich los, und Jesus trug ihm auf: »Sag Simon, daß ich ihn, seine Frau und seinen

Sohn in meinem Herzen trage. Und sag ihm auch, daß ich warte.«

Noch vor dem Einzug des Frühlings kam ein weiterer, weitaus weniger willkommener Besucher nach Nazareth.

Maria lief zu Jesus' Werkstatt, wo dieser ein Joch für ein Paar Ochsen anfertigte. »Schnell«, sagte sie, »man setzt Anna auf die Straße.«

Jesus eilte zu Annas Haus. Esra stand davor und schimpfte auf »diese Heuschrecke von einem Vermieter«.

Der Vermieter war Laban, ein Pharisäer aus Jerusalem, ein kräftiger Mann mit großen hervorquellenden Augen. Er sah seinen beiden Dienern dabei zu, wie sie Annas wenige Habseligkeiten auf die Straße warfen.

Anna kreischte: »Ich habe einen Bruder irgendwo im Süden; der wird mir helfen.« Sie lief um die Menge herum, die sich angesammelt hatte, und bat hoffnungslos um eine Hand, die sie verteidigen würde. »Hilf mir doch jemand! Bitte!«

Die Dorfbewohner standen herum, stoisch und schweigend außer gelegentlichen gemurmelten Kommentaren. »Jetzt ist es soweit … Diese reichen Leute machen ja doch, was sie wollen … Es hat keinen Sinn zu versuchen, sie daran zu hindern …«

Sie hatten ihre eigenen Probleme.

Als der Pharisäer nach einer kurzen Besichtigung des geräumten Hauses wieder auftauchte, trat ihm Jesus in den Weg. »Warum tust du das?«

»Das liegt doch wohl auf der Hand?« sagte Laban irritiert. »Wäre ich etwa hier, wenn sich diese Frau nicht konsequent geweigert hätte, ihre Miete zu zahlen?«

»Sie hat sich nicht geweigert, wie du das ausdrückst, sie hatte einfach nicht die Mittel.«

Laban lachte kurz und freudlos. »Das sagen sie alle.«

»In ihrem Fall stimmt es aber. Sie ist Witwe. Sie hat niemanden.«

»Dann ist sie die vierte Witwe dieser Art, die ich in dieser Woche treffe.«

»Und du hast die anderen drei ebenfalls auf die Straße gesetzt, nehme ich an.«

Der Pharisäer, der Ärger witterte, machte seinen beiden kräftigen Dienern ein Zeichen, und sie stellten sich neben ihn.

»Sprich weiter«, meinte der Vermieter, jetzt mit Verstärkung, »stell mich als den Schuldigen hin. In der Schrift steht, daß wir zahlen sollen, was wir schuldig sind.«

»Sie sagt auch, Gott helfe denen, die Witwen Unrecht tun und sie unterdrücken.«

»Wovon redest du?« sagte der Vermieter über seine Schulter und ging zu seinem Pferd. »Sieh sie dir doch an.« Er blieb stehen und zeigte mit einer verächtlichen Geste auf die Menge. »Was haben sie denn getan, um ihr zu helfen? Sie haben es meiner Gutmütigkeit überlassen.«

»Sie haben ebenfalls gelitten«, erwiderte Jesus.

»Diese Witwe«, sagte der Vermieter, »hat in zwei Jahren keinen Pfennig gezahlt.« Er redete jetzt lauter und direkt zu der Menge. »Ihr solltet euch auf die Knie wer-

fen und mir dafür danken, daß ich sie so lange gratis hier habe wohnen lassen.«
Er stieg mit Mühe auf sein Pferd, denn er hatte einen ziemlichen Bauch. Er sah aus wie ein Junge, der über eine Mauer klettert, nachdem er Pfirsiche gestohlen hat.
Jesus griff in die Zügel des Pferdes, so daß Laban die Peitsche hob, da er mit Gewalttätigkeiten rechnete.
»Ich werde zahlen.«
Der Vermieter grinste, ein Wolfsgrinsen. »Versprochen?« Jesus nickte. »Einer meiner Leute wird dir die Papiere zum Unterschreiben geben. Wenn du deinen Namen nicht schreiben kannst, genügt ein Kreuz.«
Jesus nickte wieder und ließ die Zügel los.
Anna wandte sich an Maria und stützte sich schluchzend auf ihre Schulter.
»Maria, oh, Maria. Habe ich nicht immer gesagt, daß dein süßer netter Erstgeborener ein guter Junge ist. Er ist für mich der Messias, ja, das ist er.«
Als er seinen Namen auf das Pergament setzte, beschloß Jesus, in Zukunft noch härter zu arbeiten.
Am selben Abend fragte ihn Maria, warum er das für Anna getan habe.
»Ich konnte einer Witwe noch nie eine Bitte abschlagen«, antwortete er lächelnd.
»Na gut«, meinte sie. »Würdest du jetzt vielleicht aufessen?«

Jesus' glückliche Zeit dauerte an. Das Land um Nazareth war so wunderschön wie früher, voll von Blumen und Tieren.

Ein neuer Frühling kam, die Zeit der Lämmer. Esra schlug vor, zusammen nach Jerusalem zu gehen, um dort das Passahfest zu feiern. Er hatte Freunde vor der Stadt, bei denen sie wohnen konnten.
»Es ist vielleicht meine letzte Gelegenheit, bevor mich der Herr vom Webstuhl schneidet.«
Jesus hatte Angst, daß der Rabbi nicht gesund genug für die Reise sein würde, aber die Rippe des Rabbi meinte nur: »Laß den Törichten gehen. Wenn er stirbt, ist er glücklich. Wir sind es dann beide.«
Vor Sonnenaufgang sattelten sie den Esel und machten sich auf den Weg. Die Vorstellung, im Frühling über die Hügel, durch die Täler und über die blumenübersäten Ebenen zu reisen, begeisterte sie.
Esra hatte kein überschüssiges Gepäck. Er war für nichts Gefährlicheres als den Tod vorbereitet. Er hatte einen Gebetsschal und die kleinen Schachteln, die an Stirn und Oberarmen befestigt wurden.
Sie waren noch nicht weit den Hügel hinabgekommen, als sich der Rabbi umdrehte und auf das Dorf zurückblickte, in dem er sein ganzes Leben verbracht hatte.
»Wie können Leute nur irgendwo anders leben«, seufzte er.
Jesus lächelte. »Sie bringen es schon irgendwie fertig.«
»Nur weil sie müssen«, erwiderte Esra.
Trotz seiner Proteste hob Jesus Esra auf den Esel. »Sonst«, sagte er, »kommen wir rechtzeitig zum Passahfest im nächsten Jahr, aber nicht in diesem.«
Für Esra war es eine Reise, um Gott zu danken, daß er ihm erlaubt hatte, so viele Jahre Rabbi zu sein. Es war auch, obwohl er das geheimhielt, eine Wallfahrt der

Buße, weil er gewagt hatte, Jesus' Integrität in Frage zu stellen, nachdem dieser vom See zurückgekehrt war.
Das erste Ziel war das Gebirge Gilboa, und dort ein Hügel, der sich zweihundert Fuß über die Ebene erhob. Ein friedlicher Ort, der für immer durch das Gedächtnis an Jonatan geheiligt war, den die Philister hier erschlugen, und an Saul, der sich, von Pfeilen schwer verwundet, hier in sein Schwert stürzte. Die Philister hatten Saul seine Rüstung abgenommen und ihm sein Haupt abgeschlagen. Dann hatten sie seinen Leichnam an die Mauer von Bet-Schean gehängt. Von dort hatten ihn einige seiner tapferen Anhänger gestohlen und ihn in Jabesch im Schatten eines Tamariskenbaumes begraben.
Jesus und Esra saßen unter einem Tamariskenbaum und rezitierten zusammen Davids berühmtes Klagelied:

Die Edelsten in Israel
  sind auf deinen Höhen erschlagen.
Wie sind die Helden gefallen!
Sagt's nicht an in Gat,
Verkündet's nicht auf den Gassen
  in Aschkelon …
Ihr Berge von Gilboa, es soll weder tauen
noch regnen auf euch,
  ihr trügerischen Gefilde …
Saul und Jonatan,
  geliebt und einander zugetan,
im Leben und im Tod nicht geschieden …
Es ist mir leid um dich,

mein Bruder Jonatan,
ich habe große Freude
und Wonne an dir gehabt;
deine Liebe ist mir wundersamer gewesen,
als alle Frauenliebe ist.

Sie aßen und reisten weiter in Richtung Süden nach Samaria, einmal königliche Hauptstadt Israels, des nördlichen Königreichs. Ihnen war etwas unbehaglich zumute in diesem Land der Spaltung.
Jesus konnte sich daran erinnern, wie er im Alter von zwölf seine erste Pilgerfahrt nach Jerusalem unternommen hatte. Sie hatten sich damals darüber unterhalten, daß die Samariter Knochen von Toten im Hof des Tempels verteilt und ihn dadurch unrein gemacht hatten. Die Tat war um Mitternacht während des Passahfestes verübt worden. Welche Wut dieser unsinnige Akt hervorgerufen hatte.
Sie eilten durch den wundervollen Paß zwischen Ginäa und Schechem und eilten sogar vorbei an den Heiligtümern von Silo und Bethel. Als Herausforderung sangen sie ein Wallfahrtslied, so daß die Berge davon widerhallten.

Ich freute mich über die, die mir sagten:
Lasset uns ziehen zum Hause des HERRN!
Nun stehen unsre Füße
in deinen Toren, Jerusalem.

Alle Stämme Israels gingen immer noch nach Jerusalem und nicht auf den Berg Garizim.

Esra ging es gut, und auch dem schielenden Tier, das ihn tragen mußte.

Sie schliefen unter den Sternen in milden, süß duftenden Frühlingsnächten. An einigen Tagen reisten sie über fünfzehn Meilen von einer Wasserstelle zur nächsten. Sie mußten Jerusalem am 8. Nisan erreichen, wenn sie an dem Fest eine ganze Woche lang teilnehmen wollten.

In der Nähe der Hauptstadt veränderte sich die Landschaft dramatisch. Die Berge erhoben sich über sie, die Täler wurden enger. Wasser war knapp und die Erde steinig. Das Grün wich Braun- und Purpurtönen.

In der letzten Nacht schlugen sie mit einer Schar Pilger das Lager in einem dunklen engen Tal auf. Ein Bach kam aus einem Felsenabsatz, in den Gräber gehauen waren.

Aufregung erfüllte die Luft. Männer sprachen mit bedächtigen Stimmen an Lagerfeuern bis spät in der Nacht, Kinder konnten nicht schlafen; das konnte Esra auch nicht. Viele Male hatte er diese Wallfahrt gemacht, und er war trotzdem noch so begierig wie jeder Jüngling, die Stadt, die er liebte, wiederzusehen.

Die Pilger waren schon vor Sonnenaufgang auf, ihre Maultiere beladen, und sie warteten auf das Signal zum Aufbruch.

Beim Klang einer unmelodiösen Trompete jubelten sie laut und liefen los, schlugen sich gegenseitig freudig auf die Schultern und machten Späße über die unwegsamen Pfade und beunruhigenden Abgründe vor ihnen. Dann sangen sie:

Ich hebe meine Augen auf zu den Bergen.
Woher kommt mir Hilfe?
Meine Hilfe kommt vom HERRN,
der Himmel und Erde gemacht hat.

Nach einer kurzen Zeit lag plötzlich hoch, sehr hoch auf einem Hügel Jerusalem vor ihnen.
Esra schwang sich mit zwei glänzenden Augen von seinem Esel, atmete lautstark ein, als sei die Luft die delikateste Honigwabe, umarmte Jesus und küßte ihn auf beide Wangen.
»Friede sei mit dir, mein Sohn.«
Und Jesus erwiderte: »Friede.«

27

Ihr Friede wurde bald gestört. An einer Biegung des Weges kamen die Pilger schweigend zum Stehen. Die Männer kochten vor Wut, die meisten Frauen weinten, und die Kinder waren sprachlos vor Entsetzen.

Vor ihnen auf dem ersten geraden Wegabschnitt, nach der Kreuzung mit der Straße, die zum Meer führt, waren zwei Reihen, die zunächst so aussahen wie abgestorbene und entlaubte Bäume. Die Bäume dieser Straße des Schreckens, die in einem Abstand von fünfundzwanzig Metern voneinander standen, erstreckten sich über eine Länge von einer Meile.

Es handelte sich um eine Warnung der Römer. Jeder Jude, der während des Festes unangenehm auffiel, würde den eigenen Querbalken tragen, um hier an einem der hundert Richtplätze gekreuzigt zu werden.

Jeder der Pilger konnte es vor seinem inneren Auge sehen, sogar die Kinder. Ein Jude wie sie, der Kleider entledigt wie ein Sklave, im ältesten Gewand der Menschheit, festgebunden für einen langsamen Tod. Dann hochgezogen in Schande, die um so mehr schmerzte, da sie so öffentlich war, in der das Opfer seine Demütigung in den Gesichtern der Zuschauer miterlebt. Die eigentliche Hinrichtungsart, eine römische Hinrichtungsart, war Beweis dafür, daß den Juden

in ihrem eigenen Land nichts geblieben war, nicht einmal das Recht, auf jüdische Art hingerichtet zu werden.
Die Pilger bewegten sich wieder, aber kaum war die Prozession erneut in Gang gekommen, als von hinten ein Aufruhr zu vernehmen war. Eine große Abteilung Soldaten marschierte auf der Küstenstraße, die von Cäsarea kommt.
Die Vorhut zwang die Pilger auf den Rand der Straße auszuweichen. Der Prokurator näherte sich.
Jesus zog Esra auf einen der Hügel, und sie stellten sich unter einen der »Bäume«. Von hier aus konnten sie Pontius Pilatus gut sehen, als er, von Soldaten umgeben, auf einem prächtigen schwarzen Hengst vorbeiritt. Er war auf dem Weg zur Burg Antonia in Jerusalem, von der aus er während der Festtage die Stadt besser unter Kontrolle haben konnte.
Pilatus' Hingabe sich selbst gegenüber war nicht zu tadeln. Er haßte seine Feinde, wie es die Pflicht verlangte, und seine Freunde je nach Vorlieben. Mitgefühl war eine Schwäche, der er sich nicht schuldig machte.
Er saß fest im Sattel. Seine gelassene, gleichgültige Kopfhaltung war ein Anzeichen der Verachtung, mit der er dem Volk, über das er herrschte, gegenübertrat, einem Volk, das für die Sklaverei geboren war, wie Cicero einmal gesagt hatte. Weder die Arbeit, die er verrichtete, noch die Luft, die er atmete, waren seiner wert.
Er hatte einmal einen Juden gesehen, hatte er einem Bekannten in Rom, wo er gerade weilte, im Spaß erzählt, und er sah keinen Sinn oder kein Vergnügen darin, einen weiteren anzuschauen. Sie waren, einer wie der andere, Abfall.

Der Prokurator hatte einen viereckigen Kopf und darauf den leichten Helm einer Paradeuniform. Seine Nase war groß und fleischig, seine Haut fahl und sein Kinn kräftig, etwas hängend und dunkelhäutig. Als Soldat hatte er sich nicht hervorgetan, als Administrator hatte er kein diplomatisches Geschick; er war in der provinziellen Langeweile eingefroren.
Jede Linie seines Körpers zeigte die Demütigung, die er dabei empfand, über dieses in jeder Beziehung ekelhafte Volk herrschen zu müssen. Er hatte sich auf Gallien kapriziert, und wenn nicht Gallien, dann wenigstens Syrien. Statt dessen hatte es ihn nach Judäa verschlagen. Sogar die Hauptstadt Jerusalem befand sich an dem absurdesten Platz. Es gab kaum Wasser, kein Bewässerungssystem, ja, sie befand sich nicht einmal an einer der Hauptstraßen zu so wichtigen Gegenden wie Ägypten oder Orten wie Damaskus. Sie ließ sich viel zu leicht belagern oder, was schon Pompejus erkannt hatte, aushungern. Nur ein Heerführer ohne jedes Gefühl für Strategie konnte sie als wichtigsten Ort gewählt haben. Die perfekte Traumhauptstadt eines Volkes von Träumern. Die Torheit eines Verrückten und von den ansässigen Verrückten als der heiligste Ort der Erde gepriesen.
Bei Tag gab es für Pilatus kein Entkommen aus seinem Elend. Es passierte nie etwas in Judäa. Als römischer Landpfleger von Judäa würde er nicht in die Geschichtsbücher kommen. Schicksalsschwere Entscheidungen wurden vom Senat und vom kaiserlichen Hof getroffen. Hier, was gab es hier schon? Aufruhr, Kleinlichkeiten, Sektierertum, Haß auf die Menschheit, ein

Volk ohne jede Kunst, denn Kunst war Sünde, ohne Wissenschaft, Bildhauerei, Gelehrsamkeit jeder Art, ein Volk, zu stolz und zu dumm, den Fortschritt des Gesetzes Roms anzuerkennen. Und was die größte Ironie war, ein Volk, das ihn verachtete.
Kein Wunder, daß er sich nachts voll Nostalgie an die Säulen, Bäder, Foren, Paläste und Weinberge Roms erinnerte, an die prickelnde Unterhaltung der Männer und den Umgang mit anmutigen Frauen.
Auf seiner heutigen Reise war Pilatus besonders verärgert. Es tat ihm nicht nur leid, die Strände von Cäsarea hinter sich zu lassen, er war außerdem auf dem Weg nach Jerusalem ohne seine Heerzeichen. Er hatte sich einverstanden erklärt, auf seine Standarten zu verzichten und die silbernen Büsten des Kaisers auf den Fahnen zu bedecken.
Das war so gekommen.
Eine Gruppe von jüdischen Ältesten war vor nicht langer Zeit in Cäsarea gewesen und hatte um Audienz bei ihm nachgesucht. Seine Soldaten, winselten sie, trügen Banner mit verletzlichen Bildern darauf durch die Hauptstadt. Wie verärgert Pilatus gewesen war! Er hatte sie umstellen lassen und seinen Männern befohlen, mit blankem Schwert gegen sie vorzugehen. Statt um Gnade zu bitten, hatten diese alten Fanatiker tatsächlich die Köpfe gebeugt und die Legionäre mit den Worten angefeuert: »Macht uns nieder, aber entfernt eure verletzlichen Bilder aus der Stadt.«
Er hatte seine Soldaten zurückgerufen. Zwar hatte er keine Skrupel, Juden zu töten, aber er wollte ihnen nicht die Genugtuung lassen, unter ihren eigenen

Bedingungen zu sterben, in ihrer wilden und frivolen Lust auf einen Märtyrertod. Als ob ihr Leben überhaupt etwas wert wäre. Man stelle sich korrupte alte Männer vor, die von sich annehmen, daß sie nicht korrumpierbar sind!

Und warum waren sie so buchstäblich bis in den Tod gegen Bilder? Sie ließen keine Bilder ihres eigenen Gottes zu. Nicht einmal in ihrem Tempel. Herodes hatte ihnen diesen phantastischen Tempel gebaut, der sogar prächtiger war als jeder in Rom, und die Priester erlaubten kein Bild innerhalb seiner Mauern. Verrückter als so konnte man kaum noch werden.

Sie waren Atheisten, ihr Gott war ein Nichts. Wer hatte schon einmal von einem Gott gehört, den man nicht sehen, nicht hören oder anfassen konnte?

Der Kaiser hatte in seiner Großzügigkeit angeboten, ihren Gott im Pantheon mit den Göttern aller anderen unterlegenen Völker unterzubringen. Sie hatten abgelehnt. Ihr Gott, erklärten sie, sei keine Vogelscheuche in einem Gurkenbeet. Wir können ihn nicht einfach aufheben und woanders wieder hinstellen. Eher würden sie sterben, verkündeten sie. Bei Jupiter, sagte Pilatus zu sich, selbst ein wirklicher Gott ist es nicht wert, daß man ihn so ernst nimmt.

Der eigentliche Ärger mit diesen Juden war, und damit schloß er seine Überlegungen, daß sie zuviel nachdachten. Sie waren ein Volk von Denkern. Gut, er war Soldat. Er liebte Nachdenklichkeit nicht sehr, auch nicht bei weisen Männern. Aber wenn der Pöbel anfing, nachzudenken ... Disziplin, Ordnung und Erfolg im Krieg beruhten nicht auf Nachdenklichkeit, sondern gerade darauf, das Nicht-Denken zum Ausgang, zum Quell der Handlung zu nehmen. Nachdenken unter den Massen zerstörte Armeen, vernichtete die Zivilisation. Wie jede untalentierte und unwichtige Person konnte eine Nation oder ein Volk seine eigenen kleinen und verächtlichen Gedanken denken …

Ah, man hatte die Kreuze aufgestellt, wie er es befohlen hatte. Es war ein beruhigendes Gefühl, sie zu sehen. Eine ganze Legion von Kreuzen. Sie werden Gottesfurcht vor den Römern selbst in jüdische Herzen bringen.

Die Elenden lagen ihm dennoch zu Füßen. Seltsam, es war fast unheimlich, trotz ihrer Gedanken und ihres »Glaubens« verbeugten sie sich jedesmal, wenn er vorbeikam.

Sie verbeugten sich aus Furcht, Ehrfurcht oder Haß, oder weil sie zu einem Bauernvolk gehörten, das instinktiv denen über ihnen gehorchte, oder einfach, weil sie sich so besser Unflätigkeiten über den römischen Gouverneur ins Ohr flüstern konnten, ohne entdeckt zu werden.

Doch was auch immer das Motiv war, sie verbeugten sich – wie Gras im Wind.

Er wandte den Kopf aus Prinzip nicht nach links oder nach rechts, aber aus seinen Augenwinkeln konnte er sehen, daß sie sich auch heute wie immer verbeugten.

Doch da … ein Jude, verdammt, er verbeugte sich nicht. Der Dorftrottel? Dort, auf dem Hügel. Ein junger Mann, oder etwa nicht? Ganz aufrecht stand er neben dem senkrechten Balken.

Sein Prinzip außer acht lassend, wandte Pilatus ganz

kurz seinen Kopf, als er sich dem jungen Mann näherte. Gut. Hätte er den Geist des Aufruhrs in dem Gesicht des Atheisten gesehen, auch nur einen Schimmer davon, hätte er ihn auf der Stelle, denn in einer solchen Laune war er, kreuzigen lassen.
Aber da war nichts davon. Dieser Jude würde nie erfahren, wieviel Glück er hatte. Der Ausdruck im Gesicht des Burschen war seltsam. Es war nicht Aufruhr oder Angst oder Haß oder Ehrfurcht. Was dann? Er konnte es nicht beschreiben. Warum sich auch die Mühe machen.
Pilatus ritt weiter.
Jesus blickte Pilatus an. Es war kein Wunder, daß Pilatus nicht erkannte, was er im Gesicht des jungen Mannes gesehen hatte. Er hatte es nie zuvor gesehen. Es war Liebe.
Jesus liebte ihn und bemitleidete ihn wegen seiner ermüdenden Isolation und seines lächerlichen Stolzes. Und in seiner Liebe und in seinem Mitleid verwandelte sich Pilatus in den geliebten Esra. Es war Esra, der vorüberritt, kein Tyrann, kein Soldat und Mörder. Nur ein Mensch, der gerettet werden mußte wie alle Menschen.
Sobald Pilatus und sein Gefolge vorbei waren, kam Leben in die Pilger. Sie waren wütend, gleichzeitig jedoch auch froh, daß sie den Prokurator gesehen hatten.
Esra, der die Stimmung wahrnahm, bestieg wieder den Esel. Es war so, als hätte er Jesus' Gedanken gelesen, denn er ritt aufrecht wie ein Herrscher und wandte den Kopf weder nach rechts noch nach links.
»Verbeugt euch«, krächzte er und versuchte sich Gehör

zu verschaffen. Er trieb seinen Esel zu größerer Geschwindigkeit an. »Verbeugt euch vor Pontius Pilatus, eurem geliebten Prokurator von Judäa.«
Mehrere Männer verbeugten sich spöttisch und stimmten in einen Refrain ein: »Pilatus, Pontius Pilatus.« Der Rest kreischte zustimmend und lachte und schrie vor Freude über diesen abgerissenen kleinen Rabbi, der den Teufel in Person nachäffte.
Dadurch hofften sie ihr Elend und den Anblick all dieser Kreuze zu vergessen.
Aber für Jesus war Pilatus Esra, Esra war Pilatus. Ja, sagte er zu sich, Esra und Pilatus sind ein und dieselbe Person.

28

Jerusalem, Stadt des vielfarbigen Kalksteins, weiß, honigfarben, golden, gelb, graugrün, umgeben von Olivenhainen.
Enge, von Gerüchen erfüllte, geschäftige Straßen, durch die magere Katzen streiften und räudige Hunde, aus deren Augen der Wahnsinn schimmerte. Die Häuser schienen sich gegeneinander zu lehnen wie schwatzende alte Weiber. Die Höfe, winzig und versteckt, waren zu schattig, als daß dort Bäume, Sträucher oder Blumen hätten gedeihen können.
Und überall Bettler. Nicht wie die Bettler zu Hause. Das waren Professionelle. Sie waren gemein, hochmütig und laut. Sie bettelten nicht, um zu überleben, sondern um sich ein bequemes Leben zu ermöglichen. Die, die Wunden hatten, stellten diese wie Trophäen zur Schau. Sie waren so stolz auf ihre Wunden, als hätten sie sie sich deswegen selbst beigebracht. Was ihre Rede betraf, waren sie fast so wortgewandt wie die Rabbis.
Esra ließ sich nicht leicht über den Tisch ziehen. Statt Almosen zu geben, forderte er Almosen von ihnen. Er ließ so lange nicht locker mit seiner lauten Krähenstimme, bis sie Angst bekamen, daß er ihre Kundschaft vertreiben würde.
Einer von ihnen, der als blind gelten sollte, preßte eine

Münze in Esras Hand und murmelte: »Jetzt verschwinde, Alter, und, um Gottes willen, laß uns in Frieden.«
Jesus überredete Esra, weiterzugehen. Sie setzten ihren Rundgang fort und waren von der Größe des Ganzen überwältigt. Die Stadt, mit einem Ausmaß von nur einer Meile im Quadrat, schien ihnen ein endloses Gewirr von Gassen und Gäßchen zu sein, in denen man sich verirren konnte. Sie hielten sich aneinander fest.
Vom nördlichen Tor aus gingen sie vorbei an Ständen unter freiem Himmel, an Menschenmengen, die geschäftig mit allem von Gurken bis zu Pferden handelten, vorbei an Männern, die stritten und gestikulierten und sich in die Hände schlugen, um einen Handel abzuschließen, bis sie schließlich den Weg zum Tempelbezirk gefunden hatten.
Sofort fiel Esra auf seine Knie, küßte das Pflaster und sagte: »Hier möchte ich in alle Ewigkeit ruhen. Hier will ich wohnen. Denn hier und nirgendwo sonst ist das Verlangen meines Herzens.«
Jesus bückte sich, um ihm auf die Beine zu helfen, aber das war eigentlich nicht nötig. Sie gingen hinein, um sich umzusehen.
Der Tempelbezirk stieg nach Norden hin an, Innenhof folgte auf Innenhof, die auf Gewölben ruhten und von tiefen kühlen Arkaden eingefaßt waren. Um den mittleren Schrein lag eine Ansammlung von heiligen Bauten und auf der höchsten Erhebung das Allerheiligste. Es stand auf dem Berg Moria und war Teil des Dreschbodens, den König David für fünfzig Schekel Silber gekauft hatte. Der Tempel erhob sich majestätisch über den Talboden, ein Berg aus Marmor und Kalkstein, der

von der goldenen Kuppel des Heiligtums bekrönt wurde, das nun in der Sonne glänzte.
Eine Gruppe Pilger ging in einer Reihe hinter einem Leviten in bestickten Gewändern vorbei. Sie sangen einen Psalm, und ihr Gesang beeindruckte durch seine Unschuld. Jesus und Esra blieben stehen, um zuzuhören.

Dein Wohnort, Herr der Heerscharen,
wie wunderbar, wie wunderbar.
Die größte Sehnsucht meiner Seele
ist nach deinen Höfen, o Herr.
Mein Herz und Fleisch
  muß vor Freude singen
dem Gott, meinem Gott,
  dem lebenden Gott.

»Ich würde gerne für immer hier leben«, sagte Esra seufzend.
»Du könntest dich darum kümmern. Eine Zeitlang jedenfalls.«
Esra nahm Jesus am Arm und führte ihn auf den Hof der Nichtjuden. Der glich mehr einem Markt als einem Ort des Gebets. Die Leviten hatten Stände für den Verkauf von Mehl, Wein, Öl und Weihrauch aufgebaut. Unzählige Schafe mischten sich ungehindert mit den Betenden.
»Ich möchte, daß du einen wunderbaren Pharisäer siehst«, sagte Esra. »Er ißt nichts als Brot und Salz, trinkt nur Wasser und schläft auf der Erde.«
Jesus folgte ängstlich. Er war von seiner Mutter und

seinem Vater so erzogen worden, daß das Leben genossen werden sollte. »Warum Gott dadurch beleidigen«, pflegte seine Mutter zu sagen, »daß man sich ins Elend stürzt, wenn dazu kein Anlaß besteht? Freue dich, freue dich im Herrn.«

»Da«, Esra deutete nach rechts, »der Rabbi Samuel.«

Im Schatten eines Vordachs, unter dem Schwalben nisteten und Tauben gurrten, umgeben von einem Dutzend oder mehr Pilgern, saß ein verschrumpelt aussehender kleiner Mann. Nur fünf Fuß groß, schien er noch kleiner zu sein, da er leicht bucklig an einer Säule kauerte. Sein Umhang bestand aus einem Sack, der einmal schwarz gewesen war und jetzt grün schimmerte. Er trug keine Sandalen. Sein rundes Gesicht hatte die Farbe von Ton. Was aber am meisten auffiel, das waren seine Augen. Sie waren so rund und so sanft wie die eines Seehunds.

Jesus und Esra waren von seinen Lehren ganz gefangengenommen. Er sprach über Gottes Liebe zu Israel und der gesamten Menschheit. Er sprach über den Gehorsam Gottes Willen gegenüber. Die beiden stießen sich an, als er wiederholte, was Hillel zu einem Konvertierungswilligen gesagt hatte: Das ganze Gesetz sei in dem einen Satz enthalten: Was du nicht willst, das ein anderer an dir tut, das füge auch keinem anderen zu.

Jesus lächelte. »Das habe ich früher schon einmal gehört.«

Esra schüttelte den Kopf und erwiderte flüsternd: »Bestimmt nicht aus dem Mund des Konvertierten selbst.«

Das also war der Mann, zu dem Rabbi Hillel einmal

diesen wundervollen Satz gesagt hatte. Das war Rabbi Samuel.

Jemand befragte Samuel über die Traditionen, die über die Jahre entstanden waren und von denen viele einem kaum noch Luft zum Atmen ließen. »Wie sollte unsere Einstellung dazu sein?«

Rabbi Samuel hielt in gespieltem Entsetzen seine Hände hoch. »Wer bin ich, mein Freund, daß ich dir sagen könnte, was deine Einstellung zu irgend etwas sein sollte? Bin ich der gesegnete Gott, daß ich in dein Herz sehen kann?«

»Aber, Rabbi«, beharrte der Pilger, »manchmal ist es schwierig, Gott zu finden, wenn es so viele Regeln gibt, die man befolgen soll.«

Der Rabbi legte den Kopf zur Seite: »Fahr fort.«

»Unser Rabbi sagt, daß wir nicht einmal Fliegen am Sabbat töten dürfen.«

Jemand anders warf ein: »Der unsere läßt uns die Fliegen zerquetschen, aber sanft.«

Ein weiterer: »Unser Rabbi sagt, wir können ihnen die Beine ausreißen, und das würde helfen.«

Rabbi Samuel lächelte. »Hört, meine Brüder. Es war einmal eine wunderschöne grüne Weide, auf der« – er machte eine Pause, um seinen Arm um ein verirrtes Schaf zu legen – »eine Herde Schafe genau wie diese hier zu grasen pflegte. Sie war dort so glücklich, diese Schafherde. Aber der Schäfer, und er war ein prächtiger Schäfer, machte sich immer Sorgen um die Sicherheit seiner Herde. Wölfe könnten von den Hügeln herunterkommen, dachte er, und die Schafe verschlingen. Was würde der Herr dann zu ihm sagen? Da er also ein guter

Hirte war, pflanzte er eine Hecke um die grüne Weide, und es war eine schöne kräftige Hecke. Die Wölfe gaben sich wirklich Mühe, aber sie konnten sich nicht hindurchzwängen. Das gelang jedoch gelegentlich einem Fuchs oder einem Dachs. Der Schäfer war darüber sehr erregt, da er seine Schafe so sehr liebte, wie er seinen Herrn fürchtete, was sich eigentlich von selbst versteht. Der Schäfer sagte zu sich: Ich muß meine Hecke verstärken. Also pflanzte er eine dichtere Hecke, und, oh, wie die wuchs. Immer noch machte sich dieser prächtige Schäfer Sorgen um seine Herde. Ich will wirklich, daß meine Schafe in Sicherheit grasen können, sagte er. Also pflanzte er innerhalb der ersten Hecke eine weitere Hecke und im Jahr darauf noch eine. Wundervolle Hecken! Kein Wolf oder Fuchs oder Dachs kam auch nur in die Nähe eines seiner Schafe oder Lämmer. Endlich waren sie in Sicherheit und er auch. Nur, meine Brüder, bedeckten die Hecken jetzt die Weide. Es war, so könnte man sagen, eine Weide voll Hecken. Und die Schafe, in vollkommener Sicherheit, verhungerten.«

Alle lachten, und Esra schlug Jesus auf die Schulter. »Was hältst du von ihm?«

Jesus dachte gerade: Wenn nur auch ich so einfach und einprägsam lehren könnte.

Als sich das Gelächter gelegt hatte, wollte der, der die ursprüngliche Frage gestellt hatte, wissen: »Rabbi, wir können also doch Fliegen am Sabbat töten?«

Wieder erhoben sich diese knochigen Hände. »Bin ich der gesegnete Gott, Bruder, daß ich in dein Herz sehen kann?«

Er streichelte das Schaf, das während der Erzählung

neben ihm gelegen hatte, und schickte es weg, damit es jemand anderem Gesellschaft leistete.

Bevor noch eine weitere Frage gestellt werden konnte, kamen Geldwechsler. Das Passahfest war ihre geschäftigste Zeit im Jahr.

»Beweg dich, Alter«, sagte einer von ihnen mit offiziellem Tonfall. »Wir haben zu arbeiten.«

Ihre Arbeit bestand darin, die normalen weltlichen Münzen in die Halbschekel Silbermünzen zu wechseln, die einzige legale Währung im Tempel.

Als sie begannen, ihre Tische aufzustellen, sprang Samuel erstaunlich beweglich auf. Er segnete die Geldwechsler und suchte sich eine ruhigere Ecke. Eine kleine Menschenmenge folgte ihm, auch mehrere Kinder.

Der Rabbi legte einen Beutel in die Nähe seiner Füße. Ein vielleicht achtjähriger Junge mit langen Ohrlocken und dicken aufgeworfenen Lippen, der dachte, das sei der Beutel eines Bettlers, warf eine Münze hinein – der ursprüngliche Instinkt seines Volkes, einem Notleidenden zu helfen.

Der Rabbi bemerkte es und war erfreut. Aber als er den Beutel aufhob, hatte dieser keinen Boden. Die Münze lag auf der Erde. Er gab sie dem Jungen zurück.

»Gott segne dich, mein Sohn«, sagte er. »Sieh, wie schnell dir Gott das Geld zurückgegeben hat, das du ihm geliehen hast.«

Der Junge war ganz durcheinander. »Aber, Rabbi, in deinen Beutel kannst du ja gar nichts reintun.«

»Im Gegenteil, mein Sohn, alles kann ich darin unterbringen. Wieviel du auch hineintust, es geht immer

noch mehr hinein. Dieser Beutel«, er hielt ihn hoch, »faßt alle Reichtümer der Welt.«
Der Junge war überzeugt und nahm die Einladung des Rabbi an, sich neben ihn zu setzen.
»Mein Glückstag«, sagte der Rabbi in singendem Tonfall, »erst ein Schaf und jetzt ein Frühlingslamm.«
»Unser Rabbi zu Hause«, erzählte der Junge, »trägt lange wallende Gewänder.«
»Tut er das?« sagte der Rabbi mit großen Augen. »Vielleicht hat er einfach keinen Sack gefunden, der ihm gepaßt hätte.«
»Mamma meint, daß die ganze Sommerernte unter seinen Gewändern Platz hätte.«
Die immer größer werdende Schar lachte, aber eher verstohlen, um den Jungen nicht verlegen zu machen.
»Unser Rabbi trägt auch Amulette, ungefähr hier«, der Junge berührte seine Stirn. »Warum tust du das nicht?«
»Oh«, sagte Samuel, »ich trage meine auf der Innenseite meiner Stirn, wo sie nur Gott sehen kann.«
»Warum darf ich sie nicht sehen?«
»Weil«, erwiderte Samuel im Ton eines Verschwörers, »du denken könntest, ich sei ein heiliger Mann, obwohl ich doch gar keiner bin, verstehst du.«
»Ich glaube, du bist ein Heiliger«, sagte der Junge ernsthaft.
Samuels Gesicht leuchtete. »Das ist schmeichelhaft, mein Sohn. Da siehst du, daß ich gar kein Amulett zu tragen brauche. Schon habe ich wieder Geld gespart.«
»Aber du hast doch gar kein Geld.«
»Willst du eine Geschichte hören?«
Natürlich wollte er das.

»Nun, mein Sohn, sie handelt von einem kleinen Fuchs. Wir wollen ihn Sammy nennen.«

»Nach dir, Rabbi?«

»Daran habe ich nie gedacht, aber natürlich, nach mir. Tatsächlich war Sammy der Fuchs ebenso Haut und Knochen wie ich. Außerdem sehr hungrig. Eines Tages kam Sammy zu einem wundervollen Weinberg. So traurig es war, er war von einer hohen Mauer umgeben. Wie sehr er sich auch anstrengte, über die Mauer zu springen oder darüber zu klettern, es wollte ihm nicht gelingen. Und, oh, der Anblick der köstlichen Trauben gefiel ihm doch zu sehr.«

»War da kein Loch in der Mauer?« wollte der Junge wissen. »Da ist doch normalerweise immer eins.«

»Du hättest Fuchs werden sollen«, erwiderte Samuel. »Denn das ist genau das, was sich Sammy dachte. Er suchte und suchte, bis er ein Loch fand.«

»Hab' ich ja gesagt«, meinte der Junge.

»Ich fürchte jedoch, daß es nur ein enges Loch war und daß er zu fett war, um sich hindurchzwängen zu können. Also fraß er drei Tage lang nichts. Trotzdem paßte er noch nicht hindurch. Er fastete, als sei es der Tag des Jüngsten Gerichts, weitere drei Tage, bis er dünn genug war, sich hindurchzuquetschen. Und dann fraß Sammy.«

»Das hatte er auch nötig«, sagte der Junge.

»Ja, das stimmt. Er stopfte sich mit einer großen Weintraube nach der anderen voll. Bald war sein Bauch dicker als der fetteste Bauch, den du jemals gesehen hast.«

Ein oder zwei fette Männer in der Menge liefen rot an.

»Aber jetzt«, fuhr Samuel fort, »hatte der Fuchs ein Problem.«
»Er kam nicht wieder heraus«, sagte der Junge und freute sich.
»Meine Güte, bist du schlau«, sagte Samuel und gratulierte ihm. »Du wirst sicher eines Tages selbst Rabbi. Richtig, der Fuchs kam nicht wieder heraus. Also, was tat er?«
»Er hörte auf zu essen.«
Samuel machte eine Pause. »Du hast die Geschichte schon mal gehört.«
Der Junge kicherte über das versteckte Lob.
»Ja«, sagte Samuel mit gespielter Traurigkeit. »Der Fuchs durfte mehrere Tage nichts essen, bis er so dünn war, daß er sich wieder durch das Loch zwängen konnte. Vor der Mauer sagte er zu sich: Was für eine Zeitverschwendung. Ich schlug mir den Bauch voll und schlug mir den Bauch voll, und am Ende bin ich doch wieder so dünn und hungrig wie am Anfang.«
Der Junge lächelte vergnügt über den Schluß der Geschichte.
»Also siehst du, mein Sohn, dieser Sammy hier ist jetzt alt. Ich habe mich am Anfang in das Leben gezwängt. Bald werde ich mich auch wieder hinauszwängen müssen. Ich werde nur mitnehmen können, was ich mitgebracht habe.«
»Nichts, Rabbi?«
Der Rabbi hielt seinen kleinen Beutel mit dem Loch darin hoch. »Nichts«, sagte er.
Samuel lehrte noch eine weitere Stunde, dann kamen die Pilger einzeln oder in Familiengruppen zu ihm und

flüsterten ihm ins Ohr, um Rat fragend oder um Trost bittend. Er hatte ein Lächeln oder einen Segen für jeden. Besonders die Kinder kamen immer mit leuchtenden Augen zurück.

Schließlich waren nur noch Jesus und Esra übrig. Esra sagte: »Ich bin an der Reihe.«

Er kniete sich zittrig vor Samuel nieder und erbat seinen Segen.

Jesus hörte, wie Samuel sagte: »Ich kenne dich, Bruder, du bist, laß mich überlegen, aus Nazareth.«

»Ich bin dort der Rabbi.« Esra schlug sich auf die Brust, daß es staubte, und veranlaßte die Tauben, sich nach einem ruhigeren Platz umzusehen. »Möge Gott gnädig sein.«

»Ich erinnere mich«, erwiderte Samuel, und seine Stimme war jetzt gedämpfter. »Du und ich sind beide alt geworden, Freund. Es ist fast ein Kopf-an-Kopf-Rennen zu Gott, habe ich nicht recht?«

Er willigte ein, Esra zu segnen, wenn dieser dann auch ihn segnen würde.

Jesus war sehr gerührt, als er diese beiden alten Männer sich umarmen und sich gegenseitig segnen sah. Sie standen für alles, was an seiner Religion am besten war, etwas, was sich nie ganz verloren hatte und auch nie ganz verlieren konnte.

Samuel ließ Esra schließlich los und half ihm auf.

Jesus ging als letzter nach vorne. Warum auch nicht, meinte er im Scherz, dann gibt es kein Gedränge. Er kniete vor dem Rabbi nieder und beugte den Kopf. »Rabbi, deinen Segen.«

Rabbi Samuel wich zurück. In seinen runden, wäßrigen

Augen zeigte sich eine Mischung aus Ehrfurcht und Schrecken. Er zitterte am ganzen Körper.

Jesus sagte wiederum: »Rabbi, ich bitte um deinen Segen.«

Samuel wandte fast schroff den Kopf ab. Er kam wankend auf die Füße, verbeugte sich und machte sich davon wie ein erschrecktes Kaninchen.

Esra ging zu Jesus, der wie angewurzelt stehengeblieben war.

»Warum hat er sich so eilig davongemacht?« fragte Esra. »In vierzig Jahren habe ich es nie erlebt, daß er jemandem den Segen verweigert hätte.«

»Ich verstehe das nicht«, murmelte Jesus.

Esra war durcheinander. »Er ist der heiligste Mann, mein Sohn. Ergründe dein Herz. Gibt es da einen Makel, den ich übersehen habe?«

29

Esras Freunde lebten in Bethanien, einem kleinen Dorf, das von Dattelpalmen umgeben war. Lazarus, ein zerbrechlicher junger Mann, war der Kopf eines Haushalts, der aus ihm selbst und seinen beiden Schwestern Martha und Maria bestand. Sie empfingen Esra und Jesus mit offenen Herzen.

Lazarus war dünn und schwindsüchtig. Er hustete sehr viel, besonders nachts. Manchmal hatte er Mühe zu atmen.

Martha war im Unterschied zu ihm ein Bild der Gesundheit, kräftig, ohne dick zu sein, ordentlich, sachlich, fleißig und beweglich.

Maria, mit fünfzehn zwei Jahre jünger, war schüchtern, in sich gekehrt und hatte dunkle suchende Augen, die so groß wie Teller zu sein schienen. Sie redete nicht viel – sie lispelte ganz leicht – und zog es vor, zu beobachten und zuzuhören. Wenn Fremde sie ansahen, zitterten ihre Augenlider wie die Flügel von jungen Vögeln.

Jesus kam bald dahinter, daß sich die beiden Mädchen großartig ergänzten. Martha kümmerte sich um die Bedürfnisse der Leute, Maria um die Leute selbst. Die Leute reagierten daher sehr verschieden auf die beiden. Manchmal hing es einfach davon ab, ob jemand Hunger

hatte oder nicht. Jesus fühlte sich im Moment sehr zu Martha hingezogen, denn er war sehr hungrig.
Esra hatte ihre Eltern gekannt; er hatte die Kinder über Jahre aufwachsen sehen und liebte alle drei. Sie besaßen einige Felder, auf denen sie Schafe grasen ließen, und bauten Obst und Gemüse für den eigenen Bedarf an. Sie waren recht wohlhabend.
Das Haus war ein gutes Haus, bemerkte Jesus. Wie alle anderen nahm auch dieses den Charakter seiner Bewohner an. Es gab ihnen Raum, Frieden und Kraft, Gemeinschaft und Einsamkeit. Wäre niemand daheim gewesen, als er das Haus betreten hatte, hätte er trotzdem eine Vorstellung von den Leuten gehabt, die dort leben.
Martha lief geschäftig hin und her und bereitete das Essen vor. Von Zeit zu Zeit drückte sie Maria eine Schüssel oder einen Teller in die Hand. Es dauerte eine Weile, bis Maria herausgefunden hatte, was der seltsame Gegenstand in ihrer Hand war. Dann stellte sie ihn da ab, wo sie meinte, daß Martha ihn haben wollte. Minuten später tauchte Martha wieder auf und stellte ihn dort hin, wo er hingehörte.
Esra erzählte Lazarus von den Jahren der Heuschrekken und der Trockenheit in Nazareth. Er fuhr mit einem amüsanten Bericht über ihre Reise nach Jerusalem fort.
Jesus war meist still, außer wenn er bestätigen sollte, was Esra gesagt hatte, oder das eine oder andere Detail beisteuerte. Er war sich klar darüber, daß ihn Maria aus dem Augenwinkel beobachtete, und er war sicher, daß sie ihn mochte. Junge Leute, so fiel ihm auf, harmonierten am besten mit ihm, verstanden ihn am besten.

Aber die Jungen haben wie die Armen auch wenig oder nichts zu verlieren. Sie können es sich erlauben, Risiken einzugehen.

Am nächsten Morgen begaben sich Jesus und Maria nach Jerusalem, um sich den Sonnenaufgang anzusehen, während Esra sich ausruhte.
Sie führte ihn zuerst in einen von Wohlgerüchen erfüllten Garten am Westhang des Ölbergs, der Gethsemane genannt wurde. In dem Garten wuchsen junge Olivenbäume, Mandelbäume, die von rosa Blüten bedeckt waren, und eine Menge wilder Blumen.
Die Hähne waren wie ein Chor zu vernehmen vom Berg Scopus im Norden bis zum Berg Ophel im Süden. Ophel, das ursprüngliche Jerusalem, war nur noch eine Wüste aus Büschen und verkrüppelten Pinien. Irgendwo unsichtbar in der Ferne befand sich die Gihonquelle. Vor tausend Jahren waren die Männer Davids den unterirdischen Fluß hinaufgeklettert, um die Stadt einzunehmen und die Bundestafel aufzustellen, die die Gesetzestafeln enthielt. Der Siloahkanal war auch nicht weit, dessen Wasser träge floß.
Mauersegler durchschnitten bereits die Luft und ließen sich in das Kidron-Tal fallen, segelten über die Gräber und schwangen sich an der östlichen Tempelmauer wieder nach oben.
Nachdem sie eine Weile gebetet hatten, stiegen sie weiter den Ölberg hinauf, um einen besseren Blick über die Stadt zu haben.
Sobald die Sonne über dem Ölberg aufgegangen war, erschien ein Priester auf dem achtzig Fuß hohen Turm

des Tempels zu ihrer Linken und rief: »Ist der Himmel bis nach Hebron erleuchtet?« Woraufhin ein Levit die Entgegnung sang: »Er ist erleuchtet.« Eine Fanfare silberner Trompeten gab bekannt, daß das erste Opfer auf dem Altar für Brandopfer dargebracht werden konnte. Die Fanfare hatte etwas Magisches, als könnte sie die Mauern der Dunkelheit einreißen.
Die Sonne erschien wie eine Segnung über dem Rand des Berges, auf dem sie standen, und vergoldete die entfernteren Teile der Stadt. Helle Strahlen stießen auf die Burg Antonia, in der Pilatus residierte, mit ihren drei Türmen, ihren Wasserbecken, Statuen, Gehölzen, die mit Tauben gefüllt waren, und ihren Bäumen. Nicht viel später berührte die Sonne die weiße und goldene Masse des Tempels und dessen östliche Mauer, und die Sonne war aufgegangen.
Jesus und Maria standen schweigend da. Sie berührten sich fast, nahmen es aber kaum wahr.
Jesus dachte darüber nach, wie sehr die Stadt in den vergangenen Zeiten gelitten hatte. Ironischerweise hatte ein Heide, Herodes der Große, den Wiederaufbau des Tempels vor über vierzig Jahren begonnen. Er hatte Salomos Tempel zum Vorbild genommen und sogar tausend Leviten als Steinmetze und Zimmerleute ausbilden lassen, so daß geweihte Hände das Allerheiligste innerhalb von achtzehn Monaten beenden konnten.
»Woran denkst du?« fragte ihn Maria schüchtern.
Er erzählte ihr von seinen Gedanken an Herodes.
»Ich habe darüber selbst oft nachgedacht«, sagte sie. »Gott bedient sich der seltsamsten Mittel, um seine Ziele zu erreichen.«

»Das tut er, Maria«, entgegnete Jesus. »Das tut er wirklich.«

Esra und Jesus gingen zu den Tempelzeremonien. Esra, der sich bewußt war, daß dies sein letztes Passahfest in der Heiligen Stadt sein würde, war darauf bedacht, nichts auszulassen.
Eines Abends begaben sie sich in den Tempel, um zu beten. Esras altes Gesicht war wirklich ein besonderer Anblick: Es war von dem Bewußtsein erfüllt, an diesem geheiligten Ort beten zu dürfen.
Die Zeremonie war sehr lang. Danach ging die Versammlung erschöpft ins Freie. Jesus, der ebenfalls müde war und leichte Kopfschmerzen hatte, wartete geduldig neben Esra, der voll grenzenloser Energie steckte. Der Tempel war fast leer.
Esra faßte Jesus plötzlich so fest am Arm, daß es beinahe weh tat. »Schau, wer da kommt«, zischte er.
In der Mitte des Raums ging Laban, der Pharisäer, der versucht hatte, Anna aus ihrem Haus zu vertreiben. Es gab keinen Zweifel. Der stolze Gang und die arrogante Haltung des Kopfes waren kaum zu verkennen.
Laban stand jetzt ganz vorne, dem Allerheiligsten zugewandt. Sein Kopf war teilweise von einem Gebetsschal verhüllt. Er hatte die üblichen Rüschen und Verzierungen. Er war bereit für das Ritual der Schmeicheleien.
Laban betete halblaut, sein heiseres Flüstern war wie ein Trompetenstoß zu vernehmen. Er machte einen Kratzfuß.
Esra bewegte sich hin und her, um dieses Phänomen besser in den Blick zu bekommen. »Sieh dir dieses Ge-

sicht an, es verursacht mir Magendrücken«, sagte er leise.

»Mögest du gepriesen sein, o ewiger Gott«, seufzte der Pharisäer kurzatmig, »der du mich unter Sündern geheiligt und mich über den Rest der Menschheit wie diesen Zöllner da drüben erhoben hast.«

Jesus wandte sich von den grauen Worthülsen ab und wußte instinktiv, daß er den Mann, von dem die Rede war, erkennen würde. Ja, es war Levi, sein Freund aus Kapernaum!

Levi hatte sich so weit vom Altar wie nur möglich hingestellt, als sei er nicht würdig, überhaupt im Tempel zu sein. Nicht ein einziges Mal, während Jesus ihn beobachtete, erhob er seine Augen oder seinen Kopf zum Himmel, zu Gott. Er war ein Mann, der nur aus einem Grund gekommen war: um Vergebung zu bitten.

»Ich faste zweimal die Woche, an Sonntagen und Donnerstagen«, fuhr der Pharisäer mit einer hohen Stimme fort, die an das Summen eines Moskitos erinnerte. Der professionelle Heilige, Gegenstück der professionellen Bettler, die die Straßen bedeckten. »Ich gebe einen Zehnten von allem, was ich besitze. Ich gebe auch noch einen Zehnten von allem, von dem ich bereits gegeben habe, um dir, Gott, den Dienst zu erweisen, dessen du würdig bist.«

Esra kaute bei dieser spektakulären Zurschaustellung von Demut an den Fingernägeln. Der Pharisäer hatte nach besten Kräften versucht, vorzugeben, daß er unvollkommen war, aber er hatte elend versagt. Esra hätte nie vermutet, daß er ein so unverdorbenes Leben führte.

Esra zwinkerte Jesus zu, und sie gingen. Vor dem Heiligtum, am Fuß der Treppe, blieben sie stehen.

»Dieser Scheinheilige wird sich nicht mehr lange dort aufhalten«, sagte Esra voraus. »Jetzt, da sein Publikum weg ist.«

Und wirklich, innerhalb weniger Sekunden trippelte Laban die Stufen hinunter. Esra überraschte Jesus wiederum dadurch, daß er auf ihn zuging.

»Guter Herr«, sagte er und verbeugte sich ergeben. »Ich konnte nicht anders, als Sie bei Ihren Gebeten zu bemerken.«

»Ist das so, verehrter Alter?« entgegnete der Pharisäer und nahm seinen Gebetsschal ab. Sein fettes Gesicht floß vor Zufriedenheit beinahe über. Seine kleinen Augen glänzten wie die Köpfe von neuen Nägeln, die nicht weit genug eingeschlagen worden sind.

»Hörte ich recht, daß Sie von allem einen Zehnten geben?«

»Das haben Sie gehört? Also wirklich. Das tut mir so leid. Ich war mir nicht im klaren ...«

»Von allem?« wiederholte Esra.

»Natürlich«, antwortete der Pharisäer. »Aber ich bin mir sicher, daß Sie das auch tun.«

»Ihre Gebete«, sagte Esra mit einer zuckersüßen Stimme, »sind so wahrhaftig wie der Liebesschwur einer Dirne.«

»Entschuldigung«, stotterte Laban, »habe ich richtig gehört?«

»Ja«, sagte Esra. »Du reißt im Tempel deinen Mund weit auf, damit du die Häuser der Witwen besser verschlucken kannst.«

Die Worte »Häuser« und »Witwen« gaben Laban einen Anhaltspunkt, wo er diese Leute schon einmal gesehen hatte.
»Du bist ein verrückter alter Mann«, rief er böse. »Laß mich in Ruhe!«
Er ging schnell weg, aber nicht schnell genug, als daß Esra nicht hätte Schritt halten können.
»Weißt du nicht«, rief nun auch Esra, so daß es alle Umstehenden hören konnten, »daß die, die für die Bitten der Armen taub sind, zu einem tauben Gott beten?«
»In einer Minute schreie ich«, sagte Laban und rief dann: »Sei still, oder ich verprügle dich, daß dir Hören und Sehen vergeht.«
»Wie gelingt es dir, dein Herz vor den Geiern zu verbergen, sag mir das?«
Jesus ging auf Esra zu und wollte ihn beruhigen. Aber mit dem Pharisäer war auch Esras Verachtung verschwunden. Er murmelte: »Gott sei mit dir, mein Freund, mein Bruder Pharisäer.«
Nicht zum erstenmal wunderte sich Jesus über die geistigen Kehrtwendungen, zu denen sein Lehrer fähig war.
»Ich bin glücklich zu bereuen, was ich gesagt habe«, stellte Esra fröhlich fest. »Aber ich wäre nicht so glücklich, wenn ich es nicht gesagt hätte.«
Reue, nahm er an, war nur so süß wie die Sünde, die du zu bereuen hattest.
Jesus wartete eine halbe Stunde, daß Levi wieder aus dem Tempel herauskäme, bevor er aufgab. Esra war müde und hungrig. Er mußte ihn zurück nach Bethanien bringen.

30

Jesus war alleine an seinem Lieblingsplatz, dem Garten von Gethsemane. Hier fiel es ihm leichter zu beten als im Tempel. Anschließend bestieg er den Ölberg. Dort oben glaubte er über das Kidron-Tal hinweg die honigfarbenen Wände von Jerusalem berühren zu können.
Das Fest war vorbei. Er hatte es genossen, besonders das Passahmahl, das mit Lazarus und seinen Freunden in gemieteten Räumen in Jerusalem stattgefunden hatte. Morgen wollte er Esra wieder nach Nazareth bringen.
Es war ein Augenblick, um Bilanz zu ziehen.

Dein Wohnort, Herr der Heerscharen,
wie wunderbar, wie wunderbar.

Die Worte kamen wie von selbst über seine Lippen, wie andere, die ihm ebenso lieb waren, während er auf die großartige von Mauern umgebene Stadt sah, die von Bergen eingehüllt war.

Die auf den HERRN hoffen,
  werden nicht fallen,
sondern ewig bleiben wie der Berg Zion.
Wie um Jerusalem Berge sind,

so ist der Herr um sein Volk her
von nun an bis in Ewigkeit.

Vor seinem inneren Auge sah er den Tempel steigen und fallen wie die Gezeiten. Er hatte zuerst zur Zeit von König Salomo in Gold und Ehre seine Kuppel erhoben. Gefallen war er unter Nebukadnezar, als man König Zedekia geblendet und in Ketten nach Babel geführt hatte. Er war wieder zu Ansehen gekommen, als die Übriggebliebenen aus der Verbannung zurückkehrten, aber er war damals so bescheiden, daß die Gläubigen klagten, die sich an die Pracht zur Zeit Salomos erinnern konnten. Er fiel erneut, als Pompejus nach einer fürchterlichen Belagerung in die Stadt einmarschierte und die Priester abschlachtete, die bis zum Ende Opfer darbrachten. Unter dem Araber und Idumäer Herodes war er wiederum zu Ansehen gekommen. Das war sein Tempel, Sandsteinfelsen in gewaltige, scheinbar ewig währende Blöcke gehauen. Ja, er war wunderbar.

Doch trotz allem konnte Jesus die Zweifel nicht vor sich verbergen, die ungewollt in ihm aufkeimten. Er hatte sich verändert. Er reagierte nicht so, wie er das erstemal als Zwölfjähriger reagiert hatte.

Onkel Zacharias, ein Priester aus dem Haus der Abijah, hatte Jesus und seinem eigenen Sohn Johannes das ganze Heiligtum gezeigt. Jesus war so stolz gewesen an jenem Tag; endlich war er ein richtiger Jude.

Er konnte sich noch an den Geruch von Weihrauch und Tierblut erinnern. Staub stand in der Luft von nicht beendeten Bauwerken. Nie zuvor hatte er Bauten aus Gold und Marmor gesehen; sie beflügelten seinen Geist.

Jetzt dagegen begann er sich zu fühlen wie in der Synagoge in Kapernaum. Das Bauwerk machte die menschliche Seele unfrei und war ihr eine Last. Das Gefühl für das Heilige war in Gefahr, von dem billigen Schauer vor der Großartigkeit des bloßen Monuments verdrängt zu werden.

Das bedeutungslose Schauspiel des betenden Pharisäers und die Tatsache, daß sich Rabbi Samuel, ein Heiliger Gottes, wegen der Geldwechsler entfernen mußte, waren typisch.

Von den Höhen des Ölbergs sah Jesus hinunter in das Tal. Wieviel Blut war nicht in all den Jahren von der Rinne des Opferaltars in das Tal hinabgeflossen. Der Geruch des Blutes und des verbrennenden Fleisches, das Quieken und Blöken von Tausenden von Tieren, die Wolken von Fliegen, die Fragwürdigkeit des Ganzen beunruhigten ihn zutiefst. Freute sich Gott wirklich über Brandopfer? Mit den vorgeschriebenen und vermutlich gutbezahlten Ritualen der Leviten, die auf Harfen und Zimbeln spielten?

Die krönende Ironie des Tempels kam ihm in den Sinn. Nicht daß ein Heide ihn gebaut hatte, sondern daß das Allerheiligste, der heiligste Platz in diesem heiligen Land, ein dunkler leerer Raum war. Hier hielt sich Gott auf und schwieg, nicht zu durchschauen und nicht sichtbar. Jemand hatte den genialen Einfall gehabt und begriffen, daß sich der Gott der Nomaden, der Gott, der in einer dunklen Sturmwolke zu Hause gewesen war, hinter einem dicken Vorhang in einem dunklen und leeren Zimmer am wohlsten fühlte. Im Herzen von Israel gab es eine heilige Höhle, eine heilige Leere, ein Nichts,

wo der Gott, der Schöpfer der Welt, seine Wohnstatt hatte. Kein anderer Ort paßte so gut zu ihm, nirgendwo sonst wurde sein Ruhm beredsamer verkündet.
Jesus wollte, daß sich Jerusalem veränderte, er wollte nicht, daß es zerstört wurde, wie es Nebukadnezar und Pompejus zerstört hatten. Verwandelt, gereinigt, die Verheißung erfüllt. Jerusalem und Israel hatten viel zu sehr gelitten, indem sie Gottes Namen am Leben erhalten hatten. Nichts sollte zerstört werden.
Ein letzter Gedanke bedrückte ihn. Wenn sein langes Warten vorbei war, wenn Gott zu ihm sagte: »Jetzt ist die Zeit«, würde er in diese Stadt gehen müssen, nicht als Krieger, nicht einmal als Pilger, sondern als ein gelassener, unbarmherziger Herausforderer. … Als einer, der in Gottes Namen sein eigenes und das Schicksal seines Volkes erfüllen muß.
Er hatte nur noch eine Stunde, um Proviant für die Reise am nächsten Tag zu besorgen.
Er war auf dem Markt und kaufte gepökeltes Fleisch, Dörrobst und ein paar Kannen Wein, als ihn ein Fremder fest am Arm packte.
»Du zahlst viel zuviel.«
Der Fremde war ungefähr zweiundzwanzig, gutaussehend mit gelocktem Haar, das auf allen Seiten unter der Kapuze seines Umhangs hervorquoll, und leuchtenden, sehr intelligenten Augen, die vor Übermut und guter Laune funkelten.
»Tue ich das?« fragte Jesus.
»Merkst du nicht, Mann, wenn man dich übers Ohr haut?«
»Nicht immer. Ich weiß, es ist eine Schwäche von mir.«

»Komm, ich helfe dir, dich zurechtzufinden.«
Der Fremde nahm Jesus ins Schlepptau und sorgte dafür, daß dieser einfache und ruhige Mann von den Budenbesitzern nicht übervorteilt wurde.
Anschließend dankte ihm Jesus und fragte ihn, wie er sich erkenntlich erweisen könne.
»Gebrauche in Zukunft etwas mehr deinen gesunden Menschenverstand«, sagte der Fremde lachend, »und ich bin zufrieden.«
Jesus war von der Offenheit und Großzügigkeit dieses Mannes sehr eingenommen. Er redete mit ihm noch mehrere Minuten.
»Ich war unlängst im Tempel«, vertraute ihm der Fremde an, »und sah deinen Freund, den Rabbi, wie er den alten Scheinheiligen in die Wüste schickte. Das war großartig.«
Der junge Mann hatte sich selbst zum Schreiber ausgebildet. Er hing wie die meisten Schreiber der Tradition der Pharisäer an. Er haßte den Krieg, jede Form der Gewalt und des nationalen Größenwahns. Er glaubte, daß Gott der Gott der gesamten Menschheit und jeder einzelnen Seele sei. Er glaubte ferner, daß das Gesetz Gottes über allem stünde, und er liebte es mit ganzem Herzen oder versuchte es wenigstens. Wenn der Messias kommen würde, würde Gott nur das Gesetz benutzen, um die Römer von ihrem Land zu vertreiben. Dann und nur dann wäre es Israel wert, gerettet zu werden.
Dieser Redeschwall ergoß sich innerhalb weniger Minuten, und Jesus' Herz glühte, als er dem anderen zuhörte.
Der junge Mann hatte ein wundervolles Lächeln, und

Jesus beneidete ihn um seine Gelehrsamkeit, seine Gelassenheit, seinen Elan und seine Klugheit.
Als der andere in Jesus einen verwandten Geist entdeckt hatte, sagte er: »Es würde mir wirklich gefallen, einmal in meinem Leben für Gott etwas Großartiges zu vollbringen, etwas, woran sich die Leute erinnern werden.«
»Was zum Beispiel?«
»Egal was, solange es großartig und heroisch ist.«
So sprach nur ein junger Mann; Jesus fand seine Begeisterung ansteckend.
»Wo kommst du übrigens her?« fragte Jesus, als sie sich gerade voneinander verabschieden wollten.
»Ich? Aus dem tiefen Süden, noch eine Tagereise hinter Hebron.«
»Ich bin aus Galiläa, aus Nazareth, um genau zu sein.«
»Als ob ich das nicht gewußt hätte«, entgegnete der Fremde mit einem breiten freundlichen Lächeln. »Du bist an diesem verrufenen Ort verloren. Warum glaubst du, habe ich dir geholfen?«
»Ich bin dir sehr dankbar«, sagte Jesus.
»Leute aus dem Norden und Leute aus dem Süden, das sind gegensätzliche Extreme. Uns trennen Welten, meinst du nicht auch?«
Jesus fand das nicht. Er fühlte, daß dieses zufällige Zusammentreffen schicksalhaft werden könnte. Er dachte: Was, wenn dieser junge Mann mir nach dem Ende meines Wartens dabei helfen würde, mein Schicksal zu erfüllen?
Er umarmte den Fremden, der nicht länger ein Fremder war. Es war, als hätte Jesus ihn immer gekannt.

Er sagte: »Ich bin Jesus.«
Der junge Mann umarmte Jesus ebenfalls. »Ich bin Judas Ischariot.«

31

Zwei Jahre vergingen. Zwei weitere Jahre, in denen Jesus arbeitete, betete und wartete.
Aus Jerusalem hörte man häßliche Geschichten. Der Prokurator beleidigte das Volk von Judäa bei jeder Gelegenheit. Wieder zogen seine Legionäre durch die Stadt und trugen Banner mit dem kaiserlichen Adler. Sie hatten Steine gestohlen, die für den Tempel bestimmt gewesen waren, um ein Aquädukt zu bauen. Die Kreuzigung von Gegnern war jetzt an jeder größeren Landstraße ein häufigeres Schauspiel.
Gerüchte von Dingen, die beim Jordan geschehen sollten, verbreiteten sich ebenfalls. Am Rande der Wüste war ein eindruckerweckender Einsiedler aufgetaucht und protestierte gegen die Gottlosigkeit der Menschen in der Stadt.
Die Massen, die die Unterdrückung der römischen Besatzer mehr als jemals zuvor zu spüren bekamen, verließen Jericho und machten sich sogar von Jerusalem aus auf die Reise, um ihn zu hören. Israel hatte die Worte eines Propheten lange entbehren müssen. Gott würde seine Versprechungen eines Tages erfüllen, warum also nicht gerade jetzt?
Der Einsiedler war, darin stimmten die Berichte überein, eine seltsame, aber eindrucksvolle Erscheinung. Er

war in Kamelhäute gekleidet, die von einem Ledergürtel zusammengehalten wurden. Und er lebte, so wurde erzählt, von nichts anderem als von Heuschrecken und wildem Honig.
Die besondere Kleidung und die Tatsache, daß er dort wirkte, wo Elias den Jordan nach beiden Seiten mit dem Ruf geteilt hatte: »Wo ist nun der Herr, der Gott Elias?«, gab dem Gerücht Nahrung, Elias sei wieder auf die Erde gekommen.
Einige meinten, wenn der Einsiedler hungrig sei, bekäme er Brot und Fleisch wie damals Elias. Ein Mann, der durch Nazareth kam, berichtete, er habe gewaltige schwarze Vögel gesehen, die Tag und Nacht über dem Jordantal kreisten und den Himmel verdunkelten.
Als Esra das hörte, stöhnte er laut. »Nicht schon wieder ein Messias. Gott selbst hat schon den Überblick über alle Messiasse verloren, die er uns gesandt hat.«
Er wurde noch ungehaltener, als sein Schwiegersohn behauptete, er habe den Einsiedler getroffen und sei von ihm tief beeindruckt.
»Nebat kann einen Propheten nicht einmal von einem Linsengericht unterscheiden«, beklagte er sich bei Jesus.
Jesus, der darüber nicht lange nachdachte, fragte: »Hat sich Nebat verändert?«
»O ja«, sagte Esra boshaft, »er hat sich wirklich verändert. Dieser Einsiedler hat ihn im Jordan untergetaucht, und mein werter Schwiegersohn meint jetzt, er müßte deswegen reich und mächtig werden.«
Trotz Nebats Käuflichkeit war Jesus zum erstenmal etwas interessierter.

Esra fuhr fort: »Man brauchte mehr als alle Wasser des Jordans, den sauber zu bekommen.« Aber Jesus dachte: Seit Elias den Jordan zu einem Quell der Heilung und der Heiligkeit gemacht hat, hat ihn niemand mehr dazu benutzt, den Leuten den Pfad der Reue zu zeigen.
Er hörte sich um, aber das meiste, was er vernahm, waren Torheiten.
Ein Sänger, erzählte man sich, hatte die Laute gespielt, und in Trance war der Einsiedler in der Lage gewesen, jedem, der seinen Arm berührte, die Zukunft vorherzusagen.
Sein Körper, berichteten andere, werfe nie einen Schatten. Er habe zwei Schatten, einen vorne und einen hinten, wurde ebenfalls behauptet, und auch, er könne seinem Schatten befehlen wie einem Hund. »Sitz«, würde er sagen, und sein Schatten würde sich nicht bewegen, wenn er sich entferne. »Fuß«, und der Schatten würde ihm folgen.
So viele Geschichten.
Der Einsiedler könne die Blüte von einer Blume abzupfen und sie wieder aufsetzen, und sie würde anwachsen. Er könne mit einer Beschwörungsformel ein Feuer entzünden. Die Klinge der Axt eines Holzfällers sei vom Schaft gesprungen und in den Fluß gefallen. Der Einsiedler habe den Schaft hinterhergeworfen, Klinge und Schaft hätten sich vereinigt und seien ans Ufer geschwommen.
Der Einsiedler, das beschworen viele, reiste, schneller als jeder Wagen, auf einem Wirbelsturm überallhin. In einer anderen Version war er in einem feurigen Wagen vom Himmel gekommen. Als er beim Jordan gelandet

war, hatte sich ein Habicht, der bis dahin über ihm geschwebt war, in eine Kopfbedeckung für ihn verwandelt, die des Elias. Kein Wunder, daß der Einsiedler nie naß war, wenn er aus dem Jordan stieg. Wie Elias war er in der Lage, seine eigene Furt zu schaffen und trockenen Fußes durch rauschende Ströme zu gelangen.

In Nazareth war man sich, als über diese Dinge gesprochen wurde, einig, daß es sich um eine weitere falsche Dämmerung handelte.

Die Wüste war für all diese Verrücktheit verantwortlich. Die Wüste hatte in letzter Zeit viel zu viele Fata Morganen und irre Träume hervorgebracht, die in der kühlen nüchternen Luft von Nazareth einfach verschwanden.

Als Jesus eines Tages ein nahe gelegenes Dorf besuchte, lieferte ihm ein junger vertrauenswürdiger Bauer ein zuverlässigeres Bild desjenigen, den sie jetzt Johannes den Täufer nannten. Er predigte bei einer Furt durch den Jordan, die Bethabara hieß. Er vollbrachte keine Wunder. Er sagte den Leuten einfach, wie sie sich zu verhalten hätten, und tauchte sie ins Wasser als ein Zeichen der Reue.

»Der Täufer«, fragte Jesus, »wer ist er?«

Jakobs Antwort machte ihn sprachlos. »Sein Vater, glaube ich, ist Zacharias aus dem Hause Abijah.«

Der Täufer war Johannes, sein eigener Blutsverwandter.

Jesus lief ein Schauer durch seine Seele. Johannes war der Sohn eines Priesters. Warum hatte er nicht den Beruf seines Vaters gewählt? Warum hatte er dem

Tempel und den Tempelritualen den Rücken zugekehrt und es statt dessen vorgezogen, in der Wüste zu leben und zu arbeiten?

Unter den unzähligen Gerüchten hatten glaubhaftere Geschichten angefangen durchzusickern. Johannes warnte die Leute davor zu sterben, ohne mit den alten Gewohnheiten gebrochen zu haben. Sie mußten ein neues Leben anfangen, wenn sie dem Zorn entgehen wollten, der kommen würde. Denn ein neues Zeitalter war für sie angebrochen, das Königreich Gottes war nahe.

Der Täufer billigte nur jene, die ihre Sünden bereuten und gelobten, nicht wieder zu sündigen. Nachdem er sie getauft hatte, schickte er sie aus der Wüste zurück zu ihren Häusern und zu ihrer Arbeit, wo sie, so sagte er, warten sollten.

Wenn man ihn nach ihm selbst fragte, antwortete er mit den Worten Jesajas:

> Es ruft eine Stimme: In der Wüste
> bereitet dem HERRN den Weg,
> macht in der Steppe
> eine ebene Bahn unserm Gott!

Pharisäer und Sadduzäer waren in Scharen gekommen, um ihn anzuhören. Johannes nannte sie eine Otternbrut und weigerte sich, irgend etwas mit ihnen zu tun zu haben. Sie hatten keine Zukunft. Wenn ein Bauer, sagte er, die Stoppeln seines Feldes anzündet, werden die Schlangen aus ihren Verstecken gescheucht. Sie versuchen sich in Sicherheit zu bringen. Sein Rat an die

Schlangen aus Jerusalem war: »Windet euch, windet euch, um dem Zorn, der kommen wird, zu entgehen. Windet euch.«
Als diese bedeutenden Leute dann sagten: »Weißt du, mit wem du redest? Unser Vater ist Abraham«, beugte sich Johannes zu Boden und hob eine Handvoll Steine aus dem Flußbett auf. »Abraham euer Vater?« schrie er und warf die Steine in die Luft. »Ich sage euch, sogar aus diesen Steinen kann Gott bessere Söhne Abrahams machen.«
Eine arme Frau rief aus: »Wann, Johannes, wann wird das sein?«
»Bald«, antwortete er, »bald. Die Axt liegt schon an der Wurzel des Baumes. Seht. Wenn der Baum keine Frucht trägt, wird er umgehauen für das Feuer.«
Es wurden noch weitere Geschichten erzählt.
Eine offizielle Abordnung von Priestern und Leviten der Klasse, zu der auch Johannes gehörte, wurde ausgesandt, um seine Glaubwürdigkeit zu überprüfen.
»Bist du der Messias«, fragten sie ihn, »der Gesalbte des Herrn?«
»Nein.«
»Bist du Elias, oder bist du es nicht?«
»Ich bin es nicht.«
»Wer bist du dann?«
Der Täufer wiederholte die Worte Jesajas: »Es ruft eine Stimme: In der Wüste.«
Von einer Frau in der Zuhörerschar dazu gedrungen, sagte der Täufer: »Ich taufe mit dem Wasser der Buße. Aber einer wird kommen, oh, der ist mächtiger als ich. Ich bin nicht würdig, seine Füße zu küssen. Er wird

euch mit dem Heiligen Geist und mit dem Feuer taufen.«
In einer Art Vision sah der Täufer den Kommenden. »Die Worfschaufel ist in seiner Hand«, rief er, »mit der er die Tenne reinigt und den Weizen in seine Scheune bringt. Was die Spreu betrifft«, er sah die Priester und Leviten finster an, »die wird er in ein Feuer werfen, das nie erlischt.«

Eines Morgens, nachdem er eine kalte, feuchte Nacht auf den Hängen oberhalb von Nazareth verbracht hatte, sagte Jesus zu seiner Mutter mit gebrochener Stimme: »Ich muß Johannes den Täufer treffen.«
Maria war nicht überrascht. Sie hatte die Worte in seinem Gesicht gelesen, bevor er sie noch ausgesprochen hatte.

32

Jesus brauchte für seine Reise nach Jerusalem drei Tage. Aus bestimmten Gründen hatte er sich genötigt gesehen, diese Reise vor seinem langen Abstieg nach Bethabara zu machen.
Hoch oben auf dem Ölberg wartete er in der Kühle des Morgens auf den Sonnenaufgang. Ein Nieselregen hatte gerade aufgehört, und die Luft war rein und der Himmel klar. Er hörte, wie die Leviten die Stadt zum Gebet und zum Opfer riefen. Die Berge von Judäa blinkten im Winterlicht wie die Glut eines gewaltigen Feuers, das von einem leichten Wind geschürt wird.
Die Hähne krähten. Die Stimmen der Menschen, die den neuen Tag begrüßten, klangen wie Glocken. Schafe, die noch von der Nacht froren, liefen lärmend über das Pflaster, ihr Atem sah aus wie Weihrauch.
In Jesus' Herzen herrschte Schweigen.
Er hatte die Cousine seiner Mutter, Elisabeth, besucht. Sie lebte allein in einem großen Haus in einem kleinen Dorf südwestlich von Jerusalem. Er hatte gehofft, daß sie ihm etwas Klarheit verschaffen würde. Das tat sie jedoch nicht. Sie war sehr alt, verwitwet, voller Falten und fast blind. Als er sie gesehen und seinen Namen gesagt hatte, war sie in Tränen ausgebrochen, und als er zu ihr sprach, hatte sie nur genickt und den Kopf

geschüttelt. Sie hatte ihm nichts zu sagen, außer daß sie ihn liebte und verehrte.

Es machte nichts.

Er stand auf dem Ölberg, und es gab zu seiner Überraschung keine Notwendigkeit für eine Entscheidung. Die geistige Krise hatte sich von selbst gelöst.

Jahrhundertelang hatte es zwei große Traditionen in Israel gegeben, die priesterliche und die prophetische, die manchmal miteinander harmoniert und manchmal gegensätzliche Standpunkte vertreten hatten. Der Täufer, obwohl er aus einer Familie von Rabbinern kam, hatte sich gegen den Kult und für das Wort als Quelle und Grundlage des Heiligen entschieden.

Jesus war mit ihm einig. Das Wort Gottes sprach zum Herzen. Ja, Jesus gehörte nicht zum erblichen Priesterstand. Und was noch wichtiger war als das, der Kult sprach seinen Geist nicht an. Er bevorzugte Kargheit, Einfachheit und einen direkten Zugang zu Gott, Gnade, nicht Opfer. Die Priesterschaft, wie sie der Tempel verkörperte, und ihre Verehrung waren zu prächtig, zu respektabel, zu anfällig für das Abseitige und Überflüssige. Überdies war der Kult zu provinziell. Er war auf einen bestimmten Raum beschränkt wie die alten kanaanitischen Götter der Berge.

Früher oder später würde er sich dieser Stadt und diesem Tempel, den er halb liebte und halb fürchtete, stellen müssen. Bereits jetzt schüttelte es ihn bei der Aussicht auf die Konfrontation. Er würde entweder siegen oder zerstört werden. Es war unentschieden.

Ohne Bedauern schlug er den Pfad ein, der über den südlichen Abhang des Ölbergs nach Bethanien führte.

Er war erleichtert, als er eine Gruppe erblickte, die von Jerusalem nach Bethabara wanderte. Er hatte keine Lust, die Rote Straße allein zu gehen, die Straße des Blutes und der Banditen.
Schon jetzt sah der Weg furchterregend aus. Er schlängelte sich immer weiter nach unten wie eine graubraune Schlange, die sich durch eine Felswildnis windet, welche schreckliche Formen hat.
In Bethanien trennte er sich von der Gruppe, weil er seinen Freunden guten Tag sagen wollte, und hatte vor, sie später wieder einzuholen. Aber Lazarus war allein und krank.
Martha und Maria waren am Tag zuvor nach Bethabara gegangen. Da war Lazarus noch gesund gewesen, doch jetzt spuckte er Blut. Jesus konnte ihn nicht allein lassen.
Er blieb zwei Tage lang, bis er sicher war, daß Lazarus allein zurechtkam. Als Abschiedsgeschenk gab ihm Lazarus eine Flasche mit Wasser und einen Granatapfel mit einer trockenen Schale, um seinen Durst auf dem Weg zu stillen.

Hinter Bethanien war das Land wüst, der lange steile Abstieg führte in einen Abgrund. Hierher eilten Mönche, Propheten, Banditen und entflohene Sträflinge auf der Suche nach Gott oder Mammon.
Die erste Hälfte der Reise verlief ohne Zwischenfall. Jesus störte Eidechsen auf, erblickte gelegentlich über sich eine schwarze Ziege, die sich verlaufen hatte, und, er war sich nicht sicher, einen Wolf. Tiere auf der Anhöhe, die nicht zu sehen waren, traten hin und wieder

einen Stein los und lösten damit winzige klirrende Lawinen aus.
Jesus war nicht wirklich beunruhigt. Was besaß er schon, was ein Dieb wollen könnte? Sein größter Feind war die Hitze. Obwohl es in Jerusalem noch winterlich kühl war, war es hier bereits wärmer als in Galiläa im Frühling.
Er traf auf eine Abteilung römischer Soldaten. Sechs oder sieben von ihnen standen um einen Kameraden herum, der auf einem Felsen ausgestreckt lag.
Jesus fühlte für ihn dieselbe Anteilnahme wie für Lazarus. Er fragte in gebrochenem Griechisch, ob er helfen könne.
Sie machten ihm Platz, etwas in ihm forderte Respekt. Der Kranke war ein Zenturio und viel älter als die anderen. Der Schweiß floß ihm nur so herunter. Seine haarigen Beine waren ausgestreckt, und an ihnen sah er eisenbeschlagene Stiefel.
Die Soldaten dachten wahrscheinlich, Jesus sei ein Arzt auf Wanderschaft.
Der Zenturio war in der Hitze bewußtlos geworden. Jesus setzte dem Mann seine Wasserflasche an die Lippen und wischte ihm mit einem feuchten Lappen über die Stirn. Und schon bald kam er wieder zu sich.
Er sah erschrocken aus. Seine erste Reaktion zeigte, daß er glaubte, in die Hände von Banditen gefallen zu sein. Als ihm der wahre Sachverhalt klar wurde, stieß er einen Fluch aus, dem ein trockenes heiseres Kichern folgte.
»Wer bist du?« wollte er wissen.
»Ein Jude.«

»Hallo, Jude. Ich sehe etwas unwürdig aus, oder?«
Jesus schüttelte lächelnd den Kopf.
»Ich bin hier einfach schon zu lange«, sagte der Soldat. »Wollte mich bereits vor Jahren zur Ruhe setzen, bevor ich für diese gottverlassene Ecke eingeteilt wurde.« Er brach ab und schluckte unter Schmerzen. »Tut mir leid, Jude.«
Jesus blieb förmlich. Er bot dem Zenturio mehr Wasser an. Dieser war nicht ernsthaft krank, nur ein Soldat mittleren Alters, ohne Kondition, der an Wassermangel litt. Die Soldaten hatten unterschätzt, wieviel Wasser sie benötigen würden, und eine ihrer Flaschen war zerbrochen.
Einer nach dem anderen nahmen sie, ohne nachzudenken, einen Schluck aus Jesus' Flasche, bis sie leer war. Der Zenturio merkte es nicht, bevor es zu spät war. Er war wütend auf seine Leute und zeigte es auch. Sie standen etwas abseits und schauten mürrisch. Es war ihnen alles andere als recht, vor den Augen eines Juden abgekanzelt zu werden.
Der Zenturio erzählte Jesus, daß sie in Jericho stationiert seien. Sie hatten einige Tage Urlaub bekommen und waren auf dem Weg in die Hauptstadt. Für ihn hatte der Ausflug schlecht angefangen.
Nach einer Stunde war er in der Lage, den Marsch bergauf fortzusetzen. Er gab Jesus eine Silbermünze, die dieser auszuschlagen versuchte.
»Nimm schon, Jude«, drängte ihn der Zenturio, »mach dir keine Sorgen über den Kopf des Kaisers darauf. Geld ist die einzige Macht der Welt, die keine Feinde kennt.«
Einer seiner Männer scherzte: »Silber riecht süßer als

eine Rose«, und die anderen lachten. Das Gelächter hallte in den Hügeln wider.
»Eines Tages«, sagte der Zenturio zu Jesus, als sie als Freunde voneinander schieden, »bin ich vielleicht in der Lage, dasselbe für dich zu tun.«

Nach einer halben Meile führte sein Weg durch eine enge Schlucht. Jesus sah, wie ihm fünf Männer zu Fuß entgegenkamen. Zu seiner Erleichterung hatten sie nicht die dunkle Haut der Beduinen. Sie gehörten zu seinem Volk.
Er hielt die rechte Hand hoch und begrüßte sie mit dem traditionellen Gruß: »Friede.«
Als der Gruß nicht erwidert wurde, bekam er es mit der Angst zu tun. Mit grimmigen, ja wütenden Gesichtern kamen sie auf ihn zu, zogen Stöcke aus ihren Umhängen hervor und umringten ihn.
Jesus hob beide Hände. »Freunde, ich habe nichts, wirklich.«
Seine Kehle schnürte sich zusammen, und die Worte kamen schleppend.
Der Anführer der Gruppe, ein Mann mit einem grauen Bart und einer Narbe von einem Schwerthieb auf der Backe, griff nach Jesus' Beutel, nahm die römische Münze heraus und spuckte auf sie.
»Nichts?« stieß er hervor und warf die Münze in eine Schlucht.
Jesus erhielt einen Schlag von hinten. Es klang wie Holz auf Holz und war in seinem Schädel wie ein reiner weißer Blitz. Da war kein Schmerz, nur Schock und Unbehagen.

»Liebhaber von Schweinen«, murrte jemand. Ein anderer sagte: »Bist du Jude?«
Jesus nickte.
»Warum hast du dann diesen Teufeln geholfen, die unser Land entweihen und unser Volk quälen?«
Bevor Jesus noch antworten konnte, bekam er einen zweiten Schlag. Der Stock prallte von seinem Kopf ab und landete auf seiner Schulter, in der sich ein taubes Gefühl ausbreitete. Der Granatapfel, den er in der Hand hielt, fiel auf die Erde und platzte auf. Die festen Samen übersäten lautlos den staubigen Boden. Das schien der Beweis dafür zu sein, daß etwas Schreckliches mit ihm geschehen würde.
Er wurde zu Boden geworfen und seine Beine und Schultern nach unten gedrückt. Der Anführer zog ein langes gebogenes Messer hervor.
In diesem Augenblick begriff er, was sie waren: Zeloten. Fromme Meuchelmörder, die im Namen Gottes gelobt hatten, mordend das Land von den Römern zu befreien und dabei den Tod in Kauf zu nehmen.
Wie er so dalag, wurde er wiederholt getreten. Jedesmal verfluchten sie ihn. In ihren Augen steckte er mit Pilatus unter einer Decke. Er unterstützte eine Verwaltung, die sich des Diebstahls, der Gewalt und des legalisierten Mordens schuldig gemacht hatte.
Graubart, der Anführer, hob Jesus' Kopf an.
»Sein Bruder«, er zeigte auf einen jüngeren Mann, »wurde letzte Woche gekreuzigt.«
»Ich bin Jude«, gelang es Jesus durch aufgeplatzte und blutende Lippen zu sagen, »wie du.«

»Heißt du gut, was sie gemacht haben?« stieß der junge Mann hervor, dessen Bruder gestorben war.

»Nein. Ich bin gegen Gewalt.«

Graubart schrie: »Du bist einer von diesen Feiglingen, die sich mit ihnen einigen wollen, oder etwa nicht? Du würdest zulassen, daß sie uns niedertrampeln.«

»Ich würde versuchen, sie zu ändern«, flüsterte Jesus.

»Sie ändern!« Der gesamte Trupp äffte ihn johlend nach. Einer von ihnen schlug ihm in den Magen. Ein anderer trat ihm mit seiner Sandale auf die Nase und brach sie. Jesus mußte schlucken, als ihm das Blut in einem Schwall die Kehle herunterlief.

Für Jesus war die Zeit stehengeblieben, sie war wie ein Baum in diesem einen Augenblick verwurzelt. In seinem Kopf war ein Schweigen, das noch absoluter war als das Schweigen in der Wüste oder auf den Gebirgsgipfeln. Das also bedeutete es, der Gnade von Leuten ausgeliefert zu sein, dachte er bei sich, die keine Liebe für dich übrig hatten.

Keine Erfahrung in seinem Leben hatte ihn auf das hier vorbereitet. Er wurde ohne Grund gehaßt. Er wurde angefaßt, und an ihm wurde herumgezerrt wie an einem Gegenstand, wie er selbst oft ein Stück Holz genommen und sich überlegt hatte, wie er es formen oder zerteilen sollte.

Er war hilflos. Niemand in der gesamten Schöpfung würde ihm zu Hilfe kommen. Er war ganz allein. War so das Alleinsein des Todes?

Ja, das war er, der Tod. Er sah ihn, konnte ihn sogar riechen.

Als dieser alte Mann in ihrem Dorf ermordet worden

war, war Esra zu dessen Haus gegangen. Überall, hatte er erzählt, hatte es nach Tod gerochen. Der Gestank war auf dem Dach und hing in den Wänden und den Möbeln. Aber das Erstaunlichste war, jedenfalls nach Esras Bekunden, daß nichts davon von der Leiche kam. Die Männer, die Jesus umringten und ihn traten und verprügelten, stanken nach Tod. Der Geruch kam aus ihren Kleidern und aus ihren Poren. In diesem Augenblick preßte man ihm die Spitze des Dolches an die Kehle.
Also doch kein Tod durch langsames Verhungern oder ein noch langsamerer Tod durch das Alter, sondern ein schneller Tod durch den Stoß mit einem Messer.
Er erhielt einen weiteren schweren Schlag, der aus einer anderen Welt hätte kommen können. Es war nicht so sehr Angst, die er empfand, sondern Grauen vor etwas Fürchterlichem. Er hatte sich damit abgefunden wie ein kleines Tier in den Klauen eines Raubvogels. Und mit der Resignation und trotz des verwirrenden Aufstands, dessen Mittelpunkt er war, kam eine Klarheit, die eine großartige Ordnung in seine Gedanken brachte.
Was ihn beruhigte, war eine Gegenwart, die größer und süßer als der Tod war, so daß mit jedem Pochen seines rasenden Pulses seine Seele rief: Abba, Abba, Abba.
Er konnte die Gestalt des Anführers wieder erkennen. Sah, wie der seine Keule hob und wie diese einen Bogen beschrieb, ihren gesamten freien Fall, bis sie auf seinem Kopf aufschlug. Blut spritzte und lief ihm über die Stirn in die Augen.
»Simon«, sagte der Anführer, »dieser Abschaum hat deinen Bruder ermordet. Du erledigst ihn. Beeil dich.«

Die Gruppe, die sah, daß Jesus halb bewußtlos war, marschierte weiter und ließ den jungen Mann mit dem Messer zurück.
Jesus konnte das Gesicht des Jünglings erkennen. Er bemerkte den starren Blick, seinen Haß, seine Lust auf Rache, und er hatte Mitleid mit diesen Gefühlen.
Simon hatte noch immer seinen Bruder vor Augen, wie er am Kreuz hing. Er hatte ihn tagelang ohne Unterbrechung angesehen. Stunde um Stunde hatte sein Bruder die Römer verflucht und ausgerufen: »Freiheit für die Juden!« und »Laßt mein Volk frei!« Niemand hatte ihm zugehört. Nur ein paar Freunde hatten mit ihm gelitten, hatten die Scharen von Fliegen miterlebt, den Schweißgeruch, die Schande, die Blase nicht mehr unter Kontrolle zu haben, und das langsame Erwürgtwerden.
Simon hatte schon vorher Menschen getötet, aber dieser Mord würde ihm besondere Freude bereiten.
»Ein letztes Wort, Verräter«, sagte er mit zusammengebissenen Zähnen.
Jesus, der kämpfen mußte, einen klaren Kopf zu behalten, flüsterte: »Es tut mir leid um deinen Bruder.«
Simon wandte den Kopf ab, als hätte man ihn geschlagen. Er war verbittert. Welches Recht hatte dieser Abschaum ...? Bis er begriff, was dieser Fremde wirklich meinte. Es tut ihm nicht um sich selbst leid, es tut ihm um meinen Bruder leid.
Sein Opfer streckte die Hand aus. Simon dachte im ersten Augenblick, das sei der letzte verzweifelte Versuch, ihm das Messer zu entreißen. Statt dessen strich der andere sanft über die Hand mit dem Messer und lächelte.

»Ich vergebe dir, Simon.«
Dann fiel er erschöpft zurück. Die weiße Kehle lag unter dem Bart frei.
Was war das? Sagte er wirklich …?
Simon weigerte sich, darüber nachzudenken, daß sein Opfer seinen Namen genannt und ihm vergeben hatte.
Er hielt ihm den Dolch wieder an die Kehle. Ein Stoß, und es war vollbracht.
Aber zu seinem Entsetzen verwandelte sich das Gesicht des Mannes in das seines Bruders. Dieser Fremde ist doch auch ein Jude, oder etwa nicht? Und keiner ist fähig oder will ihm helfen.
Ich vergebe dir. Hatte er das wirklich gesagt? Oder hatte er sich das nur eingebildet?
Das Opfer hatte kein Recht, zu seinem Mörder zu sagen: Ich vergebe dir. Das verwischte die Grenzen. Es machte eine heldenhafte Tat irgendwie … ekelhaft.
Schweiß lief Simon das Gesicht herunter wie Wasser aus einem Krug. Wie kann ich meinen eigenen Bruder ermorden?
Zu seiner Erleichterung hatte das Opfer jetzt wieder sein eigenes Gesicht.
Das Lächeln war jedoch immer noch da. War es Liebe? Wahnsinn? Hatte dieser Idiot keine Angst?
Etwas anderes kam Simon so stark und plötzlich in den Sinn, daß er vor Qual kaum noch Luft kriegte.
Sein Haß wurde nicht erwidert. In dem Opfer – das wußte er aus Erfahrung – spiegelte sich immer der Haß des Mörders, wie ohnmächtig dieser auch sein mochte. Zum erstenmal stieß sein eigener Haß nicht auf den seines Opfers. In diesem da war kein Haß.

Simon begriff, daß seine eigene Grausamkeit und Entschlossenheit von seinem Opfer neutralisiert wurde, wie sich Wasser im heißen Sand der Wüste verliert. Als er sich über seine Gefühle Rechenschaft ablegte, stellte er fest, daß er keine Kraft mehr hatte. Wenn ich ihn nicht hasse, wie kann ich ihn dann töten?

»Mach schon, Simon.« Die Gruppe, die bereits weiter oben auf der Straße nach Jerusalem war, wurde ungeduldig. »Wir werden noch zu spät beim Gottesdienst sein.«

»Komme.«

Der Ruf hallte in den felsigen Hügeln wider.

»Komme. Komme. Komme.«

Also war es eine Lüge. Es war doch keine geheime Tat. Die gesamte Welt sah ihm zu, hörte ihm zu …

Komme …

In dem Moment wußte Simon, daß er diesen Fremden nicht töten würde. Er würde überhaupt nicht mehr töten. Er hielt etwas Heiliges in den Händen wie die Gesetzestexte.

Simon schleifte Jesus an den Schultern in eine schmale Schlucht abseits der Straße. Anschließend färbte er die Klinge seines Messers rot mit Blut, das aus der Kopfwunde des Fremden sickerte.

Dann rannte er etwas schwankend los, um seine Gefährten einzuholen. Beim Laufen hielt er das blutbefleckte Messer auf Armeslänge vor sich und versuchte verzweifelt, dem Gesicht des Mannes zu entkommen, der sein Bruder geworden war.

33

Wie lange er so zwischen den Felsen gelegen hatte, wußte er nicht. Hin und wieder kam er zu sich, nur um erneut in einen unruhigen Schlaf zu fallen.
Einmal, als er erwacht war, hatte er versucht, sich zu erheben. Es ging nicht. Sein Rücken war verrenkt. Sein Kopf schmerzte, und er war durstig. Ein Auge war völlig geschlossen und das andere so zugeschwollen, daß er den Eindruck hatte, es sei mit Federn bedeckt, wenn er es öffnete.
Auf der Straße sah er die Reste des Granatapfels. Könnte er doch nur dort hinkriechen, dann könnte er seinen Durst wenigstens etwas löschen.
Die Sonne, die schon im Zenit stand, schien direkt auf ihn herunter. Er bedeckte sein Gesicht, so gut er es vermochte. Das war die schlimmste Zeit des Tages, aber da es sich um eine belebte Straße handelte, mußte Hilfe kommen.
Er lauschte. Jemand näherte sich. Er setzte sich auf. Von seinem Platz aus konnte er fünfzig Meter zurück in Richtung Jerusalem schauen.
In Sicht kamen ein Priester mittleren Alters und dessen Diener, beide kräftige Kerle. Jesus lachte trotz seiner Schmerzen; er hatte Glück. In Jericho lebten viele Sadduzäer. Sie zogen diesen Ort der Hauptstadt mit all

ihren Unruhen vor. Der Priester kehrte wahrscheinlich von seiner Dienstzeit im Tempel zurück.
Jesus hielt seine Hände hoch. Er versuchte nicht zu rufen, das war nicht nötig. Seine Notlage war offensichtlich.
Der Priester blieb jedoch nicht stehen, wandte nicht einmal für einen Augenblick den Kopf. Er ritt glatt vorbei.
Der Diener schaute und schaute wieder. Dann zuckte er mit den Schultern, grub seine Fersen in die Flanken seines Pferdes und galoppierte hinter seinem Herrn her.
Das hatte Jesus nicht erwartet.
Hatte der Priester ihn nicht gesehen? Unmöglich. Vielleicht hatte er nicht begriffen, daß er verletzt war. Aber hätte er nicht nachschauen müssen? Es konnte sein, daß Jesus den Eindruck machte, dem Tode nahe zu sein. In diesem Fall würde der Priester vermeiden wollen, selbst unrein zu werden. Nein, vermutlich war es Angst. Wenn schon ein Reisender überfallen worden war, warum dann nicht noch ein paar mehr?
Für Jesus hatte der Tag ein schmerzliches Erlebnis nach dem anderen bereit.
Enttäuscht lehnte er sich zurück und schlief wieder ein.

Irgendwann am Nachmittag öffnete er erneut die Augen. Wie viele Leute in der Zwischenzeit vorbeigegangen waren, konnte er nicht wissen.
Seine Lippen waren aufgesprungen und geschwollen, sein Körper ausgetrocknet. Er hatte aus der Kopfwunde viel Blut verloren. Es befleckte den Sand um ihn herum.

Sein Rücken tat nicht mehr weh, aber er konnte sich noch immer nicht erheben.
Der Boden vibrierte. Er richtete sich ein wenig auf. Aus Richtung Jerusalem tauchte ein Levit auf einem Esel auf. Über dem Sattel lag vor ihm sein offizielles Gewand. Er reiste ebenfalls nach Hause, nach Jericho.
Diesmal wollte Jesus sichergehen. Er rief. Ein krächzender Laut kam über seine Lippen wie ein Peitschenhieb.
Gott sei Dank hielt der Levit, ein junger Mann, an. Er zügelte seinen Esel, stieg ab und kam zu dem Fremden, der in einer Felsspalte lag, um zu sehen, was passiert war.
»Um der Liebe Gottes willen«, brachte Jesus mit Mühe hervor, »hilf mir.«
Er hatte die Worte klar ausgesprochen, da war er sicher. Aber der Levit ließ nicht erkennen, daß er etwas gehört hatte. Er zog die Luft ein wie ein mißtrauisches Tier.
Ist der betrunken? Er spricht mit einem seltsamen Akzent. Der ist nicht von hier. Gott! Konnte das eine Falle sein? Machte er mit den Beduinen gemeinsame Sache, die sich oben in diesen Felsen verbargen?
Der Levit wich zurück, und seine Augen spähten in alle Richtungen. Dann kletterte er auf seinen Esel und trieb ihn hastig an.
Jesus blieb zurück und fühlte sich schrecklich allein. Die Dämmerung brach an. Er konnte die Hyänen in den Hügeln kreischen hören und sah über sich an einem kupferfarbenen Himmel die Silhouetten großer kreisen-

der Vögel. Mit einem stillen Gebet fiel er wieder nach hinten und wurde ohnmächtig.

Ein Traum? Jemand, der seinen Kopf anhob? Er wußte, daß es sein Kopf war, wegen der Schmerzen darin und weil er sich so anfühlte wie ein aufplatzender Granatapfel.

Eine Flasche an seinen Lippen. Sanft angedrückt, aber es tat trotzdem weh. Wasser? Ah, so gut. Seine Zunge war geschwollen, sie füllte fast seinen ganzen Mund. Es gelang ihm trotzdem, ein paar Tropfen zu schlucken. Dann mußte er über eine Minute lang husten.

Sein Retter sprach nicht, nicht ein einziges Wort. Er reinigte die Wunden auf seinem Kopf, in seinem Gesicht und an seinen Händen mit Öl und Wein. Mit einem großen grünen Blatt bedeckte er die Kopfwunde und band es mit einem Schal fest, damit es nicht verrutschen konnte.

Anschließend wurde Jesus hochgehoben und dann mit dem Gesicht nach unten über einen Esel gelegt wie ein aufgerollter Teppich oder ein totes Schaf. Er sah das Gewand seines Retters. Es war ein Traum, denn der Mann trug die Kleidung eines Samariters. War einer der Feinde sein Retter, einer der Gotteslästerer?

Die Hitze des Tages war schon seit Stunden vorbei. Sein Körper war, abgesehen von seinen Lippen und seiner Zunge, eiskalt oder, genauer gesagt, gleichzeitig heiß und kalt.

Sein Retter, der seine Verwirrung spürte, murmelte: »Sei still. Du bist sicher bei mir. Ich werde mich um dich kümmern.«

Jesus fühlte sich bei dem Samariter in vollkommener Sicherheit. Lange bevor sie noch die Herberge erreichten, schlief er friedlich.

Als er wieder zu sich kam, war es dunkel. Er war in einem kleinen Zimmer, und plötzlich hörte er, daß sich jemand in der Nähe seines Bettes bewegte. Er fühlte nach seinen Augen und stellte fest, daß sie verbunden waren.
»Lieg still.«
Jesus erkannte die Stimme, den Akzent.
Der Samariter erklärte, daß er ein Zimmer in einer Herberge an der Straße gemietet habe. Er hatte Jesus' Verletzungen nach der Ankunft untersucht. Es waren üble Prellungen, aber soweit er sehen konnte, war nichts gebrochen. Eine angeknackste Rippe oder auch vielleicht zwei, das wußte er nicht.
Jesus streckte seine Hände aus. Aus irgendeinem Grund ergriff der Samariter sie nicht.
»Freund«, sagte Jesus, »bist du noch da?«
»Ich bin hier«, antwortete der Mann. »Aber ich bin nicht dein Freund.«
»Wer mein Leben rettet, muß auch mein Freund sein.«
Schweigen. Jesus legte seine Hände wieder hin, denn es tat zu weh, sie länger hochzuhalten.
»Ich bin ein Samariter«, sagte der Mann.
Jesus streckte die Hände erneut aus, so daß die Absicht deutlich wurde. »Ich weiß das, Freund.«
Der Samariter bewegte sich immer noch nicht aus der anderen Ecke des Zimmers.

Jesus sagte: »Ein Mann hat so viele Freunde, wie in seinem Herzen Platz haben.«
Drei Minuten lang hielt er seine Hände hoch. Es war eine übermenschliche Anstrengung wie das Gekreuzigtwerden.
Der Samariter bewegte sich nicht.
Als Jesus' Arme auf seine Brust fielen, war er eingeschlafen.

Die Binden, die seine Augen bedeckten, wurden entfernt. Das Dunkel wurde von einem dicken rosafarbenen Nebel abgelöst. Er sah immer noch nichts. Das Fleisch um seine Augen war geschwollen.
Der Samariter brachte ihm zu essen. Mehl und Rosinen, die mit Milch zu Bällchen geformt waren, sowie Honigwasser. Schweigend fütterte ihn der Samariter und ging wieder.
Jesus konnte spüren, wie die Hitze auf das flache Dach hämmerte. Er hörte, wie sich Tiere bewegten, und roch den Stall hinter der Herberge. Ab und zu vernahm er Schritte auf der nahe gelegenen Straße.
Er befühlte das Gewand, das er trug. Es gehörte nicht ihm, es war in der Art der Samariter. Gestern hätte ihn das noch beunruhigt, heute nicht mehr.
Er konnte nicht beurteilen, wieviel Zeit vergangen war. Es war vielleicht am nächsten Tag, als er die vertrauten Laute von jemandem hörte, der betete. Zuerst dachte er, der Samariter sei fort und durch einen Priester oder Leviten ersetzt worden, und verspürte Ärger.
Aber es war der Samariter. Er sagte die alterslosen Gebote auf, wie sie im Buch Deuteronomium nieder-

geschrieben sind. Sie waren genausogut der Glaube des Samariters wie sein eigener.
»Ich bin der HERR, dein Gott, der ich dich aus Ägyptenland, aus der Knechtschaft, geführt habe.«
Jesus stimmte leise ein: »Du sollst keine anderen Götter haben neben mir.«
Jesus hatte nur einige wenige Worte gesagt, als ihm klar wurde, daß er alleine betete. Der Samariter hatte das Zimmer verlassen.

Noch zwei weitere Tage fütterte ihn der Samariter und erneuerte seine Verbände. Sie wechselten kein einziges Wort. Nachdem er ihm zu essen gegeben hatte, sagte Jesus nicht danke, obwohl sich sein Herz danach sehnte, es zu tun. Er wollte auf die Knie sinken und dem Mann die Füße küssen.
Als Jesus am folgenden Morgen erwachte, bemerkte er, daß durch die schmale Öffnung des Fensters Sonnenstrahlen fielen. Die Schwellung um seine Augen hatte nachgelassen. Zum erstenmal konnte er mehr als nur Umrisse erkennen.
Der Samariter hatte sich bereits um seine Esel gekümmert. Er kam mit einem Tablett, auf dem etwas zu essen und zu trinken war, in den Raum. Ein Tuch verhüllte die untere Hälfte seines Gesichts.
»Friede«, sagte Jesus.
Der Samariter bemerkte, daß ihn Jesus direkt ansah. Instinktiv wandte er sich um und wollte hinausgehen.
Was ist mit ihm passiert und mit uns, fragte sich Jesus, daß aus ihm solch eine Mischung aus Abscheu und Liebe werden konnte?

»Freund«, rief Jesus. Er sprach das Wort mit so viel Autorität und solcher Zuneigung, daß der Samariter in der Tür stehenblieb. »Mein Name ist Jesus. Ich komme aus Nazareth. In der Nähe von dort, wo du leben müßtest.«

Der Samariter schlurfte zu dem Strohsack, auf dem Jesus lag, und stellte das Essen neben ihn.

»Iß«, sagte er, und sein Atem bauschte das Tuch, das sein Gesicht verhüllte. »Wir leben weit, weit voneinander entfernt.«

Er hatte Brot, Obst und Ziegenmilch gebracht.

Jesus nahm das Brot, brach es und bot dem Samariter eine Hälfte an. Die unsterbliche Geste der Liebe und Brüderschaft.

Der Samariter stand wie versteinert da. Sein Kopf begann zu zucken, und dann schüttelte er ihn in einer wilden Gebärde der Ablehnung.

Jesus nickte langsam, aber bestimmt. Es war eine Schlacht des Willens. Er nickte immer noch, als der Kopf des Samariters sich nicht mehr bewegte.

Wieder hielt ihm Jesus ohne Worte das Brot hin. Der Samariter sah es einen langen Moment an, als sei es eine Schlange, und nahm es. Sich auf dem Absatz umdrehend, stürzte er zur Tür.

»Freund«, rief Jesus, »bleib hier. Iß mit mir.«

Der Samariter kam unsicher zurück, und seine Hände zitterten. Jesus mußte sich an ein seltsames Ereignis erinnern zu der Zeit, als die Heuschrecken über sein Dorf hergefallen waren. Die Katzen waren auf die Bäume geklettert, um an die Heuschrecken zu gelangen, und kamen nicht wieder herunter. Niemand kümmerte sich um sie, und so mußten sie die ganze Nacht oben bleiben. Der Samariter sah ihn in diesem Moment so an wie eine Katze, die von einem Baum nicht wieder herunterkommt. Er hatte sich in eine Lage manövriert, in der er nicht sein wollte, konnte sich aber ohne fremde Hilfe nicht aus ihr befreien.

»Ich kann nicht«, sagte der Samariter als Ergebnis des inneren Kampfes.

»Du kannst, du mußt.«

Der Samariter hatte sein Selbstvertrauen vollkommen verloren. »Ich esse allein«, sagte er mit gebrochener Stimme. »Das ist immer so.«

»Nicht immer. Jetzt nicht.«

»Aber«, erwiderte der Samariter, »es ist kein Vergnügen, mich anzusehen.«

»Komm schon«, bat ihn Jesus.

Der Samariter kniete sich neben das Bett, und Jesus nahm ihm das Tuch ab. Darunter hatte er nur noch ein halbes Gesicht. Der Mann hatte ein gesundes Auge, das andere war wie ein Stein. Der größte Teil seiner Nase war weggefressen, so daß in der Mitte seines Gesichts ein einziges großes Loch war. Die linke Wange sah aus, als sei sie in sich zusammengefallen, und die Haut auf ihr war weiß wie Schnee.

Er hatte einmal an Aussatz gelitten, aber die Krankheit war zum Stillstand gebracht worden.

Der Samariter hatte die ganze Zeit in Jesus' Gesicht nach einem Anzeichen des Abscheus gesucht und keines gefunden.

»Das tut mir leid«, seufzte er.

Jesus lächelte dankbar. »Das Gesicht eines Engels«,

sagte er. »Für mich ist es schöner als das Gesicht der schönsten Frau.«

Auf das, was als nächstes geschah, war der Samariter vollkommen unvorbereitet. Jesus beugte sich vor, zog den Samariter an sich und küßte ihn auf die Lippen.

Der Samariter sprang zurück, ehrfürchtig und von Schrecken erfüllt.

»Wir sind Feinde, du und ich«, flüsterte er. »Das ist so, jetzt und für immer.«

»Von dem Augenblick an, da du Mitleid mit mir hattest«, sagte Jesus, »wurde ich dein Bruder. Jetzt und für alle Zeit. Du kannst nichts tun, um das zu ändern.«

Er machte dem Samariter ein Zeichen, daß er zurückkommen sollte. Dieser tat es, und sie aßen – zusammen.

Jesus erzählte dem Samariter von seinem Leben in Nazareth. Ammiel berichtete von seinen häufigen Reisen zwischen Jericho und seiner Heimatstadt Sychar. Er war Kaufmann und handelte hauptsächlich mit Stoffen und Balsam.

Er sprach zuerst schüchtern, dann mit Stolz von der Gesetzesrolle, »der wichtigsten Schriftrolle der Welt«, wie er sagte, »die uns von Gott selbst gegeben worden ist«. Und für Gerizim, den Berg des Segens, und die tiefen kühlen Wasser von Jakobs Brunnen fand er ebenfalls freundliche Worte.

Ammiel erwartete jeden Augenblick, daß Jesus ihn unterbrechen, ihn korrigieren oder ihm widersprechen würde. Er wurde fast böse, daß Jesus überhaupt nicht reagierte, weder zustimmte noch widersprach. Er hörte nur zu.

»Bist du nicht ein gesetzestreuer Jude?« fragte er.
»O ja, Ammiel.«
»Warum streitest du dich dann nicht mit mir?«
»Du bist ein gesetzestreuer Samariter«, gab Jesus zurück, »warum hast du mich nicht am Rand der Landstraße sterben lassen?«
»Ich habe gesündigt«, sagte Ammiel.
Jesus schüttelte den Kopf. »Es ist keine Sünde, Feinde zu lieben. Wir müssen sie lieben und ihnen Gutes tun.«
»Wenn wir das tun, werden wir keine Feinde übrigbehalten«, erwiderte Ammiel verwirrt. »Weder werden wir länger Samariter sein noch ihr Juden. Es wird keinen wirklichen Unterschied mehr geben.«
Jesus signalisierte seine teilweise Zustimmung. »Ein Mann kann ein loyaler Jude sein, ein anderer ein loyaler Samariter, und sie sind trotzdem Brüder.«
»Wie?«
»Indem sie Gott in Geist und in Wahrhaftigkeit anbeten. Nur wenn wir Juden und Samariter unloyal sind, hassen sie einander.«
»Mein eigenes Volk«, gab Ammiel zu, »haßt mich. Warum? Wegen meines Leidens. Und«, er zögerte, »wegen meiner Heirat.«
Er berichtete, daß er mit einer Frau verheiratet sei, die in vierter Ehe mit ihm lebte.
»Ich war ein Ausgestoßener, sie war ebenfalls geächtet«, sagte er grimmig. »Wir waren wie füreinander geschaffen.«
»Und ihr liebt euch?«
»Wir streiten, wir fauchen und wir lieben uns. Wir brauchen uns.«

»Ich kann verstehen«, sagte Jesus einfach, »warum sie dich liebt.«
»Niemand spricht mit ihr, als sei sie eine Jüdin«, fuhr Ammiel verbittert fort. »Sie muß sogar ihr Wasser holen, wenn keine anderen Frauen am Brunnen sind. Sonst würden sie sie steinigen.«
»Weil«, fragte Jesus, »sie loyale Samariter sind?«
Zum erstenmal lächelte Ammiel. Es war wundervoll, wie ein Lächeln dieses zerstörte Gesicht verändern konnte. Jesus vermutete, daß er lange nicht mehr gelächelt hatte.
»Ich weiß, warum ich dich gerettet habe«, sagte Ammiel. »Es war wegen deines Sinns für Humor.« Ernsthafter fügte er hinzu: »Nein, ich habe dich aufgelesen, weil du so aussahst, wie ich mich gefühlt habe.«
Jesus wußte, wie verletzt und verwundet er war.
»Ich brauchte auch dringend einen Nachbarn«, sagte Ammiel und faßte Jesus liebevoll am Arm.

34

Ammiel mußte gehen. Er war schon fünf Tage überfällig. Seine Frau machte sich bestimmt Sorgen.
Jesus sagte: »Es tut mir leid. Ich kann dir das nicht zurückzahlen.«
»Bist du mein Feind, daß du so redest?« erwiderte Ammiel fröhlich. »Nein, mein Freund, wir haben uns gegenseitig gerettet.«
Er kehrte häufig in der Herberge ein. Jetzt gab er dem Wirt zwei Silbermünzen, genug für einen zwei- bis dreiwöchigen Aufenthalt.
Jesus, der in seinem Zimmer war, hörte Ammiel sagen: »Kümmere du dich für mich um ihn. Falls er noch nicht gesund ist, wenn das Geld zu Ende gegangen ist, zahle ich für ihn das nächstemal, wenn ich wieder hier bin.«
Jesus erwartete, daß Ammiel zurückkam, um noch von ihm Abschied zu nehmen. Offensichtlich hatte er jedoch seine Esel schon vorher gesattelt, und das nächste, was Jesus hörte, war das sich entfernende Hufgetrappel der Tiere.
Vielleicht wollte sich Ammiel nicht danken lassen. Oder wollte er auf diese Art zum Ausdruck bringen, daß es zwischen ihnen keinen Abschied gab?
Jesus wurde schnell gesund. Nach einer Woche war sein

Rücken besser, und seine Rippen taten ihm immer weniger weh.

Er verbrachte die Tage damit, sich auszuruhen, auf den Hügeln spazierenzugehen und zu beten.

Als er schließlich die Herberge verließ, trug er sein weißes Sabbatgewand, das Ammiel offensichtlich für ihn gerettet hatte. Er machte sich frisch und guter Dinge auf den Weg nach Jericho.

Die Straße führte in Serpentinen ohne jeden Schatten über tausend Hügel. Die Anhöhen in der Ferne schimmerten lila und die in der Nähe blaugrau.

Wegen der Hitze und der Feuchtigkeit hatte er Schwierigkeiten beim Atmen. Doch das war ihm egal. Dort unten, wo Elias ab und zu auftauchte, um Könige einzusetzen und zu stürzen, würde sich etwas sehr Wichtiges ereignen.

Hinter einer Kurve hatte er klare Sicht auf Jericho in der Ferne. Die Stadt war von einer Mauer aus Lehmziegeln umgeben, die Ecken verschwammen unter unzähligen Bäumen. Hinter ihr erhob sich ein steiler Berg. Jenseits schimmerte scheinbar ganz nah, aber in Wirklichkeit in weiter Ferne das blaue Wasser des Toten Meeres. Und hinter dem Wasser zeigten sich im Osten die malvenfarbenen Hänge des Moab-Gebirges.

Am Fuße der judäischen Berge begann Jesus seinen Marsch durch das öde Land nach Jericho. Sein Herz schlug schnell.

Jericho war eine grüne Oase inmitten einer Ebene. Herodes' Winterpalast stand immer noch, und es gab viele stattliche Häuser. Er kam an Ziegenherden vorbei und

an zahllosen Hühnern und Truthähnen, an schnaubenden Kamelen und an blinden Bettlern, denen er nichts anderes als ein Gebet geben konnte.
Ein fruchtbarer Landstrich. Hitze und Feuchtigkeit ließen alles reifen. Mais, Obst, Gemüse, Oleanderbüsche mit unzähligen Blüten und Balsaminen, Pflanzen, um die man die Bewohner überall auf der Welt nur beneiden konnte. Schon eine Meile vor der Stadt hatte Jesus den Geruch von Gewürzen, Parfümen und Duftölen in der Nase, die auf dem Markt feilgeboten wurden.
Seine freudige Erregung nahm zu. Bald kam er zu einer Ansammlung von Häusern mit Tamarisken und einem kleinen Fluß, in dem auch wirklich Wasser floß – Gilgal. Hier in Gilgal hatten die Israeliten ihr erstes Lager aufgeschlagen, nachdem sie den Jordan überschritten hatten. Hier war die Bundeslade zum erstenmal im Heiligen Land zur Ruhe gekommen. Hier hatte man zwölf Steine vom Flußbett aufgesammelt, die für die zwölf Stämme Israels stehen und Gottes Macht und Vorsehung ein Denkmal setzen sollten. Das erste Passahfest hatten sie hier gefeiert und die Beschneidung wieder eingeführt als Aufnahmeritus in das jüdische Volk und als Zeichen des Bundes im Fleisch. Hier hatte sein Namensvetter Josua sein Lager errichtet und Krieg gegen die Kanaaniter geführt.
Jesus war begeistert. War er nicht selbst ein beschnittener Jude, ein Anhänger der Gesetze und des Passahfestes, und betete er nicht auch den Gott an, der sein Volk aus der Sklaverei geführt hatte. Fühlte er sich nicht etwa eins mit ihnen in ihren Freuden und Anfechtungen? Eins mit ihnen sogar in ihrer Schuld?

Er betete ziemlich lange in Gilgal. Als er sich wieder erhob, schimmerte die Hitze wie Wasser.
Die letzten Meilen ging er schneller. Er konnte den Fluß nicht sehen, jedoch das Gestrüpp an seinem Rand. Auf der Uferböschung des Jordan wuchsen Pappeln vom Euphrat und Tamarisken mit ihren dünnen schuppigen Ästen. Es war Winter, obwohl es heiß und schwül war, und die Bäume hatten alle keine Blätter.

Der Täufer unterbrach seine Arbeit. Er war groß, dünn wie Bambus und drahtig. Seine Haut war schwarz wie Ebenholz, sein Haar strohig von der Sonne. Man hätte ihn für sechzig halten können, aber er war nur halb so alt.
Von seinem Platz in der Mitte einer Furt aus konnte er eine Gestalt in der Wüste erkennen. Sie zog durch ihre Einsamkeit seine Aufmerksamkeit auf sich und weigerte sich beharrlich, feste Formen anzunehmen.
Die Gestalt kam näher; sie schien über dem Boden und unter einem weißen Wölkchen zu schweben. Langsam, langsam wurde der Abstand geringer, den langen letzten Abhang zum Wasser hinunter.
Der Täufer war kein Mann, der sich ablenken ließ. Er wollte mit seiner Arbeit fortfahren. Die Menge sang, und viele riefen, daß sie getauft werden wollten. Aber er spähte nur weiter in die Ferne.
Jesus breitete die Arme aus, und was Johannes sah, war eine Taube, die niedrig über die Wüste flog. War das, konnte das Israel sein, Gottes treue Taube? Johannes fühlte, wie die Angespanntheit seiner Seele abnahm und ihn Friede durchströmte.

Er verließ erwartungsvoll das Wasser. Sein Friede verwandelte sich in Sehnsucht, und die Sehnsucht war wie ein Nagel, der ihm ins Herz getrieben wurde.
Von allen Seiten drängten sich Leute um ihn und wollten etwas wissen. Er stieß sie grob weg, und sie ließen ihn vorbei.
Als sie ihn in die Wüste starren sahen, wurden sie ruhig.
Aus der Taube wurde ein Mann, groß und stattlich, der sich mit Würde bewegte.
Der Täufer hörte einen Ruf, der so laut war, daß er sich die Ohren zuhielt. »Das ... das ... das ...«
Er kletterte die Uferböschung hinauf, lief dem Menschen aus der Wüste entgegen und fiel vor ihm auf die Knie. Er schauderte und war von Ehrfurcht erfüllt. Der Mensch half ihm auf und umarmte ihn. Johannes' Tränen fielen auf die Schultern des Mannes.
»Endlich bist du gekommen.«
»Ja, Cousin. Du warst großartig.«
Einige Leute riefen: »Er ist gekommen ... Wer ist gekommen? ... Wer ist das?«
Die weiter hinten standen, waren böse. Da passierte etwas, und sie konnten nichts sehen oder hören.
Jesus legte seinen Umhang beiseite, und die Menschenmenge teilte sich, als er auf das Wasser zuging.
Johannes sprang hinter ihm her und schnitt ihm den Weg ab. »Nein, Herr. Das ist nicht richtig. Jetzt bin ich an der Reihe, getauft zu werden – von dir.«
Jesus schüttelte den Kopf. »Auf diese Weise wird das Wort erfüllt werden.«
»Aber Herr«, sagte Johannes nachgebend, doch er begann zu wimmern.

Jesus brachte ihn sanft zur Ruhe. »Ganz Israel muß geläutert werden. Das ist befohlen.«

Er watete ins Wasser und wußte, daß das der Tod war. Nicht sein eigener Tod, den er auf der Straße nach Jerusalem gekostet hatte, aber der Tod der Tode.

Johannes watete hinter ihm her. Er hatte bisher alles so klar gesehen, jetzt war er vollkommen durcheinander und hatte Angst. Sollte der Retter Israels ebenfalls geläutert werden – und gedemütigt?

Etwas Schreckliches lag in der Luft.

Muß ich? Nur in den Augen des Täufers war diese Frage zu lesen. Und es waren ebenfalls nur die Augen Jesus', die antworteten: Du mußt.

Jesus lehnte sich zurück, ein Lamm, das zur Schlachtbank geführt wird. Johannes ergriff ihn zitternd und tauchte ihn unter Wasser.

Jesus verweilte ziemlich lange bewegungslos, wie tot, bis seine Lungen zu platzen schienen. Dann erhob er sich schnell mit einem Atemzug, der dem ersten Atemzug eines Säuglings ähnlich schien, schmerzhaft und großartig.

Jesus ging zum Ufer, Wasser lief an ihm herunter, sein Gesicht glänzte in der Sonne. Er hob seinen Umhang auf und suchte sich eine ruhige Ecke.

Der Täufer sah ihm nach. So viel war geschehen und doch so wenig. War jetzt alles anders oder überhaupt etwas? Was würde Gott jetzt tun? Was mußte er noch für Gott tun?

Viele Leute fragten ihn von allen Seiten: »Was geschieht hier eigentlich? ... Wer ist das? ... Warum bist du vor ihm auf die Knie gefallen?«

Anfänglich hörte sie Johannes nicht. Schließlich versuchte er wieder zu sich zu kommen. Seine Stimme hatte ihren wilden, heiseren Klang verloren. Er sagte leise: »Ich habe etwas Wunderbares gesehen.«

»Wunderbar«, sprachen die um ihn herum aufgeregt nach. »Wunderbar.«

»Ich habe ein Licht gesehen, das auf die Erde herabgekommen ist.«

Und wieder gingen seine Worte wie ein Raunen durch die Menge.

»Der Geist Gottes ist bei diesem Mann. Ich habe die Stimme Gottes gehört aus einer Wolke, und sie sagte: ›Das ist mein geliebter Sohn. Höre auf ihn.‹«

35

Jesus baute sich eine Schilfhütte ähnlich den Hütten, die sie für das Laubhüttenfest errichteten.
Wie der Täufer war er sich unsicher, wie es weitergehen würde. Er mußte weiterhin beten und warten.
Am darauffolgenden Tag war er am Fluß gewesen und hatte gebadet und ruhte sich gerade unter einem Baum aus, als vor ihm zwei Schatten auftauchten. Er sah hoch und erkannte sofort seine beiden Fischerfreunde Johannes und Andreas wieder.
Er lächelte zur Begrüßung und sprang auf, um sie zu umarmen. Ihr Verhalten hatte sich verändert. Wie eine Eidechse, die nach Kühlung sucht, trat Andreas von einem Fuß auf den anderen, und Johannes fragte sehr förmlich: »Wo wohnst du?«
Er führte sie zu seiner Hütte. Es war später Nachmittag, und die Sonne lockerte den Griff, mit dem sie das Land in ihrer Gewalt hatte. Sie blieben einige Stunden. Als die beiden sich etwas ungezwungener fühlten, erzählten sie Jesus, daß sie den Täufer gefragt hätten, wer Jesus sei.
»Und was hat er gesagt?«
»Das Lamm Gottes.«
Eine Stunde, nachdem seine Freunde gegangen waren, dachte Jesus immer noch über die rätselhaften Worte

des Täufers nach. Da vernahm er ein lautes, nicht zu überhörendes Husten.

»Hallo, Fischer«, sagte Jesus erfreut. »Ich habe dich erwartet.«

Simon lag auf den Knien. Er zitterte und war vollkommen außer sich. Er stammelte nur: »Herr.«

Mit diesem einen Wort hatte er den Bund geschlossen. Er war vielleicht später gelegentlich unsicher, aber niemals würde er der Treue bis zum Tod abschwören.

»Hast du mir einen Fisch mitgebracht?«

Simon senkte den Kopf. »Nur mich selbst«, antwortete er.

Mit dem Zeigefinger hob Jesus Simons Kopf zu sich empor, bis sie sich in die Augen blickten.

»Das ist genug.«

»Ich weiß, daß Gott dich gesandt hat«, sagte Simon eilig. »Ich habe es immer gewußt.«

Er hatte etwas begriffen, was den Täufer immer noch durcheinanderbrachte: warum Jesus sich hatte taufen lassen. Der Grund war, daß Jesus sich für alle und alles verantwortlich fühlte. Für alle Sünder und alle Sünden. Weil er die Schuld aller auf sich laden wollte. Und er konnte das auch, weil er unschuldig war.

»Simon, Sohn des Jona, von jetzt ab werde ich dich Petrus nennen.«

»Petrus«, wiederholte Simon. »Habe ich etwas von einem Felsen?«

»Stur, taub, unnachgiebig, unbeweglich«, antwortete Jesus lachend. »Ja, du bist ein Fels.«

»Ah«, sagte Simon augenzwinkernd. »Aber kann ein Fels auf dem Wasser wandeln?«

Jesus klopfte ihm auf die Schulter. »Das wird der Fels wohl noch lernen müssen.«

Am folgenden Morgen wurde Jesus am Jordan von seinen Freunden umringt. Petrus und Andreas waren da und Jakobus und Johannes. Jesus stellte ihnen Judas Ischariot aus Jerusalem vor. Er war auch bei der Taufe dabeigewesen. Jesus konnte nicht umhin zu bemerken, daß die Galiläer in Gegenwart dieses Mannes aus dem Süden etwas steif waren.
Plötzlich fühlte er, wie ihn jemand am Arm zog. Er drehte sich um und sah in das Gesicht des Mannes, der ihn hatte umbringen wollen.
Sie gingen etwas auf die Seite.
Simon, der Zelot, sagte: »Ich hätte die schreckliche Tat fast wirklich begangen.«
Jesus nickte verständnisvoll. »Du warst auf dem falschen Weg, das ist alles.«
»Ich weiß. Ich wollte mich nur bedanken.«
Er war im Begriff zu gehen, als Jesus seinen Namen rief. Simon drehte sich um und sah Jesus ungläubig an.
»Ich kann bleiben?«
Jesus nickte.
Simon trat nahe an Jesus heran und drückte ihm etwas in die Hand. Ohne es anzuschauen, warf Jesus das Messer in die Mitte des Jordan. Auch das Messer eines Meuchelmörders hatte es nötig, getauft zu werden.
Er hatte Simon den anderen vorgestellt, als Judas ein Gefäß mit Öl hochhob.
»Für dich, Herr.«

Die Anrede »Herr« kam Judas am leichtesten über die Lippen.
»Für mich?«
»Es riecht gut«, sagte Judas. »Eine junge Frau hat mich gebeten, es dir zu geben. Dünn, langhaarig, mit einer kleinen Narbe auf der linken Wange und aus dem Norden.«
»Sie ist eine Freundin von mir«, erwiderte Jesus. Er ließ seinen Blick über die Menge schweifen in der Hoffnung, sie möge noch da sein.
»Sie ist schon vor einer Stunde sehr eilig aufgebrochen«, erklärte Judas. »Sie war hochschwanger.«
Jesus' Gesichtszüge drückten sein Mitleid mit der Not von Maria von Magdala aus.

Jesus verbrachte eine unruhige Nacht und war am nächsten Morgen nicht ausgeruht. Es war, als sei in ihm ein gefangener Vogel, der mit den Flügeln schlägt und versucht, sich zu befreien. Aber Jesus wußte, daß seine Lehrzeit noch nicht zu Ende war.
Der Täufer hatte ihn anerkannt, und eine vielversprechende Gefolgschaft begann sich um ihn zu scharen. Aber ein Teil von ihm war noch nicht bereit für diese Auseinandersetzung. Er mußte sich erst noch besser kennenlernen. Er würde dorthin gehen, wo er am wenigsten hinwollte. Dort wartete etwas auf ihn, und der Geist Gottes zwang ihn förmlich, tapfer darauf zuzugehen.
Er verließ seine Hütte bei Sonnenaufgang und begab sich zum Fluß, wo seine Freunde frühstückten.
»Petrus«, sagte er, so daß auch die anderen es hören konnten, »ich gehe in die Wüste.«

»Wie lange, Herr?«
»Bis ich meine Aufgabe erfüllt habe. Wartet hier auf mich.«
Petrus schob das Kinn vor. »Wir werden warten«, erwiderte er.

36

Jesus ging vom Jordan aus durch einen ziemlich wüsten Landstrich zum Toten Meer und betete dabei. Die Luft war klar und seltsam geruchlos. Mittags brütete ein flaches weißes Licht über allem und warf keinen einzigen Schatten.

Er kam an einigen Beduinen vorbei, deren Gesichter wie die von Habichten aussahen. Um Schatten zu haben, hatten sie ihre Zelte aus Ziegenleder aufgestellt oder schwarze Decken über ein paar Stöcke in einem getrockneten Flußbett geworfen. Sie ließen sich nicht dazu herab, in seine Richtung zu schauen.

Das Land war steril, klar, ohne Kompromisse oder Undurchsichtigkeiten. Sein Volk war in einer Landschaft wie dieser geformt worden. In kommenden Jahrhunderten würden Juden vielleicht in großen Städten leben, aber sie würden immer die Spuren davon mit sich herumtragen, daß sie in einem Land wie diesem geboren waren. Wenn sie auch sonst nichts daran erinnerte, würden sie ihre Schriften daran erinnern.

Er sah eine Wildsau mit ihren Jungen und einige Ziegen mit langen Ohren. Sand war überall. Sand in Haufen und Sand, der von einem Wind zerfurcht war, welcher jetzt nicht mehr blies. Seine Füße versanken, und schwerer als Wasser hielt der Sand ihn zurück.

Er erreichte das Tote Meer. Das Wasser war hellgrün, und über ihm erhob sich Nebel. Er konnte das andere Seeufer fast nicht erkennen. Es gab keine Wellen, und das Wasser roch nach Schwefel. Die einzige Vegetation bestand aus wilden Kapernsträuchern und anderen Büschen, die größer waren und rote Beeren trugen. Er wollte sie probieren, tat es dann aber doch nicht.
Er hatte nicht mit Vögeln gerechnet und war überrascht, daß es am Anfang des Toten Meeres so viele gab. Große Schwärme von Fischen wurden von dem Fluß nach Süden getragen. Nur wenige Meter innerhalb des Salzsees kamen sie um. Wenn sie mit dem Bauch nach oben auf der Wasseroberfläche erschienen, warteten die Kormorane und Eisvögel schon, spießten sie auf und flogen mit ihnen davon, um sich oder ihre Jungen vollzustopfen. An den Ufern kamen Raben und Geier aus größter Höhe herunter, um über die toten Fische herzufallen, die ans Ufer geschwemmt wurden.
Er sah mit größerer Zufriedenheit Turteltauben, eine ägyptische Gans, sogar einen verirrten Kiebitz und kam an einer lärmenden Schar von umherhüpfenden Drosseln vorbei. Sie bewegten die Schwanzfedern ruckartig und verfolgten einander einen Busch hinauf, fraßen gierig, ließen sich wieder auf den Boden fallen und hüpften in einer Reihe hintereinander davon.
Eine lange Zeit stand Jesus einfach da und sah auf den Berg Nebo, von dem aus der sterbende Moses einen einzigen Blick auf das gelobte Land hatte werfen dürfen. Diese östlichen Hügel waren karg, das stimmte. Er hatte das Gefühl, man müßte nur an ihnen kratzen, und

Blut und Wasser würden hervorströmen. Ihm tat Moses leid.

Das war das Ende seiner Pilgerfahrt.

Von jetzt an wechselte er die Richtung und wanderte nordwärts durch eine Landschaft, die so eintönig war wie das Meer. Die Hitze ließ alles in eine Starre verfallen und hielt es so fest wie mit den Armen eines Ringers.

Er traf auf eine Schar schwarzer Störche und einen wunderschönen Sandtruthahn, der seine Eier in eine Felsspalte gelegt hatte. Endlich fand er, was er gesucht hatte: eine Höhle am Fuße eines felsigen Abhangs. Die sollte sein Unterschlupf werden.

Er war sehr durstig. In der Nähe gab es ein ausgetrocknetes Wasserloch. Genau unter seinen fast durchsichtigen Ablagerungen sah er die plumpen Umrisse von Fröschen. Er erinnerte sich an seine Kindertage. Immer wenn er durstig gewesen war und es sonst nichts gab, hatte er Frösche wie diese ausgegraben. Sie hatten sich eingebuddelt und ihr Quantum getrunken, solange es noch etwas zu trinken gab. Er drückte auf ihren aufgeblähten Bauch und trank das süße Wasser, das in ihnen gespeichert war. Er wollte es jetzt auch wieder tun, konnte sich jedoch beherrschen.

Seit dem frühen Nachmittag hatte ein Wind aus dem Osten geweht, ein trockener, raschelnder Wind von den kahlen Höhen der Wildnis. Er war so etwas Sengendes wie diesen Wind nicht gewöhnt. In Nazareth war der seltene Ostwind unangenehm, aber keine Qual.

Der knochentrockene Sand fand einen Weg in jede Falte seines Gewands, in jede Ritze seines Körpers. Er reizte

die Augen, die Nase und die Ohren. Er juckte schlimmer als Sägemehl und saß sogar zwischen seinen Zähnen. Jesus sehnte sich danach, sich zu waschen und seinen Körper zu salben.
Die Sonne ging sehr schnell unter. Aber bevor sie verschwand, ruhte sie einen Augenblick glänzend in den Nebeln der westlichen Hügel. Zuletzt schien sie ihre Form zu verändern wie ein Behältnis, dessen Boden herausgefallen ist und dessen rubinroter Inhalt sich großzügig über den Rand der Welt verteilt.
Plötzlich verwandelte sich die unerträgliche Hitze in Kälte, große Kälte. Er zuckte bei den seltsamen Geräuschen in der stillen Luft zusammen; es war, als würden tausend Gelenke knacken oder tausend Walnüsse geöffnet werden, als das Land die Hitze des Tages vertrieb.
Es war eine rote, klare Nacht. Die Sterne waren wie Rosen, die aufblühten, während er zusah.
Er zog die Beine an sich wie ein Tier, das seinen Winterschlaf hält. Er zog sich in sich zurück. Nicht so sehr in sich als in Gott. Bald hörte man nur noch kaum wahrnehmbar das Geräusch des Atems, und er ging in eine Nacht, die weitaus dunkler und dabei viel strahlender war als die Wüstennacht.

Sonnenaufgang. Das hier war kein sanftes Werben um eine verschlafene Welt. Eine kriegerische Sonne hob sich über den Horizont, voll bewaffnet, aggressiv und in dreifacher Größe. Und heiß, von Anfang an schneidend. Innerhalb einer Stunde war sie wie ein großer Gong, auf den eine riesenhafte Kraft von jenseits des Horizonts einschlägt. Die Geräuschwellen verwandelten sich in Wellen blendenden Lichts.

Unter dieser Sonne bewegte sich nichts, und nichts war reglos. Sogar der verlorene Adler, wie ein Fleck im Himmel, war reglos gleich einem Stern, der schwarz geworden und von der Nacht übriggeblieben war.

Ah, aber das Leben war gut, trotzdem so gut. Der Mann hatte die einfachen Dinge immer geschätzt, und hier war alles auf das einfachste reduziert. Felsen, Licht, Sand und Wind, nachts Mond und Sterne.

Er war hungrig und durstig. Aber er erinnerte sich an die Kinder aus seinem Dorf, wie sie während der Trockenheit gehungert und gedurstet hatten. Er dachte an andere verhungernde Kinder in anderen Dürregebieten der Welt. Es gab nichts, was einem so schnell Hunger und Durst nahm wie der Anblick eines hungrigen Kindes.

Er hielt durch. Tage- und nächtelang hielt er durch.

Tage und Nächte gingen ineinander über. Er konnte nicht sagen, wie lange er schon dort war. Er wußte nur, daß er glücklich war.

Gelegentlich beobachtete ihn ein Felswiesel. Er hörte zuerst ein schleifendes Geräusch, Steine, die sich bewegten. Als nächstes sah er in ein Paar feuriger Augen. Einen Moment später – nichts.

Er hörte ein Käuzchen und einmal das Kiu-Kiu einer Eule. Ein Vogel flog erschrocken vorbei, ein gefiederter Pfeil, der sein Ziel verloren hat. Schakale heulten. Baumfrösche auf einer Pflanze machten einen schrecklichen Lärm und brachen dann ab, als seien sie alle auf einmal außer Atem geraten.

Die meisten Dinge in der Wüste waren schwer zu begreifen. Etwas blitzte am Himmel, ein Habicht? Etwas bewegte sich zu seinen Füßen, eine Klapperschlange oder eine Echse?
Sie wollten nicht beobachtet werden. Darin waren sie den tiefsten Gedanken der Menschen ähnlich, die besser versteckt und am besten begraben werden.
Sonnenuntergang folgte auf Sonnenuntergang. Immer dieselbe Kelter, in der Engelsfüße stampften, spritzte rote Säfte über entfernte Hügel. Manchmal pflügten nachts schwarze Wolken in die Sterne wie Samenkörner. Er war ebenfalls ein Samenkorn, das begraben war und starb, und wartete darauf, fruchtbar zu werden und neues Leben zu bringen.
Das war die Hoffnung, die ihn aufrechterhielt.

Am Jordan wurden seine Jünger unruhig.
»Was sollen wir tun?« fragte Johannes.
Judas schlug vor, daß sie nach ihm suchen und ihn, wenn nötig, begraben sollten.
Petrus entgegnete bestimmt: »Er hat gesagt: ›Wartet!‹, also warten wir.«
»Inzwischen«, widersprach Simon, »wäre auch schon ein Kamel da draußen krepiert.«
Doch Petrus sagte nur: »Wartet.«

In der Wüste hatte Jesus schließlich Frieden gefunden. Er konnte Gott so leicht berühren, wie er nachts die Sterne berühren konnte. In Ruhe war er weit gereist. Von außen war er dick mit Sand bedeckt, dem Schlamm der Wüste. Er hatte die ausgetrocknete Gestalt von allem angenommen, was hier noch überleben konnte. Seine Augen waren tief eingesunken und seine Haare verklebt. Hätte er sich von den Felsen entfernt, hätte man ihn für einen Kaktus halten können, der von einem unberechenbaren Wind geformt worden war.

In seinem Inneren hatte er die Quelle des Lebens gefunden. Seine Sinne waren geschärft, sein Verstand war wie ein Schwert, er war durch und durch glücklich. Oder dachte es zumindest.

In der Wüste erscheint tagsüber alles durch das übermäßige Licht unwirklich. In solch einem Licht sieht man Dinge, die nicht da sind. Der grausamste Trick des Lichtes ist es, Luft, in der keinerlei Feuchtigkeit ist, in Wasser zu verwandeln – und Gutes in Böses und Böses in Gutes?

Einen Augenblick lang war der Mann von Glückseligkeit erfüllt, im nächsten ergriffen ihn die Furcht und böse Ahnungen.

Als ob ein Dolch gegen seine Kehle gepreßt würde, konnte er den gemeinen Geruch des Todes riechen. Er wand sich in Qualen, warf sich von einer Seite auf die andere und erwartete, daß das übermenschliche Böse vor seinen Augen Gestalt annehmen würde. Er konnte fühlen, wie es sich von den vier Enden der Welt näherte und vereinigte.

Aber es bekam keine Form. Es drang in ihn ein, in seinen Körper und in seinen Geist. Es drohte ihn zu überwältigen.

Wie war das möglich? War er nicht im Fluß gereinigt worden? Sollte er, der Retter Israels, von seinem Gott getrennt werden?

»Gott«, rief er, »wo bist du, Gott? Was tust du?«
Die Sonne brannte vom Himmel, aber ihm war kalt, und er zitterte.
Dann sprach die Stimme. Ruhig, beruhigend, unendlich schrecklich. Eine Stimme, die einem einerseits bekannt vorkommt, die man aber nie zuvor gehört hat.
Die Grundfesten gerieten ins Schwanken. Er sah angestrengt nach oben, für den Fall, daß sich die Felsen über ihm spalten und tausend scharfe Splitter auf seinen Kopf regnen sollten.
»Wer bist du?« schrie er.
»Dein Freund«, sagte die Stimme. »Dein liebster Freund.«

37

Die erste Versuchung

»Du bist mein Feind.« Die Panik war vorbei. Jesus hatte sich wieder in der Gewalt.

»Sicherlich«, sagte die Stimme, »hast du von mir nicht eine so dumme Vorstellung wie die Massen. Ich bin kein Feind. Ich bin einfach nur gekommen, um deine Ergebenheit einzufordern.«

»Ich schulde dir keine Ergebenheit.«

Er hörte ein lautes Kichern. »Natürlich nicht. Wie konnte ich nur darauf hoffen? Ich habe voll Bewunderung deine lebenslange Ergebenheit zu Gott beobachtet. Nein, nein, nein. Ich bin gekommen, um dich um Ergebenheit der Menschheit gegenüber zu bitten.«

Jesus war still und versuchte zu begreifen, was das bedeuten sollte.

»Du bist der Christus, der Gesalbte Gottes, ist es nicht so?«

Jesus antwortete nicht.

»Egal. Bist du hungrig, Menschensohn?«

Nach den ersten Tagen des Fastens hatte Jesus keinen Gedanken mehr an Essen verschwendet. Jetzt genügte ein Wort, damit ihm sein Hunger wieder schmerzhaft bewußt wurde.

»Das bin ich«, gab er zu.
Der Hunger war so mächtig, daß er mit einmal den Horizont aller seiner Sinne füllte. Und es war nicht nur sein eigener Hunger. Er hungerte für die gesamte Welt.
»Diese Steine da«, sagte der Versucher weltmännisch, »warum verwandelst du sie nicht in Brot?«
Jesus betrachtete die Steine zu seinen Füßen. Sie waren kalkbedeckt und sahen aus wie Brote, die gerade aus einem Ofen kamen.
Brot. Schon das Wort klang so gut. Er konnte die Laibe riechen, knusprig, warm, frischgebacken. Wie sie seine Mutter machte.
Ein Mann könnte seine Seele für Brot hingeben …
»Es ist falsch«, murmelte Jesus bei sich. »Ich darf nicht.«
»Wieso falsch?« wollte die Stimme Satans wissen. »Moses, den du so bewunderst, gab seinem Volk das Brot des Himmels. War das falsch?«
Jesus überlegte lange. Ohne Manna, ohne Brot von oben hätte es kein Israel gegeben. Brot hielt den Bund am Leben. Konnte er nicht Gott so dienen, wie Moses es getan hatte, und seinem Volk Brot geben in der Wüste des Lebens?
Außerdem hatte er schon in der Trockenheit, die jetzt ein paar Jahre zurücklag, genug gelitten und gehungert. Er hatte ein Recht auf Brot. Es war niederträchtig, ohne diese Stütze des Lebens zu sein, ohne diese fundamentale Lebensnotwendigkeit, ohne die ein Mensch kein Mensch ist.
Erst einmal Brot für sich. Sein Leben war wertvoll. Er brauchte es, um stark für seinen Auftrag zu sein.

Dann Brot für andere, damit sie an ihn glaubten und an Gott.

War es etwa so schlecht für das Königreich Gottes, mit Brot zu kommen? Die Leute würden ihm bis an das Ende der Welt folgen, wenn er ihnen nur Brot garantierte, egal ob vom Himmel oder aus den Steinen der Wüste.

»Dein Dorf«, sagte der Versucher und unterbrach seine Gedanken, »ein nettes, ruhiges und freundliches Dorf. Nicht anders als die meisten anderen. Nicht besser und nicht schlechter.«

»Ein schönes Dorf«, erwiderte Jesus stolz.

»O ja«, stimmte der Versucher zu. »Bis es kein Brot mehr gab. Da ging alles Leben in Stücke. Tugend und sogar ihre heilige Religion stellten sich als Lüge heraus. Die frommsten Dorfbewohner wurden zu erbarmungslosen Wölfen.« Der Versucher fügte eilig hinzu: »Ich kritisiere sie nicht, verstehst du. Ich fühle mit ihnen, sie trafen mein ... Herz. Die Sache ist die, sie haben genauso reagiert, wie andere reagiert haben würden, wie Leute immer in so schrecklichen Situationen reagieren.«

»Sie waren dabei zu verhungern.«

»Natürlich, das waren sie. Du solltest Mitleid mit ihnen haben.«

»Ich habe getan, was ich konnte.«

»Du hast getan, was du damals tun konntest«, sagte Satan, um es präziser auszudrücken. »Die Frage ist, was du jetzt tun solltest.«

Jesus schüttelte den Kopf. Er wußte es nicht.

»Als sie unter Druck waren, haben deine netten, ruhigen, freundlichen Dorfbewohner gezeigt, wie sie unter ihren Masken wirklich sind. Gemein. Der Erlösung nicht würdig. Sie werden sich nie ändern, was du auch immer sagst oder tust, wenn sie nicht sicher sind, stets genug zu essen zu haben.«

»Ich glaube nicht, daß ...«

»Der Hunger«, fuhr der Versucher erbarmungslos fort, »zeigt der Welt sein wirkliches, grausames, gefräßiges und häßliches Selbst. Du bist doch ehrlich, wie kannst du es leugnen? Du hast es gesehen. Du hast die Lügen gesehen, Erpressung, Gier, Haß, Bitterkeit, Aberglauben von der übelsten Sorte, Selbstmord und Mord. Alles in deinem eigenen Dorf, und alles – sogar die Hurerei – war gerechtfertigt wegen des Hungers. Sie haben ohne Gewissensbisse gesündigt, weil sie hungrig waren. Weil es keine Sünde gab, so argumentierten sie zumindest, die so schlimm war wie der Hunger, und Gott, nicht sie, hatte sich zu entschuldigen.

Die heldenhaftesten Menschen wie Rabbi Esra, er sei gesegnet, fluchten dem Gott, der sie durch Hunger dazu zwang. Ich bin immer regelrecht zusammengezuckt, das kannst du mir glauben. Das war ein Werk des Hungers, er beraubte die Menschen, die du liebst, all ihrer Würde.«

Jesus steckte sich Finger in die Ohren, aber es nützte nichts.

»Hunger ist der große Feind Gottes, Menschensohn. In den alten Tagen in der Wüste meuterte dein Volk Israel gegen Gott, weil es hungrig war. Und Gott wußte, daß diese Menschen im Recht waren. Warum gab er ihnen sonst zu essen? Er machte sie zu seinem Volk, indem er

ihnen zu essen gab, denn, und jetzt hör gut zu, der, der sein Volk nicht ernährt, ist ihm kein Gott.«
Lange während dieser zeitlosen Zeit der Versuchung bewegte Jesus diese Dinge in seinem Herzen.
»Rette sie vor dem Hunger, ich bitte dich«, flehte Satan, »und sie werden für immer gerettet sein. Deine Dorfbewohner, die ihr Bestes getan haben, um zu vergessen, daß sie Wölfe gewesen sind, daß sie immer noch Wölfe sind, werden vor ihrer Schuld und ihrem Egoismus bewahrt, wenn du ihnen nur Brot gibst, viel Brot. Wenn du sie nicht vor Hunger bewahrst, das weißt du so gut wie ich, werden sie sich nie ändern, jedenfalls nicht unter ihren Masken.«
»Ich faste für sie«, zischte Jesus. »Mit ihnen.«
»Das tust du tatsächlich, und ich bewundere dich, werde aber gleichzeitig auch dadurch verwirrt. Ist denn das nicht das eigentliche Fasten, daß man sein Brot mit den Hungrigen teilt und sich nicht vor seinem eigenen Fleisch verbirgt?«
Jesus senkte den Kopf. Ein berechtigter Vorwurf ist ein berechtigter Vorwurf, auch wenn er vom Satan selbst kommt.
»Ich gebe dir einen Rat, Menschensohn. Vergiß deine Antipathie gegen mich. Denke an die Menschheit. Gehe nicht durch diese Welt und lasse einen einzigen Magen leer. Denn schon ein einziger leerer Magen verbreitet Ärger, Ernüchterung und Unglauben. Erfülle die wunderbare Prophezeiung – es steht in der Macht des Gesalbten des Herrn: Mach der Ungeheuerlichkeit ein Ende, daß ein wenige Tage alter Säugling an Hunger stirbt.«

»Oh«, seufzte Jesus leidenschaftlich und erinnerte sich daran, wie Debora in den Armen seiner Mutter gestorben war.
»Das Kind hätte hundertjährig sterben sollen, so spricht zumindest Jesaja. Die Tage deines Volkes sollten sein wie die Tage eines Baumes. Es liegt wirklich nur an dir.«
Tränen traten Jesus in die Augen bei dieser Vorstellung, doch er zwang sich zu sagen: »Ich bin in die Welt gekommen, um sie zu befreien.«
Der Versucher parierte das mit einem freundlichen Lachen, als sei dies der Slogan eines abgehalfterten Politikers.
»Die Welt ist bereits frei, Menschensohn. Wenn sie das nicht wäre, wärst du dann hier? Nein, deine Rolle, korrigiere mich, wenn ich etwas Falsches sage, ist, die Welt so frei zu machen, wie sie vielleicht sein kann. Sie zu befreien, um frei zu sein. Ohne Brot werden die Menschen immer Sklaven ihrer niederen Instinkte sein und sich gegenseitig versklaven.« Die Stimme des Versuchers gewann an Pathos. »Gib ihnen Brot und Freiheit, Menschensohn. Fordere von ihnen nicht, zwischen den zwei Dingen zu entscheiden, die sie beide zum Leben brauchen. Sie werden es dir nicht danken. Dann kannst du schon eher von einer liebenden Mutter verlangen, zwischen ihrem Ehemann und ihrem Kind zu wählen. Nein, ein Mann, der gerade verhungert, ist ebenso frei darin, Gott zu lieben und ihm zu dienen wie ein Mann ohne Beine, von Dan nach Beerscheba zu wandern.«
Jesus dachte darüber lange, verzweifelte Momente nach. Er erinnerte sich an das Elend und den furcht-

baren Anblick des Hungers. Er erinnerte sich an seine Grausamkeit, an die aufgeblähten Bäuche der Kinder, die einst seine Werkstatt bevölkert hatten.

»Du bist ein Mensch«, unterbrach die Stimme seine Gedanken erbarmungslos. »Du hast Hunger gekannt, es gibt also keine Entschuldigung. Du hast seine Tragödie hautnah erlebt. Du weiß, wie er das Gute im Menschen zerstört und das Böse hervorbringt. Ist das zuviel verlangt, daß ein armer Mensch fähig sein soll, seine Hand auszustrecken und Brot zu finden? Mache es, ich bitte dich. Werde der Diener des Menschen.«

Jesus hatte die Auflösung seines schönen Dorfes noch immer vor Augen. Es schmerzte immer noch mehr, als Worte sagen konnten, daß er gezwungen gewesen war, den Sabbat zu entweihen, mit der Vorstellung, daß der Sabbat für freie Menschen ist und Verhungernde niemals frei sind.

Ja, er hatte das gesagt. Und Satan wußte, daß er das gesagt hatte.

»Warum zauderst du, Menschensohn, vor dem, was ganz offensichtlich ist? Du hast vor ein paar Tagen Brot mit einem Samariter gebrochen, und ihr beide seid jetzt auf ewig Brüder. Du hast mit ihm nicht über Freiheit, Wahrheit oder Ehre gesprochen. Es war das Brot, das euch zusammengeführt hat, das deinen Körper mit seinem und seinen Geist mit deinem wachsen ließ. Brich das Brot mit der Menschheit. Schaffe eine neue und ewig währende Brüderschaft des Brotes.«

Jesus bewegte sich nicht und hielt den Atem an.

»Du sagst immer noch nicht ja. Vielleicht hegst du die abwegige Hoffnung, daß sich die Menschheit von dir ernähren wird. Ein großes Risiko für dich, und was wird aus denen, von denen du meinst, daß du sie liebst? Werden sie mit dem Handel zufrieden sein, den du ihretwillen eingegangen bist? Werden sie dich nicht eher verfluchen, weil sie wissen, daß du dich für richtiges Brot für sie hättest entscheiden können und doch … etwas anderes gewählt hast?«

»Friede«, murmelte Jesus, »Liebe, Großmut. Das ist wichtig, das kommt zuerst.«

»Gib ihnen Brot«, sagte die Stimme hart, »und Friede, Liebe, Großmut, Selbstlosigkeit, Wahrheit, Zufriedenheit mit Gott und Hoffnung. Brot ist ein Allheilmittel. Auch Säuglinge und Verrückte verstehen es. Die Verhungernden können die Wahrheit nicht essen. Gib ihnen einen unerschöpflichen Vorrat an Brot, und es wird sie zusammenführen, es wird die Religion stärken. Denn die Religion, wie sie im Moment ist, wird die Menschen nicht zusammenführen. Die Religion entzweit sie. Die Menschen wissen, daß die einzige Gemeinschaft, die Kommunion, im Brot liegt. Gib ihnen Brot, und sie werden all das andere auch erwerben.«

»Wird es Kriege beenden?« wollte Jesus wissen und Satan herausfordern.

»Natürlich«, kam die aalglatte Antwort. »Es wird nichts mehr geben, für das man in den Krieg ziehen kann. Werde der Brotlieferant der Welt, und du wirst alle Tyrannei für immer beenden. Es wird kein Ägypten, Assyrien, Babylonien und Rom mehr geben. Die Reiche erheben sich aus dem Verlangen und der Gier nach Brot. Sie stehlen Land um des Brotes willen. Die Juden werden die Römer nie von diesem Land vertreiben. Aber wenn die Römer zu Hause einen Überfluß an Brot hätten, würde Tiberius Pilatus morgen zurückbeordern. Warum sollte er bleiben, wenn ihr Land wie alle anderen ein Land des nie endenden Überflusses wäre? Warum existieren Kriege, Invasionen, Massaker? Nur aus dem einen Grund, weil es nicht genug Brot gibt für alle. Das mußt du einfach sehen.«

Jesus sah das nur zu deutlich. Seine Leute haßten die Kopfsteuer, die ihnen von den Römern als ein Zeichen der Sklaverei aufgezwungen worden war. Aber drükkender noch war die Landsteuer. Sie belief sich manchmal auf ein Viertel der Ernte. Welchen Sinn konnte es für die Römer haben, jüdischen Boden zu besteuern, wenn ihr eigener mehr hervorbrachte, als sie selbst brauchten?

Satan sagte: »Gott ist für alle Kriege verantwortlich, Menschensohn, und die Menschen wissen das in ihren Herzen. Darum rebellieren bei einer Krise selbst die Religiösesten. Gott hat einfach nicht genug Brot geschaffen. Alles, was ich will, ist, daß du Gott überredest, großzügiger der Menschheit gegenüber zu sein. Braucht sie wirklich so etwas wie ... mich« – er nannte seinen Namen nicht – »um dir das zu sagen? Es ist wirklich so einfach. Wenn Gott die Schöpfung der Welt nur endlich beenden und einmal etwas Ordentliches tun würde – durch dich. Mache die Errettung der Menschen nicht zu deinem Ideal. Das ist sehr schmerzhaft, und du bist ein Sinnbild der Freude. Außerdem ist es nicht nötig. Bitte Gott darum, seine Schöpfung zu beenden, damit die Menschen nicht gerettet werden müssen. Anschließend wird sich die Menschheit daran erinnern, daß es ein

Sohn Israels war, der der Welt Brot gegeben hat und mit dem Brot Würde und mit der Würde ein Gespür für Gottes geistige Dinge.
Dafür, Menschensohn, bist du erwählt worden. Dafür bist du von den Erwählten erwählt worden. Brot ist Liebe und Leben – wie Heuschrecken, Trockenheit und Hungersnot Tod und Sünde sind. Adam wurde verflucht und mußte sein Brot im Schweiße seines Angesichts verdienen, und es gibt nie genug. Du hast es in dir, diesen Fluch aufzuheben, der Völker und Länder entzweit, und das Paradies auf die Erde zurückzubringen und immerwährenden Frieden. Dann werden alle Menschen in einem fruchtbaren Land in Harmonie leben, und auch die Tiere, wieder zahm, werden dich segnen für immer und immer.«

Unendlich lange rang Jesus mit sich. Der Schweiß lief ihm herunter. Mit einem nagenden Schmerz im Bauch fühlte er sich wie ein verhungerndes Tier. Und mit diesem Gefühl verstärkte sich der Eindruck, daß Gott ihn verriet. Sein Bauch sprach mit ihm im Tonfall des Versuchers. Es war eine Schande, so hungrig zu sein. Das durfte nicht sein.
Natürlich mußte der Mensch erlöst werden, aber nur wegen seines Hungers. Darum haßten die Menschen, waren neidisch und kämpften miteinander. Wenn er ihnen zu essen gab, bedurften sie keiner Rettung mehr.
Ja, das war eine Möglichkeit, eine bessere Möglichkeit; nicht, wie er es sich bisher vorgestellt hatte, das Elend der Menschen zu teilen, sondern es zu beenden. Wie soll ein elender Mensch auf dieser Welt irgend etwas bewei-

sen oder verbessern? Wenn es Brot gab, würde er es auch essen. Er würde Frau und Kinder haben – wie sehr er Kinder liebte – und ein gesegnetes Alter wie Abraham und Moses. Bettete nicht Jakob sein Haupt in der Wüste auf einem solchen Stein, und blickte er nicht auf die funkelnden Sterne, um in ihnen das Versprechen einer zahllosen Nachkommenschaft zu entdecken? Warum sollte er anders sein als sein Vater Jakob?

Mit einer gewaltigen Anstrengung stand er auf und nahm einen der schweren flachen Steine. Ein Wort, und daraus würde ... Leben. In seinen Lippen zog es wie bei einem Hund, der an der Leine zerrt, weil er Futter riecht, das Wort auszusprechen.

Aber im letzten Moment begann er an seinen Zweifeln zu zweifeln. Er sah, erst wie durch Wasser, dann klar, das wahre Antlitz des Menschen.

Es fiel ihm ein, daß der Mensch am Anfang alles gehabt hatte. Gab es nicht im Paradies einen Überfluß an sämtlichen Nahrungsmitteln? Fand er nicht eine Möglichkeit, inmitten allen Segens ein elender Sünder zu werden? Würde es nicht immer so sein? Würde der Mensch nicht von sich aus anfangen zu hungern, nur um rebellieren und seiner Sündhaftigkeit einen Ausdruck geben zu können? Würde er nicht das Brot seines Nachbarn vernichten, um ihn durch Hunger zur Unterwerfung zu zwingen?

Nein, Brot allein würde den Menschen nicht heilig machen. Im Gegenteil, der Mensch würde Wege finden, das Brot zu entweihen. Er würde die Erlösung immer nötig haben.

Jesus warf den Stein mit einem lauten Schrei weg.

»Der Mensch lebt nicht vom Brot allein, sondern von jedem Wort, das aus dem Mund des HERRN kommt.«
Er horchte. Die Stimme war verstummt. Als er nach unten schaute, sah er zu seinem Schrecken, daß sich der Stein zu seinen Füßen gegen seinen Willen in einen flachen, appetitlichen Brotlaib verwandelt hatte.
Er versuchte höhnisch darauf zu spucken, aber aus seinem Mund kam nichts als eine Staubwolke.

38

Die zweite Versuchung

Die Stimme sprach ein zweites Mal zu ihm, weniger durchdringend, weniger selbstsicher. Es war die bekannte unbekannte Stimme, verführerisch und schrecklich, doch nun sanfter, höflicher.

»Du hast recht, Menschensohn, ich hätte es wissen sollen. Brot ist nicht geistig genug, um dich anzusprechen. Ich vermute, daß ich die Menschheit so sehr liebe, daß ich so begierig darauf bin, ihr Elend zu beseitigen, daß ich sie und dich einfach unterschätzt habe. Ja, laß sie verhungern, vorausgesetzt, du machst sie dadurch frommer als vorher.« Satan hielt kurz inne. »Hörst du mir zu, mein Freund?«

»Du bist mein Feind.«

»Nein.« Die Stimme klang beleidigt. »Ich bin nicht dein Gegner, sondern dein Ratgeber. Du mußt meinen Rat nicht annehmen, aber ich beschönige nichts.«

»Ich höre.«

»Komm mit mir.«

Im nächsten Augenblick fand sich Jesus auf einer Zinne des Tempels wieder. Es war der Morgen eines großen Feiertags, und die Sonne war noch nicht aufgegangen. Der Anblick war ihm vertraut; der Ölberg und Gethsemane im Osten, der Berg Scopus im Norden und im Süden Gehenna, ein karger, staubiger Landstrich mit verfallenden Terrassen und uralten Gehölzen. Hier hatte man noch vor einigen hundert Jahren Kinder im Feuer geopfert, das im riesigen bronzenen Leib des Gottes Moloch brannte.

»Sieh nach unten, Menschensohn.«

Aus der schwindelerregenden Höhe, aus der die Leviten bald den Tagesanfang und das erste Opfer verkünden würden, starrte Jesus hinab auf das Heiligtum.

Die Gläubigen hatten die Größe von Ameisen. Zu Millionen hasteten sie hin und her, bewegten sich in Kolonnen und berührten sich genauso wie Ameisen.

»Religion«, sagte die Stimme. »Die kleinen schwarzen Ameisen der Religion.«

»Dieser Ort ist heilig«, entgegnete Jesus.

»In der Tat.« Die Stimme war unterwürfig. »Sonst würden wir ihn auch nicht so fürchten. Und doch ist er heilig trotz der Religion.«

Jesus hielt sich die Ohren zu, hörte aber immer noch etwas, denn die Stimme war in seinem Innern. Das wußte er, und das beunruhigte ihn. Der Versucher kennt die Wege meines Herzens.

»Du fürchtest ihn, nicht wahr?«

»Ja.«

»In den langen Nächten, die du auf den Hügeln bei deinem Heimatdorf und auf dem Ölberg verbracht hast, hast du doch eine gewisse ... Furcht vor dem Tempel empfunden?«

»Ja.«

»Du hast gesagt, daß die jüdische Religion zu oft ver-

sucht, die Leute in Sicherheit zu wiegen, und in Selbstzufriedenheit endet.«
»Nicht nur die jüdische Religion.«
»Richtig, aber sie ist doch keine Ausnahme?«
»Nein.«
»Und du hast Einwände, weil Gott ein Feuer ist, unberechenbar, wild und großartig?«
»Ja.«
»Siehst du diese Pflastersteine?« Jesus blickte nach unten. »Warum hebst du nicht von der Plattform ab, auf der du gerade stehst, und schwebst dort nach unten? Wie ein Vogel. Wie die Friedenstaube.«
»Ich bin ein Mensch aus Fleisch und Blut. Ich würde sterben.«
Die Stimme konnte ein Kichern kaum unterdrücken. »Nicht wenn du Messias bist. Steht nicht geschrieben: Er wird den Engeln deinethalben Befehl geben, und sie werden dich auf Händen tragen, damit du deinen Fuß nicht etwa an einem Stein stoßest?«
»Wozu sollte das gut sein?«
»Die Ameisen werden dir zuhören, Menschensohn. Du wirst diesen Ort von all dem befreien, was dich ärgert.«
»Zum Beispiel?«
»Du weißt schon. Scheinheiligkeit, Hartherzigkeit. Der Irrglaube von denen, die so gut wie nichts geben und den Nerv haben, es ›Almosen um der Liebe Gottes willen‹ zu nennen. Die Unsinnigkeit der Gaben, ohne sich selbst zu geben, damit der Spender sich nachher besser fühlen kann, ohne sich länger um den Empfänger kümmern zu müssen. Sieh nur nach unten.«
Jesus schaute, und die winzigen Ameisen spähten nach

oben. Jede von ihnen hatte das Gesicht Labans, des Pharisäers, den Esra im Heiligtum verhöhnt hatte.

»Schaff dir das alles vom Hals, Menschensohn. Es liegt in deiner Gewalt. Schaff dir diese unendlichen Gebete vom Hals und diese falsche Frömmigkeit, die Menschen mit ruhigem Gewissen beten läßt, während sie Witwen und Waisen aus ihren Häusern vertreiben und ihre Mitmenschen im Straßengraben zerschunden und mit gebrochenen Gliedern sterben lassen.«

Ein Levit in prächtigem Brokat tauchte neben Jesus auf. Es war der junge Levit, der auf der Straße nach Jerusalem an ihm vorbeigekommen war. In dem Augenblick, in dem er ausrief: »Der Himmel ist erleuchtet bis nach Hebron«, wurde es stockdunkel. Er blies auf einer kleinen silbernen Trompete, und statt des üblichen Signals war das Geräusch einer Viehherde zu hören: Kühe, Ochsen, Schafe, die muhten, brüllten, blökten, während sie einen widerhallenden Innenhof entlangrasten. Unten waren nur die Gesichter der Ameisen erleuchtet. Die Augen geschlossen, bewegten sich die Lippen im Gebet wie Automaten, und die Köpfe wiegten hin und her.

Das Licht kehrte zurück, und der Levit verschwand.

»Du kannst ein Ende damit machen, Menschensohn. Schicke die Priester in ihren purpurroten Gewändern aus feinstem Leinen fort, denn sie sind doch nur religiöse Führer, die den Namen Gottes verraten. Beende diese unendliche Gier nach Tierblut. Hilf der armen gequälten Menschheit, ein Herz aus Fleisch und Blut zu erwerben.«

Das brachte Jesus mehr durcheinander als alles andere

zuvor. Der Versucher faßte Ideen in Worte, die auch er schon im Kopf gehabt hatte. Er konnte sich erinnern, wie er auf dem Ölberg gestanden und nicht etwa den Tempel und den Gottesdienst angestaunt hatte, sondern die heilige Hohlheit im Herzen des Heiligtums.

»Mache Gott zum Zentrum aller Zentren«, fuhr die Stimme zuckersüß fort. »Befreie die Religion von Banalität und dem schon lange andauernden geistigen Verfall.«

»Was ist, wenn ich sie läutere«, fragte Jesus, »und sie trotzdem zu den alten Sitten zurückkehren?«

»Dann komm wieder herunter, Menschensohn, mit einem Schwert aus Feuer. Zum Schluß werden sie dich verstehen. Denk darüber nach.«

»Das tue ich.«

»Was haben die Könige, Stammväter und Propheten gefordert? Wofür ist das wahre Israel geschaffen worden? Für dieses leere Ameisenritual? Für diese Lippenbekenntnisse, für dieses schwachsinnige Kopfnicken? War es nicht eher für standhafte Liebe und Vertrautheit mit Gott?« Die Stimme wurde jetzt erstmals energischer. »Wirf dich in die Tiefe.«

Jesus rührte sich nicht.

»Ich bitte dich«, sagte die Stimme und wurde milder, »aus Liebe zur Menschheit, schwebe hinab und reinige die Religion in Milde. Oder bedeutet dir dieser geschmacklose Ort immer noch so viel?«

»Ich befürchte es fast«, antwortete Jesus mit gebrochener Stimme. »Ja, er bedeutet mir sogar sehr viel.«

»Tut mir leid«, entgegnete der Versucher darauf mit einer gewissen Nachsicht. »Wie ist das nur möglich?

Dieses Bauwerk da unten hat es fast fertiggebracht, aus dem erwählten Volk Heiden zu machen. Israel wurde in der Wüste geboren; es wuchs dort in Unschuld auf wie ein junges Mädchen, das in der Liebe Gottes aufwächst. Du bist selbst in die Wüste gegangen, um deine Wurzeln zu erforschen, stimmt das etwa nicht?«

»Ja.«

»In der Blüte deiner Unschuld, weit weg von den Fallstricken der priesterlichen Rituale. Leider hat Israel seine Wurzeln vergessen. Israel hat ein Haus errichtet, und Gott ist nicht länger ein Gott des Herzens gewesen, sondern ein Gott des Hauses.«

Jesus versuchte ihn zu unterbrechen, aber Satan kam ihm zuvor.

»Hör mich zu Ende an. Am Anfang hatte der Gott Israels keine Wohnung außer dem Herzen seines Volkes. Er war ein Wanderer wie sein Volk auch. Er wollte keine Wohnung, die von Menschenhand errichtet war.«

»Es ist das Herz, auf das es ankommt«, erwiderte Jesus.

»Das stimmt. Aber Gott wird hier verehrt, als ob er ein Götze wäre, als ob sein Volk eine besondere Reise machen müßte, um ihn zu treffen. Als ob er nicht schon überall wäre, bevor sie noch einen Fuß vor den anderen setzen, ein Wort sagen oder ihr Herz aufwecken. Sieh auf die Ameisen hinunter, Menschensohn. Was bewundern sie? Gott oder das Bauwerk?«

»Beides«, rief Jesus aus.

»Selbst wenn ich das zugeben würde«, entgegnete der Versucher, »worauf vertrauen sie am meisten? Hörst du nicht die Ameisen singen, wie sie schon Jeremia singen hörte?«

Aus dem Heiligtum kam ein unablässiges Geschrei: »Der Tempel, der Tempel, der Tempel.«
»Wirklich, Menschensohn, es ist schwer, Gott an einem so großartigen Ort zu begegnen. Deswegen hat David auch keinen Tempel gebaut. Er wollte es, um seine Schuld zu verringern, aber kein Gebäude wäre dazu in der Lage. Salomo wagte es, einen Tempel zu bauen, aber sein Herz wurde irregeleitet, und auch das seines Volkes. Du mußt zugeben, daß die sogenannte Heiligkeit dieses Ortes die Heiligkeit der restlichen göttlichen Welt zerstört.«
Jesus rang mit der Versuchung. Sie hatte in seinem Herzen Wurzeln geschlagen und begann dort zu sprießen.
»Schau noch einmal genau hin, Menschensohn, und sage mir, was du siehst.«
»Ich sehe Gold, Silber, Kiefern- und Zedernholz, Pomp, Blut, den Qualm von Weihrauch.«
»Du bist ehrlich, Menschensohn.«
»Es gibt keine Bildnisse Gottes.«
»Richtig«, entgegnete die Stimme. »Oder? Sind nicht Gold und Silber die Bildnisse Gottes, die am meisten pervertiert sind? Als ob nur Ehre und Pracht dem Höchsten zukämen. Sage mir, was für eine Vorstellung von Gott wird von einem solchen Ort erzeugt? Denkt man sich nicht einen orientalischen Despoten, so wie den Heiden, der diesen Tempel für seine Untertanen erbaut hat? Jemanden, den nach Gold, Ruhm und Macht gelüstet? Die Kinder Gottes sollten nach ihm in Demut und Armut des Geistes suchen, nicht in einem Gebäude, das ihnen den Atem nimmt.« Satan machte eine Pause,

bevor er fortzufahren wagte: »Wenn ich Gott wäre, Menschensohn, wäre es mir lieber, die Ameisen würden ein Stück Holz nehmen, daraus etwas schnitzen oder es einfach so lassen und sagen: ›So sieht Gott aus‹, statt diese Lästerung zu errichten, die einen überwältigt, ohne einen demütig zu machen.«

»Was soll ich deiner Meinung nach tun?«

»Schwebe auf einem Kissen von Engelsflügeln hinab. Betrete das Allerheiligste vor den Augen der Priester und aller anderen. Führe sie hinweg von diesem trostlosen Ort, diesem letzten Überbleibsel des Heidentums. Sage den Ameisen, daß du gekommen bist, sie zu erretten von dem, was ihren wahren Glauben zerstört und sie Götzenbilder wie dieses errichten läßt. Erlaube ihnen nie wieder, ihre Zuflucht in einer Religion zu suchen, die ihnen den Weg zu Gott versperrt.«

»Und dann?«

»Dann, Menschensohn, dann nimm meine Hand, und komm mit mir in die Welt der Menschen. Da gibt es keinen Platz für Religion, nur für Gottes Wort. Denn Gott ist der Gott der gesamten Welt, er liebt alle. Mache die Welt heilig, jeden Zentimeter von ihr. Beende endlich dieses Blutvergießen und diese ständige Beschäftigung mit der Beschaffenheit und der Erhaltung von Bauwerken. Beende die Scheinheiligkeit seelenloser Rituale. Mache dem kostspieligen Priesterhandwerk und den prunkvollen Zeremonien der Leviten ein Ende.«

Jesus murmelte: »Wenn ich nur könnte.«

»Aber du kannst doch, Menschensohn. Sieh nur nach unten auf die Tische der Geldwechsler, auf die Stände der Leviten. Sie sind der Beweis, daß Religion von

Mammon abhängig ist. Sie sind nicht etwa Feinde, sondern Verbündete. Religion kann ohne Mammon nicht existieren; und mit Mammon kommt Habgier, kommen Ausschweifungen, kommt die Unterdrückung der Armen. Wer zahlt am Ende für den Tempel, wenn nicht die Armen? Geld ist der wahre Weihrauch der Religion, es ist überall zu riechen.«

»Das kann nicht sein«, sagte Jesus und schüttelte den Kopf. »Es kann einfach nicht sein.«

»Es kann«, beharrte die Stimme. »Religion ist nicht gut für die Menschen. Besser ein ruhiger Sabbat zu Hause, Meditation, Nachtwachen und einsame Gebete, sich selbst Gott hingeben in Stille und Heiligkeit. Du vor allen anderen, Menschensohn, bist nicht für Religion gemacht.«

»Ich bin Jude«, erwiderte Jesus herausfordernd. »Ich bin für die Religion meiner Väter gemacht.«

»Die Religion deiner Väter ist käuflich wie alles andere auch. Der Tempel, was ist das anderes als das größte Geschäft in Israel? Zwanzigtausend Diener werden benötigt, damit alles funktioniert, Würdenträger, Priester und Leviten, Schatzmeister, Pförtner und Musiker. Aber es ist noch schlimmer, schau noch einmal hin, Menschensohn.«

Am Eingang zum Heiligtum war eine große aufgeblasene Ameise, die gerade dem Allerheiligsten ihren jährlichen Besuch abstatten wollte. Sie trug die Gewänder des Hohenpriesters.

»Sieh dir eure Führer an, Menschensohn. Die Priester, sogar der Hohepriester, alles Sadduzäer. Sie glauben nicht an das ewige Leben. Dieser Hohepriester ist angeblich dem gesegneten Gott näher als das ganze Volk Israel, aber er glaubt selbst, daß er nichts weiter ist als ein Klumpen Lehm in priesterlichen Prachtgewändern. Das ist der Beweis, daß das ganze System pervers ist. Je höher auf der Leiter sie sind, je ungläubiger werden sie, bis hin zum Hauptrepräsentanten eines gläubigen Volkes. Er benutzt die Thora, um den Glauben an das ewige Leben für nichtig zu erklären, die größte Blasphemie von allen.«

»Das ist eine Verirrung«, brachte Jesus mit Mühe hervor.

»Das ist immer so gewesen«, beharrte die Stimme. »Man findet selten einmal einen Priester, der an Gott oder die Menschen glaubt. Sprich mir nicht von Verirrungen. Religion hat immer schon die größten Blasphemien hervorgebracht. Die Kinder, die dem Gott Moloch geopfert wurden, sind nur ein Beispiel. Religion war stets bereit, ihre Kinder den Göttern zu opfern, Gott eingeschlossen. Glaube mir« – die Stimme klang jetzt betroffen und bedrohlich – »der Hohepriester, der jetzt im Allerheiligsten salbadert, würde nicht zögern, dich im Namen der Religion zu opfern.«

Jesus entgegnete: »Ich muß den Weg gehen, der mir von meinem Vater vorgegeben ist.«

»Du überraschst mich, Menschensohn«, sagte der Versucher. »Was hast du vor?«

»Mich loyal zu verhalten.«

»Loyal wem oder was gegenüber? Den Priestern gegenüber, die von der Religion leben, oder den Leuten, die sie ertragen müssen? Sage mir, warum halten die Leute Johannes den Täufer für einen der größten Menschen und warum lehnen die Priester ihn ab? Weil die Priester alles Neue fürchten und nichts so sehr wie die Worte eines Propheten, die Worte Gottes. Weil sie, habgierig und eifersüchtig, wie sie sind, es nicht tolerieren können, daß ein heiliger Mann, ein wirklich heiliger Mann, die Menschen umsonst unterrichtet und läutert. Weil er zeigt, daß es nicht nötig ist, Gott zu einer Einnahmequelle zu machen. Weil er sich Gott ganz gibt, ohne Leute an sich zu binden.«

Jesus reagierte nicht; er stimmte weder zu, noch widersprach er.

»Du bist kein Priester, Menschensohn. Du bist Laie, Lehrer, Prophet. Du bist keiner von denen, die Bestechungen annehmen oder Vorzugsbehandlung. Du unterstützt nicht die herrschenden Klassen, sondern die Armen, die Sanften, die Niedergedrückten. Du stehst außerhalb. Ich frage dich noch einmal: Loyal wem gegenüber?«

»Gott.«

»Gott will, daß du loyal mit ihm sprichst. Sage ihm, Religion sei ein Paradies für Scheinheilige, ein Eden der Selbsttäuschung. Sage ihm frank und frei, daß Religion schlecht für die Menschheit ist.«

»Nein.«

»Sage ihm, daß manche Männer und Frauen, außergewöhnliche Leute, trotz der Religion tugendhafter werden; aber ist es fair, daß bloß die heldenhaften sie lange überleben können?«

»Nur eine schlechte Religion ist schlecht für die Menschheit.«

»Gab es jemals eine andere?«

Jesus schwieg. Er konnte oder wollte nicht antworten.
»In jeder Religion werden die Priester Männer wie Esra schmähen und versuchen, sie mundtot zu machen. Sie werden Achbors vorziehen, deren Heiligkeit nur eine blutlose Form der Lüsternheit ist.«
»Esra.« Jesus sprach den Namen aus, als würde er ihm Stärke geben, und als wäre er eine Antwort auf seinen Versucher. »Oh, Esra.«
»Ich kann mir schon vorstellen, was dir jetzt durch den Kopf geht, Menschensohn. Deine Taufe hat mich überrascht, das muß ich schon zugeben. Ich dachte, du wärst der Meister der Freude.«
»Das bin ich auch.«
»Aber du bist hier, um dich – wie soll ich das ausdrükken – auf die falschen Sachen vorzubereiten. Du willst mit dem waffenlosen Wort Gottes siegen. Du würdest eine Sünde darin sehen, vor den Augen dieser elenden kleinen Ameisen auf die Erde zu schweben. Du ziehst es vor zu leiden.«
»Ich bereite mich nicht vor. Ich bin bereit.«
»Wem willst du damit nützen, Menschensohn? Wenn du darauf bestehst zu leiden, wird es dir ohne Zweifel Freude bereiten.«
»Welche Freude liegt im Leiden?«
»Die tiefste«, entgegnete Satan, »glaube mir, die, die am meisten befriedigt, am meisten verführt. Es gibt sonst nichts, was einem im übrigen vergeudeten Leben eine solche Erfüllung bringt. Aber wenn du leidest und stirbst – ich sage, wenn –, dann denke an meine Worte: Dein Tod wird fehlinterpretiert werden, wie nur Religion Dinge fehlinterpretieren kann. Deine Anhänger

werden ihn benutzen, um die Tötung von anderen zu rechtfertigen, die dir nicht zustimmen – oder, was wahrscheinlicher ist, ihnen nicht zustimmen. Ja, wenn du stirbst, könnte sogar dein eigenes Volk getötet werden, um für deinen Tod zu sühnen.«

Jesus war sichtlich unangenehm berührt. »Sag mir wie.«

»Hast du die Möglichkeit bedacht, daß das Volk Israel dich zurückweist?«

»Das wird es nicht.«

»Wenn sie es aber doch tun und die Heiden dir zustimmen, wer ist dann schuld, wenn die Heiden Juden in deinem Namen abschlachten?«

Jesus wandte den Kopf zornig und ungläubig ab.

»Glaube mir«, sagte der Versucher, »du wirst nie geliebt werden, wenn du den Weg des Leidens gehst. Irgend jemand wird dafür bezahlen müssen. Deine Anhänger werden es zu ihrer heiligen Pflicht machen, daß jemand dafür bezahlt. Sie werden dir nie vergeben, daß du es dir erlaubt hast zu leiden, aber sie werden bequemerweise ihren Haß auf dich in einen Haß auf andere umwandeln. Sie werden ihre Schuld in Zerstörungswut übergehen lassen. Und dein geliebtes Volk Israel wird sagen, es wäre besser für uns gewesen, wenn dieser Mensch nie geboren worden wäre.«

»Unmöglich.«

»Alles andere als das. Und weil keine Verirrungen so grausam sind wie die der Religion, werden sie eine Religion aus dir machen.«

»Aber ... aber ich habe doch meine Religion«, sagte Jesus heiser. »Ich bin nicht gekommen, um eine andere zu gründen.«

»Das weiß ich, Menschensohn. Aber wer sonst wird dir glauben? Gib acht, ein neuer Kult wird um einen geopferten Messias entstehen. Du wirst mit goldenen Gewändern und goldenen Gerätschaften angebetet werden, mit dem ganzen Zubehör wie Weihrauch, Verbeugungen und Kniefällen – besondere Kleidung, besondere Leute, besondere Riten und Kultplätze.«

»Aber ...«

Satan ließ nicht locker. »Deine Anhänger werden Schwierigkeiten haben, deinen Namen auszusprechen, ohne einen besonders frommen Tonfall anzunehmen. Eine neue Ameisenrasse wird sagen: ›Jesus, Jesus, Jesus‹, genau wie die alten Ameisen wiederholen: ›Der Tempel, der Tempel, der Tempel‹. Sie werden denken, daß sie der göttlichen Vergeltung entgehen können, wenn sie nur immer deinen Namen wiederholen, ohne ihre Einstellung zu ändern. Das wird wie ein Talisman gegen Krankheit und Tod sein, eine Münze, um sich den Eintritt ins Paradies zu erkaufen. Männer und Frauen werden deinen Namen wiederholen, als ob ihnen das dein Gütesiegel gäbe. Unaussprechlich langweilige und konventionelle Männer und Frauen, ich meine solche, die nie in ihrem ganzen Leben etwas riskiert haben. Und deine prophetischen Worte werden vergessen sein oder, was schlimmer ist, in immer anwachsender Zahl in Regeln und Vorschriften verwandelt.«

»Unmöglich!«

»Unmöglich, sagst du. Überlege doch nur, was mit Moses passiert ist. Die Zehn Gebote haben sich schon vertausendfacht. Kannst du garantieren, daß sich deine Anhänger von denen von Moses unterscheiden werden?

Nein, zwei Gesetzestafeln werden bei weitem nicht genug sein. Sie werden Berge abtragen, um deine Vorschriften niederzuschreiben. Ganze Gesetzbücher. Eine neue Art von Anwälten wird nötig sein, um sie zu schreiben, eine weitere, um sie auszulegen. Sie müßten so lange auf einem Bein stehen, bis nichts mehr davon übrig ist, und trotzdem würden sie immer weitermachen und deine einfachen Worte auslegen. Du bist nämlich nicht so naiv und ungerecht, als daß du annehmen könntest, daß die Exzesse der Pharisäer einzigartig sind. Sie sind geradezu harmlos im Vergleich zu dem, wozu deine Anhänger in der Lage sind.«

»Nein!« rief Jesus verzweifelt. »Das ist nicht möglich.«

»Ich stimme dir zu«, sagte der Versucher, »nicht möglich, sondern sicher. Eine Religion, die auf dich zurückgeht, wird die schlimmste sein, die die Welt je gesehen hat, weil sie eine Perversion des Besten sein wird. Dasselbe, nur ein grausamerer Zwang. Tut dies, werden die Priester sagen ...«

»Priester?«

»O ja. Wo immer es eine Religion gibt, gibt es Priester. Sie tauchen einfach so auf, verstehst du, wie Flöhe im Fell eines Hundes. Du, der du nicht einmal ein Priester bist, wirst von Heerscharen von Priestern vertreten werden. Sie werden möglicherweise sogar die Stirn haben, dich den ›Großen Hohepriester‹ zu nennen. Sie werden es tatsächlich tun müssen, wenn ihre Frechheit und ihre Bösartigkeit triumphieren sollen. Sie werden auf Leute in deinem Namen Druck ausüben, etwas zu tun, zu einer bestimmten Zeit, an einem bestimmten Ort ...«

»Aber ich übe doch keinen Druck aus.«
»Mach dir keine Sorgen«, sagte der Versucher und erlaubte sich eine ironische Abschweifung, »sie werden es für dich tun. Sie werden in der Lage sein, deine geheimsten Gedanken zu lesen, deine unausgesprochenen Wünsche, unfehlbar. Sie werden deine ›Rezepte‹ verfeinern, bis ihre wahre Absicht in einer grauen Vorzeit verlorengeht, die nie existierte. Denk daran, Religion existiert immer – und deine Religion wird existieren –, um nicht etwa Gott zu dienen, sondern den Menschen. Glaube ist das Vertrauen in die Kraft und die Geborgenheit einer gläubigen Gemeinschaft, die sich hinter einer hohen, nicht überwindbaren Mauer sicher fühlt. Und das wird Glaube auch immer sein.«
»Aber«, widersprach Jesus heftig, »ich bin doch gegen alle diese Dinge.«
»Deswegen habe ich auch Angst um dich, und deswegen wird auch das, was ich fürchte, eintreten. Du bist ein Mann, der darauf besteht, ständig nach dem Warum zu fragen. Denjenigen aber, der stets nach dem Warum fragt, den zerstört die Religion. Die Propheten hatten das verstanden und es akzeptiert. Jeder Angriff auf Religion, wie abscheulich Religion auch immer sein mag, wird von religiösen Leuten als Blasphemie gewertet. Und Blasphemie ist eine ›Beleidigung Gottes‹. Je mehr du Gott gegen Blasphemie verteidigst, Menschensohn, um so blasphemischer wirst du erscheinen und um so sicherer wird es sein, daß du sterben wirst. Natürlich wirst du rehabilitiert werden, und zwar von denselben Leuten, die dich getötet haben und die dich in die neue Religion verwandeln werden. Wenn du tot bist, kannst

du nicht länger dagegen sein oder nach dem Warum fragen. Es wird nur so aussehen, als hättest du der Sache deinen Segen gegeben.«
»Niemals!«
»O doch. Als Teil der neuen Jesus-Religion werden von den Pfennigen der Armen gewaltige Bauwerke in deinem Namen errichtet werden. Sie werden diese Bauwerke mit Bildern von dir füllen, mit Büsten, sentimentalen Statuen ...«
»Aber ich bin Jude. Ich bin gegen Bilder.«
»Sie werden die Ironie der Sache nicht begreifen. Sie werden sich dafür entscheiden, dich nicht als einen Bilderstürmer zu sehen. Diese Statuen von dir werden in königliche Gewänder gehüllt werden, als seist du eine fromme Ausführung des Tiberius. Sie werden eine goldene Krone auf dein Haupt setzen ...«
»Aber ich bin ein armer Zimmermann«, schrie Jesus. »Ich habe noch nie eine goldene Krone gesehen.«
»Deine Mutter wird auch nicht entkommen. Vergeistigt, sehr bewegend, sehr verkaufsfördernd. Sie wird dargestellt werden, laß mich nachdenken, als groß und schlank, jung und wunderschön, mit makellosem Teint, in Seidengewändern und natürlich ebenfalls mit einer Krone auf ihrem Haupt.«
Jesus stellte sich seine dickliche, müde und früh gealterte kleine Mutter vor mit ihren rauhen Händen und den von Fältchen umgebenen Augen, die angestrengt zu Gott betete, damit die Zwiebeln besser gediehen. Wer würde es wagen, sie als eine Königstochter darzustellen?
Jesus war erregt. Dieser mangelnde Respekt vor einer

Person, die ihm sehr nahestand, war wirklich der Gipfel des Elends. Er hörte eine ganze Weile nicht auf den Versucher und dachte, daß dieser einen schwärzeren Humor habe als jeder Jude, dem er jemals begegnet war.

Satan wartete geduldig, bevor er demütig sagte: »Ich wollte dich wirklich nicht beleidigen. Meine Phantasie ging einfach mit mir durch. Vielleicht wird das ja auch nie so sein. Aber du wirst nicht so leicht davonkommen. Es wird mit Juwelen besetzte Jesus-Ringe für Anhänger von dir geben, die mehr als eine Million Hektar Land besitzen, für reiche Damen, die es sich leisten können, sie an ihren frommen Busen zu heften, spezielle Jesus-Broschen. Es ist wahr, Menschensohn. Jünger von dir werden ohne Gewissensbisse oder den Anflug eines Lächelns Bildnisse von dir tragen, die, würden sie verkauft, ein verhungerndes Kind fünfzig Jahre lang ernähren könnten.«

Jesus schlug sich ungläubig mit der Hand gegen die Stirn.

»Es wird Zeiten geben, Menschensohn, da werden sich deine Hingebungsvollsten zusammenrotten und den meisten Grund eines Landes erwerben. Sie werden den Armen Essen geben, das versteht sich von selbst. Die Armen werden auch nicht genug haben, um sich zu ernähren. Und jetzt zum Schlimmsten.«

Jesus hob erwartungsvoll den Kopf.

»Die Bühne wird für dich vorbereitet, ob du das willst oder nicht, der größte Tyrann der Geschichte zu werden.«

»Tyrann? Ich?«

»Deine Anhänger werden Methoden gutheißen, die du für ungesetzlich erklärst, sie werden morden, wo du den Tod wählst, sie werden den Körper töten, um die Seele zu retten, und das für einen sehr akzeptablen Tausch halten. Sie werden ganze Völker massakrieren, um das Land wiederzugewinnen, daß du mit deinem Blut opferst. Sie werden vergessen, das du stolz darauf warst, keinen Quadratzentimeter davon besessen zu haben. Sie werden Zeichen für dich und für dein Leiden an die Spitze von Prozessionen stellen, die einzig und allein dazu dienen, diejenigen zu verfolgen, die dir nicht zustimmen, oder genauer, ihnen. Und wenn die Gefolterten ihre Folterer fragen, wer sie sind, werden diese antworten: ›Ich bin Jesus, der gekommen ist, euch zu verfolgen.‹ So werden die Jünger von dir sein, die mit einer geläufigen, unfehlbaren Sicherheit Wahrheiten entscheiden werden, die dich nie interessiert haben, und hätten sie dich interessiert, über die du nur gelacht hättest.«

»Meine Seele verachtet solche Dinge«, sagte Jesus wütend. »Ich würde sie verstoßen.«

»Menschensohn«, flehte der Versucher, »tue der Menschheit einen Gefallen. Komme von diesem Turm herunter, deine Hände und deine Füße ausgestreckt wie ein Vogel, weiche Hände, makellose Füße. Riskiere nicht, daß sie dich zurückweisen, verlange nicht zuviel von jenen geschäftigen, tauben kleinen Ameisen.«

Jesus überdachte lange die Folgen einer Zurückweisung, bis Satan sagte: »Überlege dir auch, Menschensohn, wie jeder Gestörte, jeder Schwachsinnige, der das Dunkel liebt, dich als seinen Führer begrüßen wird. Die

Masochisten, diejenigen, die sich selbst geißeln, werden es einfach großartig finden. ›Jesus hätte das Leiden vermeiden können‹, werden sie sagen und recht haben, ›und er tat es nicht.‹ Du wirst dann dafür herhalten müssen, jeden Mißbrauch und jede Verachtung des Fleisches zu rechtfertigen, die Erhebung des Schmerzes über die Freude, des Todes über das Leben. Jeder Verrückte, der auf einem Baum sitzt oder ein Loch gräbt und darin hockt und darin sein Leben lang sitzt, wird dich dafür ehren, daß du ihm den Weg gewiesen hast. Sie werden die Blüten von den Rosen reißen und mit bloßen Händen in die Dornen fassen: ›Hat das nicht Jesus, mein Herr, auch getan?‹

Männer und Frauen werden auf einen Sockel gestellt werden dafür, daß sie fünfzig Jahre lang keine frische Luft geatmet oder das Licht der Sonne erblickt haben, daß sie im Frühling nie das Aufspringen der Knospen gesehen und ihre Augen nie von ihren ungewaschenen Füßen erhoben haben. Menschen, die dir unähnlicher sind, lassen sich kaum vorstellen, aber diese werden als die ernstzunehmendsten Vertreter deiner Sache geehrt werden, als diejenigen, die den gesündesten Einblick in deine Botschaft haben. Sie sind es, die deine Botschaft unversehrt von Generation zu Generation bewahren.

Und du, der Verfolger der Religion, ja, du wirst zur menschenverachtendsten Religion, die die Welt je gekannt hat. Die Reichen und Mächtigen werden dich vereinnahmen …«

»Nein«, rief Jesus aus.

»Ich sage ja. Sie werden dich zähmen. Die Mächtigen werden behaupten: ›Jesus liebte die Armen, die Hungri-

gen und die Besitzlosen. Das ist der Beweis dafür, daß er will, daß sie arm, hungrig und besitzlos sind.‹ Natürlich werden dich die Armen lieben, aber die Reichen werden dich nach besten Kräften benutzen. Du wirst die unsichtbare Macht hinter dem Thron so manch eines Tyrannen werden.
Was aber in vielerlei Hinsicht noch erschütternder ist, Menschensohn, ist die Tatsache, daß du der Retter einer Methode zur Rettung werden wirst, ein System. Es wird unfehlbare Wege geben, um Jesus' Gunst zu gewinnen. Millionen von Büchern werden über dich geschrieben werden, Betrachtungen und Abhandlungen, obwohl du selbst wahrscheinlich nie ein Wort schreiben wirst. Die Gelehrtesten von allen werden sich auf dich spezialisieren. Versammlungen von alten Männern werden dich erklären und dich dazu benutzen, die Jugend schlecht zu machen und Originalität zu unterdrücken. Alles, aber auch alles, Menschensohn, wird zum Kommentar werden, aber kaum einer wird es bemerken. Du wirst zu einer Handelsware. Sie werden politische Parteien nach dir benennen, Armeen, Milizen und Kriegswaffen. Jede Kleinigkeit, was auch immer du gesagt oder getan haben wirst, wird genau untersucht werden, man wird sich darüber den Kopf zerbrechen und darüber die Köpfe einschlagen. Hundert Gruppen, die sich widersprechen, werden mit absoluter Überzeugung erklären – sie werden das dann ›Glauben‹ nennen –, daß du ihr Jesus bist und nicht der ›authentische‹ Jesus irgendeines anderen, obwohl sie dich erfunden haben. Und sie werden sich sicher sein, ohne die Spur eines heimtückischen Zweifels, daß

du alle Exzesse rechtfertigen wirst, die sie in deinem Namen begehen.
Doch zum letztenmal, Menschensohn, wem wird man die Schuld geben müssen außer dir? Sie werden sich nicht damit abfinden, daß du gelitten hast, weil dir das Böse verhaßt war. Nein, die Liebe zum Leiden um seiner selbst willen wird die neue Orthodoxie. Wer am meisten leidet – wie bizarr, unsinnig und selbstverschuldet dieses Leiden auch sein mag –, ist am meisten wie Jesus. Würdest du das deinem größten Feind wünschen?«
Jesus zwang sich, nicht an die Argumente Satans zu denken, und sah noch einmal aus der schwindelerregenden Höhe in die Tiefe. Er schaute mit liebevollem Blick. Und in dieser Liebe verschwanden die Ameisen. An ihrer Stelle sah er Menschen, die er liebte, seine Mutter und Josef mit Esra, seinem Lehrer, und der heilige Rabbi Samuel, der sogar die Geldwechsler lieben konnte, und Simon Petrus, Jakobus, Johannes und Judas und außerdem eine Menge heiliger Männer und Frauen.
Wie mußte Satan die Menschen verachten, daß er sie als Ameisen auf einem Ameisenhaufen sehen konnte!
Jesus brach schließlich das Schweigen. Es war wie ein Donnerschlag.
»Es steht geschrieben: Du sollst den Herrn, deinen Gott, nicht versuchen.«
Jesus hörte sofort ein Geräusch wie von Schritten, die sich schnell entfernten. Er lauschte. Nichts. Der Versucher, das wußte er jetzt, war gegangen.
Und Jesus fand sich selbst wieder, wie er ausgekühlt und zitternd in die wüste Wildnis starrte.

39

Die letzte Versuchung

Jesus hörte die Stimme ein drittes Mal. Jetzt hatte sie weder etwas Bevormundendes noch etwas weltlich Schmeichelndes. Sie war traurig, sogar demütig.

»Komm mit mir«, sagte die Stimme.

»Was willst du mir zeigen?« fragte Jesus, und er schauderte, da er mit etwas wirklich Bedeutungsvollem rechnete.

»Alles«, antwortete der Versucher.

»Alles?«

»Alles in Zeit und Raum.«

»Ich komme«, sagte Jesus, denn in der Stimme des Versuchers lag eine solche Trauer, daß er nicht widerstehen konnte.

Mit einem Brausen wurde er in einen feurigen Wagen zu einem Berg höher als alle Berge gehoben, von dem aus er alle Königreiche der Welt sehen konnte.

»Schau, Menschensohn«, sagte der Versucher, »da liegen Ägypten, Assyrien, Griechenland, Babylon und Rom und hinter ihnen und vor ihnen andere namenlose und fürchterliche Tyranneien. Dein eigenes schönes Dorf wurde von kleinlicher Habsucht und der Notwendigkeit des Selbstschutzes unterwandert. Aber hier siehst du die Verruchtheit in wirklich kosmischer Größenordnung.«

»Warum zeigst du mir das?« fragte Jesus und zuckte erschrocken zurück.

»Um dir zu beweisen, daß die Welt von allen Anfängen an in Dunkelheit versunken war.«

»Das war dein Werk!« rief Jesus aus.

»Richtig«, bestätigte der Versucher, jedoch ohne die Spur eines Triumphes. »Mein Werk. Ich habe dir diesen Klumpen Bösartigkeit gezeigt, damit du keine Zweifel hast, daß die Welt mir gehört. Ich habe überall meine Spuren hinterlassen: Kriege, Zwiste, Haß und blinde Zerstörungswut. Du hast sie gesehen. Sie haben bereits deinen Körper durchdrungen.«

»Was du getan hast, ist schrecklich.«

»O ja«, sagte der Versucher und war unendlich zerknirscht, »aber ich habe bereut, verstehst du?«

Jesus war ganz durcheinander. War der Satan wirklich in der Lage, seine Schandtaten zu bereuen und Gott um Vergebung zu bitten?

»Wo sind die Zeichen deiner Reue?«

»Ich befürchte, es gibt keine, Menschensohn. Aber das liegt nur daran, daß ich hilflos, nicht mehr zu retten bin. Ich brauche deine Hilfe.«

»Um was zu tun?«

Satan antwortete nicht sofort. Er wollte die Sache gerne etwas in die Länge ziehen. Als er wieder sprach, sagte er nur: »Sei tapfer, Menschensohn, wende deine Augen nicht von der verwundeten Welt ab. Sie hat immer wieder falsch angefangen. Du wirst gebraucht, um sie zu läutern, um aus ihr einen Ort der Harmonie und der

Liebe zu machen. Ich werde es dir überlassen, die Regeln zu wählen, nach denen sie leben soll. Du könntest meinen, daß ich voreingenommen bin, verstehst du. Die Stolzen wirst du vernichten, und auch die Herrschsüchtigen und die Gottlosen. Nicht in Zeiten, die kommen werden, sondern jetzt. Du sollst so ungeduldig sein wie ich, Gerechtigkeit auf Erden zu sehen.«

»Eine neue Schöpfung.« Jesus bewegte die Idee in seinem Herzen. »Ist so etwas möglich?«

»Es ist«, antwortete der Versucher nur. »Keine Verruchtheit mehr. Das Gute, nicht das Böse wird blühen. Es wird dir eine unendliche Last sein, aber du bist stark, Menschensohn. Du wirst in der Lage sein, sie zu tragen, das aus den Dingen zu machen, was du wünschst. Unter deiner Herrschaft werden die Menschen lernen zu gehorchen, und sie werden es lieben, dem Diktat des Guten und nur des Guten zu gehorchen.«

»Der Preis, Versucher, der Preis?«

Satan hielt sich immer noch zurück.

»Warte, bis du die wundervollen Dinge, die du erwerben wirst, noch besser sehen kannst, Menschensohn. Eine Welt, in der du aufräumen, die du zur Raison bringen und die du verjüngen mußt.«

»Du würdest mir zumuten, Menschen schlagen zu lassen, damit sie gehorchen?«

»Denkst du«, sagte Satan mit einem kurzen Lachen, »daß Menschen Gehorsam verabscheuen, daß sie die Liebe und die Ordnung verabscheuen, die Gehorsam mit sich bringt? Nein, nein, nein. Außerdem, war die Welt etwa nicht für die Brüderlichkeit gemacht? Du bist jetzt so alt wie Alexander, als er starb. Du kannst noch größer werden als er. Du kannst aus der gesamten Welt ein jüdisches Reich machen, wenn es das ist, was du willst; natürlich nur ein geistiges Reich. Durch dich werden alle Menschen erwählt werden, Gott zu lieben und ihm zu dienen.«

»Der Preis, Versucher!«

Satan sprach wohlüberlegt: »Du mußt einfach die Tatsache anerkennen, daß die Welt mir gehört, und sie aus meinen Händen in Empfang nehmen.«

»Nein.«

»Dann«, fuhr der Versucher fort, »falle auf die Knie, und bete mich an.«

»Niemals!«

»Jetzt denkst du wieder nur an dich, Menschensohn. Bin ich denn der einzige, der Mitleid mit der Menschheit hat?«

»Ist es Mitleid, ihr Gerechtigkeit aufzuzwingen?«

»Ist es Mitleid«, fragte Satan zurück, »Ungerechtigkeit wuchern zu lassen? Es dem Unterdrücker zu erlauben, seine Opfer zu berauben und zu mißhandeln? Es ist doch sicherlich ein Akt der Freundlichkeit, Gerechtigkeit mit einem Willen zu erzwingen, der ebenso stark ist wie der Wille der Tyrannen, der zur Ungerechtigkeit führt? Sieh noch einmal hin, ich bitte dich, Menschensohn. Verschließe deine Augen nicht vor all diesem Elend. Gott hat versagt, das ist ganz klar. Er hat dafür gesorgt, daß die Welt viel zu leicht eine Beute meiner Launen wird, und darüber bin ich nicht glücklich. Gott hat, ohne es zu wollen, einen schrecklichen Fehler begangen. Er hat den Menschen zuviel zugemutet und ist jetzt enttäuscht, daß sie ihm nichts geben. Sei ihr Führer, ihr Lehrer. Sei ein neuer Adam am Anbeginn einer neuen Schöpfung. Sei nicht verlegen, daß du von mir lernen mußt, was Gnade wirklich bedeutet.«

»Und wie willst du mir die Welt ›geben‹?«

»Oh«, sagte der Versucher, als sei er jetzt endlich bereit, seinen Generalplan zu enthüllen. »Ich werde mich einfach aus ihr zurückziehen.«

Jesus überraschte die Antwort.

»Du würdest dich zurückziehen?«

»Ich würde einfach verschwinden, Menschensohn, wie ein Beduine, der nachts sein Zelt zusammenlegt. Am nächsten Morgen: keine Spur. Suche nach ihm, und du könntest genausogut nach dem Wind suchen, der gestern wehte, oder nach dem Rauch vom gestrigen Feuer.«

»Aber warum? Warum würdest du deinem Reich entsagen und dich zurückziehen?«

»Ich bin nicht das verabscheuungswürdige Monster, für das ihr mich alle haltet«, antwortete Satan demütig. »Ich will in Reue gehen. Ich will das Feld zurücklassen für das Gute und nur das Gute. Ist das nicht das Ziel all unseres Strebens, das Königreich Gottes? Wenn ich eine Hilfe sein könnte, wenn ich das Kommen dieses Königreichs beschleunigen könnte, dann wäre ich zum erstenmal glücklich. Es würde so sein – wie soll ich das ausdrücken – wie die freudenvolle Reue eines Sünders. Denk darüber nach. Du mußt nur ein Wort sagen, und du wirst Streit, Blutvergießen und Sorgen beenden – für immer.«

»Wenn es also keine Versuchung gibt, warum versuchst du mich jetzt?« fragte Jesus mißtrauisch.

»Das werde ich dir sagen, Menschensohn, mit allem Feuer und Eifer meines Seins: das ist die letzte Versuchung. Wenn du mit der Menschheit Mitleid hast, dann wirst du die Ehre haben, der letzte auf Erden zu sein, den ich versucht habe. Ich gebe dir mein Wort.«

Jesus zitterte wie ein Hund, der schlecht träumt. Seine Knochen taten ihm weh. »Abba«, rief er innerlich immer und immer wieder, »Abba, mein Vater.«
Der Versucher sagte sanft zu ihm: »Empfange die gesamte Erde aus meinen Händen, Menschensohn. Nimm sie, und verwende sie als ein perfektes Opfer an Gott. Glaube mir, der Allerhöchste muß nur einmal einen Augenblick aufhören, an die Welt zu denken, damit sie in Trümmer fällt, in nichts zerfällt. Ich habe auch meine kleinen Tricks. Ich kann die Welt ein für allemal vom Bösen befreien, einfach dadurch, daß ich weggehe. Ich bin bereit, das zu tun, weil ich die Menschheit liebe. Das ist mein Opfer. Bringe nun deines. Nimm meine Stelle ein. Ersetze das Böse durch das Gute, den Haß durch die Liebe. Richte das Königreich schnell auf. Es ist spät für Licht, Frieden und Liebe – aber nicht zu spät. Siehe, die ganze Welt liegt dir zu Füßen. Gib dich in all deinem glänzenden Ruhm zu erkennen. Da! Ich vermache sie dir. Hebe sie auf, Menschensohn.«
Will der Versucher wirklich seinen Frieden mit Gott machen? Bereut er wirklich? Ist er der Favorit Gottes, der, der die Menschheit liebt?
Etwas stimmte nicht. Etwas konnte einfach nicht stimmen. Dann kam Jesus' messerscharfem Verstand die gewaltige Erleuchtung.

Diese Versuchung war selbst der Beweis dafür, daß man Gott nur mit Anfechtungen und Prüfungen dienen kann. Als Jesus das erkannt hatte, wurde auch den anderen beiden Versuchungen, die er hatte ertragen müssen, die letzte Spur von Plausibilität genommen.
Gott wäre nicht besser gedient, wenn Satan die Welt verließe. Ihm wäre gar nicht gedient. Der Dienst Gottes ist nicht billig zu haben. Er erfordert die Überwindung des Bösen; es gibt keinen anderen Weg.
Das Böse, das sah Jesus jetzt, wird nie gebannt werden, aber während man es zügelt, kann man es oft auch beherrschen. Die Rolle des Guten besteht darin, zu leiden und das Böse unschädlich zu machen und es dadurch zu erlösen.
Denn Liebe wird durch Haß genährt, wie auch Haß durch die Liebe lebt. Sie brauchen sich gegenseitig, wie zwei Kämpfer sich für einen Wettstreit brauchen. Ohne einen Wettstreit, ohne die Möglichkeit zu verlieren, gibt es keinen Sieg.
Eine Welt, die durch und durch gut ist, ohne Prüfungen, ohne Versuchungen ist eine verwässerte Welt, eine Welt von glücklichen Kindern, die nie erwachsen werden. In ihr würde es keine Feiglinge geben, aber auch keine Helden. Keine Sünder, aber auch keine Heiligen, kein Versagen, aber auch keine Triumphe, keine Gefahren und keine Ekstase. Sie würde langweilig, lau und einfarbig sein. Grau und eintönig ohne rosige Sonnenaufgänge oder blutrote Sonnenuntergänge in den Hügeln. In ihr könnte man nichts mehr erreichen. In dem Augenblick, in dem sie erschaffen wird, wäre sie schon fertig. In einer solch schrecklichen Welt

hätten die Menschen keine Möglichkeit mehr, ihre Liebe zu beweisen.
Kein Wunder, daß der Versucher es vorziehen würde, die Welt zu verlassen. Sie würde dann in ihrer eigenen Mittelmäßigkeit schwelgen, während sie ihn jetzt bedrohte. Dann würde er auf sie spucken. Ja, Satan war schon scharfsinnig. Er würde sich eher aus dem Staub machen, als Schlachten zu schlagen, die er, wie blutig sie auch immer sein mochten, am Ende nie gewinnen könnte.
Für das Böse gibt es keine Siege. Wenn man es Satan gestatten würde, die Welt zu verlassen, dann würde er über die Schöpfung triumphieren. Der endgültige Sieg wäre ihm sicher, wenn er das Gute als unangreifbar, als nicht bedroht sah – als unwichtig.
Jesus erkannte jetzt endlich die Versuchungen als das, was sie wirklich waren, eine große Täuschung, eine unglaubliche Unverschämtheit. Er stieß ein lautes, heiseres Lachen aus. Er lachte darüber, daß sich der Versucher als Gottes Rivale ausgab, als einer seinesgleichen, obwohl es in Wirklichkeit doch so ist, daß Gott keine Rivalen hat und Satan ein Nichts ist. Satan wird am Ende kein Sieg beschieden sein; er wird am Ende nur verzweifelt zum Sieg des Guten beitragen.
Kein Wunder, daß Satan seine beste Aussicht darin sah, nicht etwa noch länger auf der Welt sein Unwesen zu treiben und sie noch chaotischer zu machen, sondern einfach zu verschwinden. Das kann er nicht, obwohl er es versucht hat, und er leidet Qualen. Seine größte Strafe besteht darin, daß er weiß, daß er zum Ruhm und zur Größe von Gottes Welt nötig ist.

»Abba, Abba.«
Jesus betete seinen Vater als den Gott der gesamten Schöpfung an, sogar als den Gott des Bösen, das es in ihr gab. Denn das Böse legt seltsamerweise lebhafter Zeugnis von Gottes Ruhm ab als der Tempel selbst. Ein Sünder lobt Gott wahrhaftiger als ein Priester, der sein Opfer verrichtet.
Vater, ich weiß, daß das alles dein Tun ist. Du machst die Welt, wie du sie am Anbeginn der Zeit geschaffen hast, und du wirst sie bis ans Ende der Zeit machen. Deine Absichten verändern sich nicht oder sind wankelmütig. Dein Königreich kommt nicht trotz des Bösen, sondern gerade wegen des Bösen. Denn die Gnade besiegt die Herzlosigkeit, oder es gibt keine Gnade. Demut besiegt den Stolz, Reinheit die Unreinheit. Und in jeder Träne steckt der Same des Ruhms.
Jesus holte tief Atem und rief: »Hebe dich hinweg von mir, Satan. Denn es steht geschrieben: Du sollst dem Herrn deinem Gott dienen und niemandem außer ihm.«
Plötzlich ging die Sonne auf. Der Schatten der Nacht war verflogen. Ein Gewicht wie das des Maulbeerbaums, den er einmal für Esra getragen hatte, war von seinen Schultern genommen.
»Wo bist du, Versucher?« rief er voll Freude.
Blitzartig wußte er es. Denn endlich erkannte er diese fremde und doch nicht fremde Stimme, die der Versucher gebrauchte. Es war seine eigene.
Der Versucher wohnte in seinem eigenen Herzen. Jesus trug ihn mit sich herum, wie er es immer getan hatte. Wenn er um eine Ecke seines Herzens kam oder einen

Stein von seinem Herzen hob, dann würde er ihn vielleicht dort zu Gesicht bekommen.
Eines Tages, das wußte er, würde er diese Stimme wiederum hören. Er war ein Mensch wie alle anderen Menschen, er würde nie frei von Versuchung sein.

Auch diese Erkenntnis konnte seinen Seelenfrieden nicht erschüttern. Er hatte es überstanden. Er wußte, was er zu tun hatte und was ihn das kosten würde. Seine Lehrjahre waren vorüber.
Sein Vater, davon war er überzeugt, würde Engel schicken, ihm beizustehen. Er erhob sich, seine Glieder waren steif wie Holz. Er streckte sich, bewegte ein Bein, dann das andere und reckte den Rücken.
Er war wie ein Schmetterling, der aus der Larve schlüpft, seine Flügel entfaltet und sie schüttelt, um Blut in die Venen zu pumpen in Vorbereitung des Fluges, aber schon wunderschön, schon ganz ausgewachsen.
Eine wilde Entschlossenheit hatte von ihm Besitz ergriffen. Obwohl er körperlich geschwächt war, war seine geistige Kraft gewaltig. Bereit. Er war bereit.
Strauchelnd verließ er die Wüste. Er sah aus wie eine Wurzel aus einem trockenen Boden, der plötzlich Beine gewachsen waren.
Die Sonne war wie ein Engel, der ein flammendes Schwert schwang, aber nachts hatte es etwas geregnet. Der Frühling war in die Steppe gekommen. Schwindlig und anfänglich etwas blind, ging er über Gras und Blumen.
So scharf waren seine gereizten Sinne, daß er nur etwas

einatmen mußte und, wie ein Kamel oder ein durstiger Esel, das Grün und das Wasser des Jordan riechen konnte, obwohl er noch eine Meile von diesem entfernt war.

Er wurde stärker und ging aufrechter wie Elias auf dem Weg nach Horeb. Aber wo waren seine Engel?

Ja, sein Vater hatte ihn nicht im Stich gelassen. Da waren Petrus, Andreas, Jakobus, Johannes, Simon und Judas. Trotz seiner Lumpen, seines sandverkrusteten Gesichtes und seines ausgemergelten Körpers erkannten sie ihn und jubelten.

Der Täufer war bei ihnen. Jesus hörte, wie er sagte: »Siehe, das Lamm Gottes, das da auf sich nimmt die Sünden der Welt.«

Petrus lief auf ihn zu. Atemlos umarmte er Jesus und küßte ihn. Ihre Freude aneinander mischte sich wie Blut.

Durch trockene Lippen krächzte Jesus: »Danke.«

»Du hast gesagt: ›Wartet‹, also haben wir gewartet.«

Jesus wurde schwächer. Der letzte Tropfen Energie war verbraucht. Bevor er in Petrus' Armen zusammenbrach, gelang es ihm gerade noch zu sagen: »Ich warte nicht länger.«

[illegible] wie ein Kind [illegible] Gras und das Wasser der [illegible]

Er wurde [illegible] Weg nach Hause. Aber [illegible] waren seine [illegible]

[illegible] Vater [illegible]

[illegible]

[illegible]

[illegible]

Durch [illegible]

[illegible]

40

Jesus ruhte sich mehrere Tage am Jordan aus.
Judas war der erste, der bemerkte, daß er sich verändert hatte. Etwas war mit ihm passiert in der Weite der Wüste. Vorher hatte Jesus immer gezögert, jetzt war er entschlossen. Vorher hatte er keine Forderungen an sie gestellt, jetzt forderte er alles. Judas war hocherfreut. Das Königreich Gottes konnte nicht kommen, ohne daß man sich selbst ganz hingab.
Als sich Jesus genügend erholt hatte, nahmen er und seine Jünger den Weg durch das Jordantal nach Galiläa. Am See überraschte er sie, besonders Petrus, dadurch, daß er sagte: »Geht schon einmal nach Kapernaum vor. Ich habe noch etwas zu erledigen, und ich muß es allein tun.«
Niemand stellte seine Autorität in Frage. Sie umarmten sich, und er wandte sich nach Westen in Richtung Nazareth.

Sein Auftauchen im Dorf sorgte für einige Aufregung. Neuigkeiten über das, was am Jordan passiert war, waren in entstellter Form durchgesickert, einschließlich des Zeugnisses Johannes des Täufers. Aber wer war der Täufer? Ein Prophet oder ein Wahnsinniger?
Seine Mutter war schockiert, als sie sah, wie dünn und

wie alt er geworden war. Aber sie sah auch, daß seine Stärke, die sie immer wahrgenommen hatte, an die Oberfläche gekommen war. Man mußte ihr nicht sagen, daß sein Warten vorüber war. Sogar als er fragte: »Soll ich dir erzählen, was der Täufer gesagt hat?« schüttelte sie nur den Kopf, was soviel bedeutete wie: Es ist nicht nötig, daß mir das jemand sagt.

Er aß hungrig, war aber nicht bei der Sache. Seine Gedanken waren woanders.

Anschließend wollte er wissen: »Esra, wie geht es ihm?«

»Nicht gut.«

»Oh!« Jesus machte sich um sich und Esra Sorgen, weil er etwas von Esra brauchte, etwas ganz Besonderes.

»An ihm ist nicht mal mehr so viel dran, daß noch eine Made satt werden könnte«, sagte seine Mutter.

Jesus ging zum Haus des Rabbi. Es war nicht viel mehr als ein Steinhaufen, der von einem flachen Dach bedeckt wurde. Wenn ein Fuchs darauf springen würde, würde alles zusammenfallen.

Sarah war gerade dabei, einen Rock zu nähen, und benutzte dazu eine Knochennadel. Sie war ruhig. Sie hatte niemanden, mit dem sie streiten konnte. Früher hatte Esra immer über sie gesagt: »Diese Frau ist streitsüchtig. Selbst wenn sie mit sich selbst spricht, kann sie nicht zustimmen.«

Sarah zeigte müde auf das Zimmer, in dem ihr Mann war.

»Ist er krank?«

»Er hat Schnupfen«, sagte sie auf ihre direkte Art. »Wie der kleine Junge Elisha, der von den Toten auferweckt wurde, nicht mehr.«

An der Tür zu Esras Zimmer zog Jesus seine Sandalen als Zeichen seines Respekts aus. Im schwachen Licht sah er ihn auf einer Strohmatte liegen.
Sein Kopf ruhte auf einem Kissen. Sein Gesicht war so durchsichtig wie der Flügel einer Fledermaus. Und weil es so schmal war, erschienen die Ohren und die Nase größer als früher. Sein Bart sah aus wie ein Fleck Sträucher in der Wüste. Seine Augen waren geschlossen.
Jesus stand dort wie auf geheiligtem Boden. Dies war das Allerheiligste von Nazareth. Er spürte ganz stark, wieviel ihm Esra bedeutete. Von dem guten Wein, den Gott in Esras Seele gegossen hatte, hatte dieser nicht einen Tropfen verschüttet. Er war ein Beispiel aller geheimen Kräfte, demütig und schrecklich, die einem menschlichen Wesen verborgen sein können.
Esra hatte nie an sich gedacht. »Mach schon«, pflegte er im Scherz zu sagen, »tritt mir auf die Zehen. Wofür hat sie mir Gott sonst gegeben?« Er hatte die Last aller anderen getragen wie ein Maulesel. Nein, wie Moses hatte er das ganze Volk auf seinem Rücken getragen und es gelehrt, wie man im Angesicht Gottes läuft.
Eine Maus oder ein anderes kleines Geschöpf bewegte sich in der Ecke, aber Esra öffnete nicht die Augen. Sein Atem war rauh und unregelmäßig.
O ja, wie Jesus diesen unbezahlten, selbstlosen, verarmten Gesetzeshüter liebte, der immer nur seinem Gott folgte, gelegentlich hinkend, aber immer folgte. Die Religion hatte ihn nie korrumpiert, und er hatte die Religion süß gemacht. Der gesegnete Gott war ihm wie Gold vorgekommen und wie ein ewiges Wunder.

Das, dachte Jesus bei sich, ist ein wahrhafter Pharisäer.
Er bückte sich und küßte den Bart des Rabbi. Esra öffnete die Augen, und als er wieder etwas erkennen konnte, sah er Jesus nahe bei sich und lächelte. Er räusperte sich, ein rasselndes Geräusch, und sagte: »Bist du das, mein Jesus?«
»Ich bin zurückgekehrt«, flüsterte dieser, »vor allem, um dich zu sehen.«
»Geschichten, mein Sohn. Mir sind so viele Geschichten zu Ohren gekommen. Aber ich muß sie von deinen eigenen Lippen hören.«
»Frage nur.«
»Bist du der Messias, der eine, den Gott uns senden wollte?«
»Was glaubst du, Rabbi?«
Jesus sagte das ernst mit einer Art liebevoller Sehnsucht. In all den Jahren des Wartens war kein Augenblick so langsam vergangen.
Der Rabbi antwortete nicht. Seine Augen blickten ins Leere. Er dachte nach.
In dem Nebel, der ihn umgab, sah er mit seltsamer Klarheit. Gott erlaubte sich einen Witz auf seine Kosten. Als ob ihm am Ende eines von Suche erfüllten Lebens etwas Kostbares enthüllt werden sollte, das er ständig in greifbarer Nähe gehabt hatte.
Dieser Junge, sein Junge, so unschuldig, so sanft, so anders als alle anderen und so unerschrocken … War das jetzt so ein dummer Fall eines alten Mannes, der Visionen hat, und eines jungen Mannes, der träumt?
Wie sehr hatte er die Heiterkeit seines Sohnes bewun-

dert, seine alterslose Weisheit. Jesus war ihm immer älter vorgekommen als er selbst und so viel weiser – weise auf eine mühelose Art, als sei das seine zweite Natur.

Ist mein Jesus von Gott gesandt? Ist der Messias aus Nazareth gekommen? Ist das möglich?

War es möglich, daß dieser Junge, der über seine lustigen Gewohnheiten gelacht und mit ihm Holz gehackt hatte, der Gesalbte Gottes war?

Er wählte zwei Erinnerungen aus wie die beiden reifsten Pfirsiche von einem Baum.

Josef lag im Sterben. Er, Esra, war zu seinem Haus gekommen. Maria und Jesus, der damals vierzehn Jahre alt war, hielten sich am Bett bei den Händen, und Jesus, in einer Art Trance, sagte immer und immer wieder »Abba«. Esra hatte wie selbstverständlich angenommen, daß Jesus Josef anredete. Aber was wäre, wenn er Gott seinen »Vater« nannte? Was, wenn er ein besonderes Recht hätte, Gott seinen Vater zu nennen?

Dann erinnerte er sich an den heiligen Rabbi Samuel im Innenhof des Tempels. Er hatte Jesus nicht gesegnet. Was, wenn er dazu nicht in der Lage gewesen wäre, nicht weil der Junge irgendeinen Makel gehabt hätte, sondern weil seine Heiligkeit überwältigend war, so daß keine seiner Segnungen etwas nützen konnten, da Gott schon in dem Jungen war.

Esra wandte den Kopf ab, und das verursachte ihm Schmerzen.

Was bedeutet das? fragte sich Esra. Habe ich einen Platz in Gottes Plan, wie ihn kein anderer Rabbi hat? Ich war der Lehrer des Jungen. Ich leitete ihn an, wies

ihn zurecht und – Gott steh mir bei – korrigierte ihn. Und das in diesem erbärmlichen Dorf und nicht im Palast des Hohenpriesters.
Wie konnte das sein?
Die Anstrengung war zuviel für Esra. Er fühlte sich, als ob ihn jemand mit der Axt geschlagen hätte.
Jesus sah ängstlich zu ihm hinab. Esras Venen auf der Stirn schwollen an und traten hervor wie Stricke. Seine Augen wurden glasig. Sein Mund zuckte, und aus dem Mundwinkel tropfte eine Flüssigkeit, die die Farbe von Muttermilch hatte. Sein Körper, erst eine Seite und dann der ganze, erbebte.
Esra versuchte zu sprechen, aber nur ein schnarrender Laut war zu vernehmen. Jesus beruhigte ihn und strich ihm über die Stirn, bis er still war.
Er blieb lange bei ihm. In seinem Herzen war eine große Leere. Esras Unfähigkeit, seinem Glauben an ihn Worte zu verleihen, hatte sie hervorgerufen.

»Dein Mann ist krank, sehr krank.«
Sarah sah ihn dumm an. Sie war praktisch taub. Es war schwierig, ihr etwas begreiflich zu machen.
»Ist das ein Wunder?« sagte sie schließlich und fuhr fort zu nähen. »Seit er diese dummen Geschichten gehört hat, ist er nicht mehr er selbst.«
»Das tut mir leid«, entgegnete Jesus stotternd.
»Wenn du der bist, der du angeblich sein sollst«, stieß Sarah ungehalten aus, »dann heile ihn. Alles, was ich sagen kann, ist, wenn er wirklich zu Gott geht, dann hilf ihm der Himmel.«
»Dein Mann hat nichts zu befürchten.«

»Ich dachte an Gott«, erwiderte sie.
Jesus lächelte kurz. »Gott wird erfreut sein, jederzeit die Debatte mit Rabbi Esra fortzusetzen.«
Sarah schüttelte den Kopf. »Wenn der da nach dem Tod weiterlebt, warum muß er dann überhaupt sterben? Nein, wenn du mich fragst, so ist der Tod Lohn genug.«
In diesen wenigen Augenblicken begriff Jesus etwas über Sarah und Esra, das ihm vorher entgangen war. Die Liebe hat viele Sprachen. Wenn ein Mann die Sprache kaum versteht, die er selbst spricht, wie soll er dann die von anderen verstehen?
Sie waren keine harten, aber einfache Leute. Wenn sie krank gewesen wäre, dann würde Esra genau wie sie jetzt gehandelt haben. Sie akzeptierten, was sie nicht ändern konnten.
»Es ist schlimmer«, sagte Jesus. »Viel schlimmer. Er braucht dich.«
»Braucht mich?« wiederholte sie ungläubig.
Sarah legte ihre Nähsachen hin und ging auf unsicheren Beinen hinaus, um sich um den Mann zu kümmern, den sie liebte.

Am nächsten Tag war Sabbat. Jesus machte auf seinem Weg in die Synagoge einen Besuch bei Esra. Sarah nähte immer noch, aber Jesus bemerkte Spuren von Tränen. Das verfallene Haus war von großer Erwartung erfüllt.
Esra näherte sich seinem Ende. Sein winziger Körper war ihm schon zu groß geworden. Gott, der Weingärtner, würde bald kommen, um sein Leben zu ernten.

Aber was war an der Rebe noch anderes übrig als die Nachlese?
Esras Gesicht strahlte, als Jesus das Zimmer betrat. Er versuchte zu reden, aber seine Worte hatten keine Konturen. Sie kamen heraus wie zusammengeklebt.
Der Kopf des Rabbi war von Lärm erfüllt. Wie laut Jesus auch sprach, seine Worte erreichten Esra wie von einer leisen und ruhigen Stimme.
Mit Mühe richtete sich der alte Mann auf und hob fragend die Brauen, so daß sie wie Speerspitzen aussahen. Worte kämpften in ihm wie ein erschöpfter alter Mann, der versucht, eine wacklige Treppe zu einem Speicher hinaufzusteigen.
»Ich muß wissen«, brachte er mit Mühe hervor. Es war ein Erfolg, selbst wenn die Laute kaum zu hören waren.
»Glaubst du, Rabbi Esra«, sagte Jesus feierlich, »daß ich der Heilige Gottes bin?«
Der Rabbi nickte mit dem Kopf, einmal, zweimal, dann sank er auf das Kissen zurück, und seine Augen flackerten wie Kerzen, sein Gesicht war in einem Lächeln verzogen.
»Ich wußte es.«
Es war ihm, als ob er es immer gewußt hätte. Tief unten an den ungetrübten Orten, wo Worte den Gedanken nicht in die Quere kommen. Warum sonst hatte ihn Jesus, als er noch ein kleiner Junge war, beschützt, ihm Schatten gespendet, besser als ein Feigenbaum in der Mittagshitze.
Sie schwiegen lange, und Jesus faßte Esra am Arm, als dieser nach Luft rang.
Es ist seltsam, dachte Jesus bei sich, daß einem in feier-

lichen Augenblicken wie diesem immer nur die lustigen Ereignisse einfallen.
Er dachte an den Tag, an dem Esra und er zusammen in den Wald gegangen waren. Ein strahlender grüner Tag. Ein Tag, an dem die Vögel im Herzen sangen. Esra hatte sich endlich damit abgefunden, daß Jesus seine Tochter Jedida nie heiraten würde. Er war bester Laune und machte, wie es seine Art war, aus seinem Pech eine große Affäre.
»Für Pech«, sagte er amüsiert, »habe ich wirklich Talent. Ich muß es nicht einmal einladen.«
Jesus nickte nachsichtig. Dann hielt Esra einen seiner langen Monologe, einen von denen, die Jesus nachher seiner Mutter oft Wort für Wort zu wiederholen pflegte.
»Wenn du denkst, daß ich dieses ganze Pech nur einfach deswegen habe, weil ich ein Pechvogel bin, dann irrst du dich. Es war geplant. Wie, fragst du. Warum, entgegne ich, es beweist doch nur, daß der gute Herr an mich denkt. Er sucht das Pech extra für mich, um mir einen Gefallen zu tun. Er mustert mich von Kopf bis Fuß und erklärt: ›Es ist maßgeschneidert für dich. Hier, Esra, nicht einfach irgendein Pech für dich, sondern diese erstklassige Ware. Oh, ausgezeichnet!‹ Er sagt es so, als würde ich dafür bezahlen. ›Wie hervorragend es paßt. Wie eine zweite Haut. Würde ein Floh versuchen, unter diese neue Haut zu schlüpfen, er würde seinen Kopf zerquetschen.‹ Ich flüstere, wie ich immer flüstere, wenn ich seine Aufmerksamkeit auf mich ziehen will. ›Gott‹, flüstere ich also, ›kann ich nicht einmal zur Abwechslung etwas Glück haben?‹ – ›Wer redet denn davon?‹ will Gott jetzt wissen. ›Esra? Doch nicht Esra! Das

Pech steht dir doch so gut‹, sagt er. ›Wenn du Glück hättest, wärst du nicht glücklich. Du hättest nichts, worüber du lachen könntest. Außerdem, schau einmal her‹, und er zieht einen Vorhang zurück und zeigt mir Reihen über Reihen von Pech, die schon für mich vorbereitet sind. ›Was soll ich dann damit machen‹, fragt er, ›wenn du auf einmal Glück hast?‹ Ich bin versucht zu antworten: Gib sie jemand anderem, Gott. Aber das würde ihn verletzen. Also beiße ich mir auf die Zunge und bin selbst verletzt. Wieder mein Pech. Ich hätte es wissen müssen; ich sah es hinter dem Vorhang. ›In Ordnung, Gott‹, sage ich, ›nur einen Gefallen.‹ – ›Laß hören‹, entgegnet er, ›aber denk daran, keine Versprechungen.‹ – ›Ich glaube, ich werde morgen wiederkommen.‹ – ›Morgen gibt es auch keine Versprechungen.‹ – ›Na schön, die Sache ist die, ich habe eine Tocher.‹ – ›Ich weiß.‹ – ›Meine Jedida, sie hat ein Gesicht, das auch einem Mann nicht stehen würde.‹ – ›Ich weiß‹, sagt er. ›Es würde auch miserabel an einer Ente aussehen.‹ – ›Ist da nichts, was du für sie tun kannst, Herr?‹ – ›Das habe ich schon‹, antwortet er nur darauf. ›Etwas Nettes, Herr.‹ Er sagt: ›Du kennst doch dein Glück, Esra.‹ Ich bin ja nicht unbedingt begriffsstutzig. ›Auf Wiedersehen, Herr‹, murmle ich. Doch Gott sagt: ›Bevor du gehst, Esra…‹ – ›Ja, Herr?‹ Er fährt fort: ›Esra, du denkst, du hättest Pech, aber schau einmal mich an. Ich konnte unter allen Völkern der Erde wählen und mußte mich ausgerechnet für Israel entscheiden!‹«

Jesus erinnerte sich an diese Geschichte und beneidete plötzlich seine Mutter, die gleichzeitig lachen und weinen konnte.

Die Wahrheit war, daß Esra nie wirklich an sein Pech geglaubt hatte. An jedem Tag seines langen Lebens hatte er Gott demütig gefragt, warum ausgerechnet er mit all seinen Sünden zu den wenigen Auserwählten gehören sollte. Jetzt wußte er es.
Er mobilisierte seine letzten Kräfte, und mit der Freude eines Stummen, der schließlich seine Sprache gefunden hat, flüsterte Esra deutlich: »Ich habe dich immer geliebt, Messias. Erinnere dich an mich, o mein Gott, für immer.«
Mit diesen Worten starb er.
Tränen liefen Jesus die Wangen hinunter, aber gleichzeitig lachte er auch und hielt den alten Mann eng an sich gedrückt. Als er dessen Antlitz berührte und ihm die Augen schloß, war es das Antlitz eines schlafenden Kindes.
»Er hat geglaubt«, sagte er leise und ohne jeden Stolz. »Esra hat an mich geglaubt.«
Er sah das verehrte Antlitz eine lange Zeit an; sie hatten zusammen so viel ertragen müssen. Dann küßte er ihm den Bart und die dünnen Linien der Lippen. Sein Atem war jetzt bei Gott. Der gute und stabile Krug war am Ende doch am Brunnen zerbrochen.
Jesus wiegte Esra in den Armen und sagte: »Ich habe dich immer geliebt, kleiner Vater.«

Er ging zu Sarah, um ihr die Nachricht zu bringen.
»Gott küßte ihn, Sarah, und er starb.«
Sie nickte und schluchzte. »Er hat auf dich gewartet, um in Frieden sterben zu können.«
»Wenn er jetzt immer noch auf mich wartet«, sagte Je-

sus und fühlte sich stärker, als er sich je gefühlt hatte, »wird er auferstehen.«
Sarah hörte es nicht, so in sich versunken war sie, ein Schmetterling mit einem Flügel. Sie hatte die eine Hälfte ihres Selbst verloren.
»Er hätte nicht fortgehen sollen«, murrte sie. «Er hat den Sabbat noch nie verletzt.«
Jesus zeigte zu dem Zimmer, in dem Esra lag. »Willst du nicht nach ihm sehen, Sarah?«
Sie faßte sich ans Herz. »Das ist nicht nötig.«
Jesus lächelte voll Mitgefühl. »Der Rabbi ist also schon auferstanden.«
Sarah trocknete ihre Augen und sagte anschließend: »Wie starb er?«
»Wie man ein Haar aus einer Schüssel Milch zieht.«

41

Nachdem er Sarah getröstet hatte, ging Jesus zur Synagoge. Sein Herz war von Trauer erfüllt, aber gleichzeitig auch von einem gewaltigen Stolz auf Esra. Sein alter Lehrer hatte ihm einen letzten und außerordentlich großzügigen Dienst erwiesen.

Der Augenblick war gekommen, in dem er beweisen mußte, daß Satan, was sein Dorf betraf, nicht recht hatte. Er hatte lange auf diesen Tag gewartet. Ein ganzes Leben. Seine eigenen Leute hatten das Recht, als erste die frohe Botschaft zu vernehmen. Er hatte sich danach gesehnt, es ihnen zu sagen, als die Heuschrecken kamen, auf die die Trockenheit folgte, um sie in ihrer Not zu trösten und ihnen Stärke zu geben. Esra hatte geglaubt. Das war ein gutes Omen. Der Rest des Dorfes hatte sich immer nach Esra gerichtet.

Er setzte sich ziemlich weit hinten hin und betete.

Die Nachricht verbreitete sich wie ein Strohfeuer von Haus zu Haus, und die Massen strömten in das kleine Gebäude. Esra war tot. Jesus, so gingen die Gerüchte, würde Anspruch darauf erheben, ihr Rabbi zu werden.

Sie waren überrascht, daß er nicht Esras Platz eingenommen hatte. Statt dessen saß Achbor dort, lang und ausgedörrt wie eine Heuschrecke.

Die Dankgebete waren immer und immer wieder halblaut zu hören. Leute unterhielten sich und tauschten Gerüchte darüber aus, was in Bethabara am Jordan passiert sein sollte. Jesus wurde ungeduldig.
Schließlich rief ihn Achbor aus reiner Bosheit nach vorne. Er wußte mit einer Art perversem Instinkt, daß er, wenn Jesus einmal selbst gesprochen hatte, der unbestrittene Rabbi von Nazareth sein würde.
Maria sah stolz zu, als ihr Sohn die Thorarolle aufrollte und aus Ehrfurcht vor ihr seine Hand küßte. Er suchte, bis er einen bestimmten Abschnitt bei Jesaja gefunden hatte:

> Der Geist Gottes des Herrn ist auf mir,
> weil der Herr mich gesalbt hat.
> Er hat mich gesandt,
>   den Elenden gute Botschaft zu bringen,
> die zerbrochenen Herzen zu verbinden,
> zu verkünden den Gefangenen die Freiheit,
> den Gebundenen,
>   daß sie frei und lebendig sein sollen;
> zu verkündigen
>   ein gnädiges Jahr des Herrn

Er rollte die Thora wieder ein und gab sie Achbor zurück. Die Augen der anderen Dorfbewohner waren auf ihn gerichtet, als er sagte: »Heute hat sich die Schrift erfüllt, und ihr seid die Glücklichen, die das vernehmen dürfen.«
Jetzt waren alle gespannt auf seinen Kommentar.
Aber es gab keinen. Jesus fühlte, daß eine Auslegung nicht nötig war. Er stand einige Sekunden lang still und

verließ dann die Synagoge so schnell, wie er gekommen war, und ging nach Hause.
Alle in der Synagoge waren in Aufruhr. Hatten sie richtig gehört?
»Sind wir die Elenden und Zerbrochenen, von denen er geredet hat? Sind wir die Gefangenen und Gebundenen? Ist er der, der uns von Gott gesandt ist, um uns zu heilen und uns zu helfen? Wer denkt er eigentlich, daß er ist?«
Schaphan, der Pflüger, rief aus: »Er ist ein unbeschnittener Jude«, und Nebat, sein Sohn, sagte: »Es wäre besser gewesen, seine Mutter hätte ihn als Säugling begraben, egal ob tot oder lebendig.«
Die Entrüstung wuchs. Die Leute sprangen auf und schrien.
Wer war da, wollten sie wissen, wer gab vor, der Gesalbte des Herrn zu sein? Der Sohn Marias, der Zimmermann, ein Handlanger, der nicht einmal dafür besonders begabt war? Ein Messias, der Kisten und Bettgestelle machte? Ein Messias mit einem galiläischen Akzent?
Einer aus Jesus' Verwandtschaft rief: »Er ist verrückt. Kümmert euch nicht um ihn. Er wird nur noch verrückter.«
Sie waren überaus aufgebracht, daß dieser Tölpel einfach hereingekommen war, noch unrein, da er bei einem Toten gewesen war, und es gewagt hatte, die Schrift in die Hände zu nehmen und ihnen zu sagen, wie sie sich verhalten sollten.
Jemand empörte sich: »Er machte Figuren und Götzenbilder in seiner Werkstatt, wenn die Kinder dort

waren.« Und ein anderer: »Er hat über Jahre unsere Kinder verdorben, ohne daß es jemand wußte.«
»Ist er nicht der«, sagte Nebat aufgebracht, »der sich mit Zöllnern und Huren abgibt?«
Ein großes Geschrei erhob sich: »Ja.«
Maria, die sich in der Menge befand, war außer sich. Sie hatte immer gewußt, daß die Treuherzigkeit ihres Sohnes zugleich seine Stärke und seine Schwäche war. Aber das hier war etwas Außergewöhnliches. Das war niederträchtig. Warum sagten sie so etwas? Warum waren sie auf einmal alle gegen ihn? Was hatte er ihnen getan?
Ich brauche mir keine Sorgen zu machen, sagte sie sich. Es ist nur wieder einer dieser schrecklichen Alpträume, die ich in letzter Zeit habe.
Achbor, der so mager war wie ein Kaninchen, dem man das Fell über die Ohren gezogen hat, forderte sie jetzt auf, ruhig zu sein. Der Schaden war bereits entstanden. Er freute sich heimlich. Selbst Esra hatte sich in seinen unbeherrschtesten Augenblicken nie so lächerlich gemacht.
Kurz bevor es ganz ruhig wurde, kreischte die alte Anna, die Freundin von Maria: »Dieser Junge bringt Schande über seine liebe Mutter und läßt ihre Knochen verrotten.«
»Amen«, kam es aus mehr als hundert Kehlen.
Maria versuchte zu widersprechen, aber ihre Worte gingen in dem Aufruhr unter.
»Arme liebe Maria«, klagte Anna, und die Versammlung wiederholte es wie eine Art Gesang.
»Ich habe ein Geheimnis«, zischte Anna, »das preisgegeben werden muß.«

Langsam, aber weniger widerstrebend als vorher wurde es ruhig. Nazareth liebte Geheimnisse.
»Meine Sünde komme über mich«, sagte sie, »daß ich euch nicht früher davon berichtet habe. Aber ich wollte nur freundlich sein. Versteht ihr?«
»Erzähl, Anna«, kreischten sie und versicherten ihr, daß sie ihre Freundlichkeit nie angezweifelt hätten.
»Gut, gut«, meinte Anna, und ihre sonst stumpfen Augen glänzten mit einmal. »Ich habe gesehen, wie dieser verruchte Junge den Sabbat gebrochen hat.«
»Den Sabbat gebrochen? Der Messias? Niemals!« schrien sie, und in ihren Gesichtern war Schadenfreude zu sehen. Maria stöhnte: »O nein!«
»Ja«, fuhr Anna fort, und schon ihr Flüstern verbreitete Schweigen um sie. »Er arbeitete am Sabbat für die Heiden.«
»Heiden?«
Die Geschichte wurde besser und besser.
»Ich habe es Marias wegen nie erwähnt«, sagte Anna und riß an ihrem Schafspelzmantel, sah sich dabei aber vor, daß er nicht beschädigt wurde. »Sie hat so was wie ihn nicht verdient, nein, nein.«
Maria hatte das Gesicht in den Händen verborgen und schluchzte. Ihr gesamtes Leben, das so ruhig und gleichmäßig in bekannten Bahnen verlaufen war, gab es plötzlich nicht mehr. Sie war in einem fremden Land und verstand weder die Leute noch die Sprache. Josef hatte sie immer beschützt, dann Jesus. Es war, als hätte sich ein Schoßhund, den sie immer an ihrem Busen genährt hatte, auf sie geworfen, um sie in Stücke zu reißen.

»Ja, meine Liebe«, beharrte Anna, als ob Maria ihr den Mund zuhalten wollte, »es ist wahr. Ich schwöre es.«
»Wenn dieser da uns das Königreich Gottes bringt«, sagte Nebat sarkastisch, »dann will ich damit nichts zu tun haben.«
»Ich habe immer gewußt«, meinte Anna, »daß der nichts taugt.«
Andere aus der Gemeinde durften jetzt ebenfalls ihr Gift verspritzen. »Wenn Jesus der Messias ist«, sagte jemand, »wie konnte es dann sein, daß wir von den Heuschrecken fast aufgefressen worden sind?« Ein anderer fragte: »Wie konnte es dann sein, daß Trockenheit und Hunger zu uns kamen?«
Schaphan beglich alle alten Rechnungen dadurch, daß er lebhaft ausrief: »Seine Verderbtheit war die Wurzel allen Ärgers. Gott hat uns seinetwegen gestraft.«
Maria versuchte zu sagen, daß ihr Sohn sein Bestes getan habe, ihnen in ihren Schwierigkeiten beizustehen. Aber alles, was man über dem allgemeinen Lärm noch hören konnte, war »Ärger«.
Wenn sie sie gehaßt, sie beschimpft oder sogar gesteinigt hätten, hätte Maria es ertragen können. Aber jetzt ging es um ihren Jungen. Zum erstenmal in ihrem Leben fragte sie sich gequält, ob Gott ihr die Stärke geben konnte, ihnen zu verzeihen.
»Ärger«, wiederholte die Meute, als ob seine eigene Mutter Jesus für ihre Schwierigkeiten verantwortlich machen würde.
An diesem Morgen hatten sie erwartet, daß etwas Faszinierendes passieren würde. Statt dessen waren sie von einem Nichtsnutz aus dem Dorf übel beleidigt wor-

den. Sie hatten ihn als Sündenbock ausersehen, und die Stimmung in der Synagoge wurde immer gereizter. Und außerdem war Esra ihnen genommen worden. Die Trauer war echt.

»Unser Dorf hat sich schon lächerlich genug gemacht«, sagte Achbor, der wieder das Wort ergriff. »Sie werden uns für noch absurder halten, wenn sie das hören.«

Die Rufe waren überwiegend zustimmend.

»Es hilft alles nichts«, sagte Achbor, leckte sich über die Lippen und kicherte gehässig. »Der Lästerer muß gesteinigt werden.«

»Steinigt ihn«, rief Schaphan, als sei es das letzte Vergnügen, das er noch im Leben hatte.

»Steinigt ihn«, rief Nebat, welcher diesen Jesus zerstören wollte, der in der Schule klüger gewesen war als er, den seine Frau einmal zu heiraten beabsichtigte und den Rabbi Esra ihn immer vorgezogen hatte.

»Steinigt ihn«, rief Anna, die Jesus nie verziehen hatte, daß er ihr Essen gegeben hatte, als sie nahe daran gewesen war zu verhungern, und daß er ihre Miete gezahlt hatte, als sie nur noch einen Wunsch gehabt hatte, nämlich zu sterben.

»Steinigt ihn«, riefen die anderen, denn der Gottesdienst hatte nicht so lange gedauert, wie sie erwartet hatten, und sie wußten nicht, was sie mit ihrer Zeit anfangen sollten. Das könnte sogar ihre Beleidigungen Gottes in der Vergangenheit aufwiegen.

Sie stürmten aus der Synagoge und weiter in die Richtung, in der Jesus' Haus lag. Nur der alte taube Reuben blieb zurück. Er hatte die Augen geschlossen, schlug sich an die Brust und rief: »Amen, Amen.«

Maria folgte der Meute, stolperte, weinte, riß sich die Haare aus und fragte sich, wann dieser Alptraum ein Ende haben würde.
Die Steine begannen zu fliegen. Sogar die Kinder, einschließlich Schimon, beteiligten sich. Sie waren die besten Werfer von allen.
Der Ruf erscholl: »Komm raus! Komm schon, raus mit dir.« Und die Steine prasselten auf das Dach und gegen die Fassade und zerfetzten das Josefskraut.
Maria versuchte sich den Werfern in den Weg zu stellen, aber sie wurde zur Seite gezerrt.
»Komm raus!«
Langsam öffnete sich die Tür von innen, und Jesus erschien. Unter dem Steinhagel hob er nicht einmal die Arme, um sich zu schützen.
Ein Stein Schimons traf ihn an der Schläfe, und Blut floß. Er verzog keine Miene. Er blieb einfach stehen, und seine Lippen bewegten sich im Gebet.
Die Menge schämte sich, hörte auf zu werfen und stand schweigend da. Schimon brach in Tränen aus und suchte nach seiner Mutter. Eine der Frauen sagte: »Es ist eine Sünde, Steine an einem Sabbat zu werfen.«
»Das ist wahr«, entschied Achbor so unpersönlich wie möglich. »Jeder, der einen weiteren Stein wirft, wird ebenso schuldig sein, den Sabbat gebrochen zu haben, wie der Zimmermann.«
Maria drängte sich durch die Menge zu ihrem Sohn. Mit einem Stück Tuch wischte sie das Blut aus seinem Gesicht. Sie tat es ganz stolz, als hätte ihr Junge etwas Wunderbares für Gott vollbracht.

Als die Leute auseinanderzulaufen begannen, rief Achbor sie zurück.
»Es ist falsch, Steine an einem Sabbat zu werfen«, sagte er, »aber wie weit ist es bis zum nächsten Abgrund?«
Nebat antwortete sofort: »Bis dahin und wieder hierher ist ungefähr die Entfernung, die wir laut Gesetz am Sabbat zurücklegen dürfen.«
Man hörte das Getrampel von Füßen und das Gedränge von Körpern, als Jesus von seiner weinenden Mutter getrennt und den Hügel hinaufgetragen wurde wie ein Stück Holz auf einem Wellenkamm. Über ihre Absichten konnte kein Zweifel bestehen. Sie wollten ihr Dorf ein für allemal von dieser Schande befreien.
Jesus wurde den engen Pfad entlanggeschubst und gestoßen, den er so oft in seinen Gebetsnächten genommen hatte. Sie sangen einen Psalm, um sich für die schreckliche Tat Mut zu machen.
An einer Wegbiegung wich er geschickt in eine der Höhlen aus, in der er als Junge gespielt hatte. Hier war er auf vertrautem Boden.
Aber, daran erinnerte er sich jetzt, das war Nebat auch. Am Ende der Höhle war ein schmaler Durchgang in eine andere Höhle. Zu seiner großen Erleichterung paßte er gerade noch hindurch. Von dort kroch er, so weit es ging, in die Dunkelheit und kauerte sich hin wie ein Tier, das man in die Enge getrieben hat.
Minuten später – er saß mit dem Rücken gegen die Höhlenwand gepreßt – flüsterte eine Stimme, die seine eigene und doch nicht seine eigene war: »Es hat angefangen, Menschensohn.«
In diesem Moment schob sich Nebats häßlicher Kopf

durch die Öffnung und zeichnete sich gegen den Himmel ab.
»Ich denke, ich habe ihn gefunden«, schrie Nebat triumphierend.
Über den erfreuten Rufen war Achbors Stimme zu hören. »Zu spät, wir sind so weit gelaufen, wie es uns der Sabbat erlaubt.«
»Wen kümmert das?« sagte Nebat und spähte wiederum in die Dunkelheit.
»Es ist das Gesetz«, erwiderte Achbor und gefiel sich in seiner neuen Autorität als Hüter des Gesetzes.
Nebat fluchte und zog seinen Kopf zurück.
Jesus hörte, wie sich ihre Geräusche im Lärm herabrollender Steine verloren. Dann herrschte Stille.
Pedanterie, dachte er bitter, hat auch ihre guten Seiten.

Eine Stunde, bevor der Sabbat endete, schlich er sich nach Hause. Nicht daß er sich verstecken mußte. Die Dorfbewohner sahen verstohlen aus ihren Fenstern, aber er wußte, daß sie die Sabbatruhe nicht brechen würden. Das war gegen ihre Religion.
Seine Mutter hatte die Neuigkeiten gehört und erwartete ihn ängstlich. Die Kerzen waren entzündet. Sie betete inbrünstig, denn auch sie hatte mit Satan gekämpft und hatte gesiegt. Nach dem Vorfall in der Synagoge hatte sie Anna zum Essen eingeladen, und Maria hatte ihr etwas gegeben.
Sobald er seine Mutter sah, fühlte Jesus, daß ihre Liebe alle Verletzung und alle Enttäuschung überdeckte.
»Gottes Wille wird geschehen«, sagte sie.
Er bat sie, sich keine Sorgen zu machen. Es sei alles in

Gottes Hand. Jetzt war sie an der Reihe, getröstet zu werden.
Nachdem sie eilig gegessen hatten, machte er sich fertig, um nach Kapernaum zu wandern. Seine Mutter umarmte ihn zum Abschied und flüsterte ihm ins Ohr: »Gott sei mit dir, mein Sohn. Denke nicht zu schlecht über unsere Leute. Sie hätten dir alles vergeben, außer daß du unter ihnen geboren und aufgewachsen bist.«

Knaur

Historische Romane

(2955)

(3005)

(3256)

(1513)

(2870)